A PEDAGOGIA DA PAIXÃO
DE MADALENA FREIRE

Organização
Teresa Cristina Rego

A PEDAGOGIA DA PAIXÃO DE MADALENA FREIRE

REGISTROS DE ENCONTRO, DIÁLOGOS E PARCERIAS

1ª edição

Paz & Terra

Rio de Janeiro
2023

© Copyright by Teresa Cristina Rego, 2023

Direitos de edição da obra em língua portuguesa no Brasil adquiridos pela EDITORA PAZ & TERRA. Todos os direitos reservados. Nenhuma parte desta obra pode ser apropriada e estocada em sistema de bancos de dados ou processo similar, em qualquer forma ou meio, seja eletrônico, de fotocópia, gravação etc., sem permissão do detentor do copyright.

EDITORA PAZ & TERRA
Rua Argentina, 171 – São Cristóvão
20921-380 – Rio de Janeiro, RJ
Tel.: (21) 2585-2000.

Seja um leitor preferencial Record.
Cadastre-se no site www.record.com.br
e receba informações sobre
nossos lançamentos e nossas promoções.

Atendimento e venda direta ao leitor:
sac@record.com.br

Texto revisado segundo o Acordo Ortográfico da Língua Portuguesa de 1990.

CIP-BRASIL. CATALOGAÇÃO NA PUBLICAÇÃO
SINDICATO NACIONAL DOS EDITORES DE LIVROS, RJ

P388	A pedagogia da paixão de Madalena Freire / organização Teresa Cristina Rego. - 1. ed. - Rio de Janeiro : Paz e Terra, 2023.
	ISBN 978-65-5548-099-3
	1. Freire, Madalena - Influência. 2. Educação infantil - Cartas. 3. Cartas brasileiras. I. Rego, Teresa Cristina.
23-85769	CDD: 869.6
	CDU: 82-6(81)

Meri Gleice Rodrigues de Souza - Bibliotecária - CRB-7/6439

Impresso no Brasil
2023

SUMÁRIO

Prefácio – Madalena Freire: uma vida dedicada à infância • 9
Carlota Boto

Introdução – Uma educadora apaixonada pela vida, pelas pessoas e pela ação educativa • 13
Teresa Cristina Rego

PARTE I – SOBRE A PAIXÃO DE ENSINAR AS CRIANÇAS A CONHECER O MUNDO

Carta 1 – Salve, salve, Madá • 29
Ana Mae Barbosa

Carta 2 – "Tudo que destruía, eu transformava numa atividade construtiva": Tom-Tom encangado na cintura • 37
Sonia Kramer

Carta 3 – Entrando na roda • 49
Maria Malta Campos

Carta 4 – Madalena Freire: ética e escuta como uma arte de educar • 63
Anete Abramowicz

Carta 5 – Os guardados do coração • 73
Rosa Iavelberg

Carta 6 – À mestra, com carinho • 85
Zélia Cavalcanti

Carta 7 – As crianças precisam de nós • 97
Monique Deheinzelin

Carta 8 – De estudante de pedagogia à formação de professoras: compartilhando lembranças e reflexões • 109
Maria Letícia Nascimento

Carta 9 – Madalena: uma vida dedicada à educação infantil • 121
Marina Célia Moraes Dias

Carta 10 – Caminhar com as crianças e suas paixões de conhecer o mundo: carta-memória em forma de poética urbana suscitada • 135
Marcia Aparecida Gobbi

PARTE II – SOBRE A PAIXÃO DE FORMAR EDUCADORES AUTÔNOMOS, CRÍTICOS E REFLEXIVOS

Carta 11 – Toque na ponta dos dedos • 155
Mirian Celeste Martins

Carta 12 – Fios que nos unem • 165
Cleide do Amaral Terzi

Carta 13 – Sementes espalhadas: um sonho de Madalena • 179
Sônia Madi

Carta 14 – O risco da palavra • 189
Maurilane de Souza Biccas

Carta 15 – Madalena, uma torre sólida, um farol de afeto, uma mulher de valor • 201
Ana Cristina Bortoletto Dunker, Lêda Nascimento, Pnina E. Friedlander e Stela Brandão Cury

Carta 16 – Madalena e o Pró-Saber: a fertilização da sua metodologia em diferentes territórios • 213
Maria Cecília Lins, Clara Araujo, Maria Cecilia Almeida e Silva

Carta 17 – Do "pré da Madá" às rodas nas organizações: semeando o campo que recebi • 223
Cecília Warschauer

Carta 18 – Carta para ler com música • 241
Maria Paula Zurawski

Madalena Freire: travessia de uma educadora • 255
Entrevista concedida a Teresa Cristina Rego

Sobre as autoras • 281

Livros, textos, ensaios e entrevistas de Madalena Freire • 291

PREFÁCIO

MADALENA FREIRE: UMA VIDA DEDICADA À INFÂNCIA

Carlota Boto

> "Não se conhece a infância; no caminho das falsas ideias que se têm, quanto mais se anda, mais se fica perdido. Os mais sábios prendem-se ao que aos homens importa saber, sem considerar o que as crianças estão em condições de aprender. Procuram sempre o homem na criança, sem pensar no que ela é antes de ser homem. Eis o estudo a que mais me apliquei, para que, mesmo que meu método fosse quimérico e falso, sempre se pudessem aproveitar minhas observações. Posso ter visto muito mal o que se deve fazer, mas acredito ter visto bem o sujeito sobre o qual se deve agir. Começai, pois, por melhor estudar vossos alunos, pois com toda a certeza não os conheceis; ora, se lerdes este livro dentro desta perspectiva, creio que ele não carecerá de utilidade para vós."[1]

As palavras de Rousseau, nessa passagem introdutória do prefácio do seu clássico *Emílio*, poderiam ser aplicadas ao trajeto de vida de muitos educadores e educadoras comprometidos com o olhar sobre a infância. Este livro se compõe de pessoas que fizeram da infância sua matéria e aborda a trajetória de uma educadora que tomou a infância como seu repertório. *Madalena Freire e suas intérpretes* – assim poderíamos chamar esta obra.

Fato é que, passados mais de 250 anos após o lançamento de *Emílio*, ainda não são muitas as pessoas que se dedicam a um olhar atento e cuidadoso para

---
1 Rousseau, Jean-Jacques. *Emílio, ou Da educação*. São Paulo: Martins Fontes, 2004, p. 4.

a figura da criança. Quem são nossas crianças? O que elas anseiam? O que esperam de nós? Como devemos educá-las? Madalena Freire compõe sua história de vida buscando interpelar essas questões.

Filha de grandes educadores, Paulo Freire e Elza Freire, aprendeu desde cedo, com seus pais, sobre o compromisso do profissional com a sociedade. Como consta do livro *Educação e mudança*, diz Paulo Freire,

> somente um ser que é capaz de sair de seu contexto, de "distanciar-se" dele para ficar com ele, capaz de admirá-lo para, objetivando-o, transformá-lo e, transformando-o, saber-se transformado por sua própria criação; um ser que é e está sendo no tempo que é o seu, um ser histórico, somente este é capaz, por tudo isso, de comprometer-se. Além disso, somente este ser é já em si um compromisso. Este ser é o homem.[2]

Esse ser é o ser humano, diríamos hoje, neste tempo em que a questão identitária tomou lugar de trincheira. A propósito, este é um livro todo escrito por mulheres, sobre uma mulher. Há uma teia de sociabilidade extremamente delicada e feminina neste trançado de cartas enviadas a Madalena Freire.

Trata-se de um livro composto por mensagens, mais ou menos pessoais, que entretecem a dimensão profissional, acadêmica e educativa com uma linguagem fluente e que nos remete à vida cotidiana. Em outras palavras, é um livro gostoso de ler. E que mostra a história de vida e a obra pedagógica de uma grande educadora. Nos diferentes registros, aparece a figura da Madalena militante da causa da educação, da profissional articulada com seu tempo e com sua circunstância, da teórica que pretendeu fugir do academicismo para produzir uma bela escrita sobre a sua matéria de vida: as crianças.

Teresa Cristina Rego – idealizadora e organizadora da coleção – conta bem essa história de "uma educadora apaixonada pela vida, pelas pessoas e pela ação educativa". Ana Mae Barbosa relata a ligação pedagógica intergeracional: dela, aluna de Paulo Freire, e de Madalena Freire, sua aluna. Sonia Kramer conta da avidez com que saboreava tudo o que Madalena Freire escrevia, mostrando a contribuição dos seus escritos para a pauta da educação. Maria Malta

---

2 Freire, Paulo. *Educação e mudança*. 2. ed. São Paulo: Paz & Terra, 2011, p. 57; pp. 19-20.

PREFÁCIO

Campos recorda que o primeiro contato que teve com a obra de Madalena Freire foi por um texto dos anos 1980 sobre crianças e mulheres, famílias e escola publicado na revista *Cadernos de Pesquisa* da Fundação Carlos Chagas. Anete Abramowicz reflete sobre a amizade duradoura e o significado do envio de cartas por encomenda, recolhendo também os sentidos de escrever cartas neste tempo da primazia digital. Rosa Iavelberg nos remete à constituição da emblemática Escola da Vila e o papel protagonista de Madalena Freire em seu ato de fundação. Zélia Cavalcanti dirige sua carta "À mestra com carinho", reportando-se à ação pedagógica de Madalena Freire em suas práticas com as crianças – seu jeito de ser professora. Monique Deheinzelin comenta sobre seus livros, todos eles abarcando, no limite, essa "paixão de conhecer o mundo", com a qual Madalena perfaz seu contato com o sujeito infantil que a acompanha por toda a sua vida. Maria Letícia Nascimento também relata o impacto da leitura de sua obra para engendrar seu fazer profissional, ou seja, como a leitura de Madalena Freire repercutiu nas práticas pedagógicas da Letícia professora. Marina Célia Moraes Dias conta como era bonito ver os modos pelos quais Madalena professora ouvia e acolhia a reação das crianças, como se dava a interação, no âmbito da própria sala de aula, entre mestra, alunos e alunas. Marcia Aparecida Gobbi constrói sua carta revelando como sua prática educativa, como professora e pesquisadora, fez ecoar as leituras que tomou dos livros de Madalena Freire: "o que vou propor no próximo dia?" Mirian Celeste Martins conta que é impossível escrever para Madá "sem ver você em mim". Cleide do Amaral Terzi recorda um texto em coautoria sobre o processo de alfabetização, no qual Madalena e ela criticavam os modismos pedagógicos impostos aos professores e professoras. Sônia Madi medita sobre o tempo e sobre a provisoriedade do conhecimento, trabalhando os modos pelos quais o educador pode se valer do paradigma do diálogo e da participação. Maurilane de Souza Biccas reporta-se à militância: a luta pelas creches e a referência de Madalena na resistência das educadoras. Ana Cristina Bortoletto Dunker, Lêda Nascimento, Pnina E. Friedlander e Stela Brandão Cury falam na condição de antigas alunas do Espaço Pedagógico, onde se praticou a construção de uma "escola pensante". Já Maria Cecília Lins, Clara Araujo e Maria Cecília Almeida e Silva contam da pertença de Madalena ao projeto do Instituto Pró-Saber e do seu lugar social na formação de professores e professoras. Cecília Warschauer retoma o livro sobre *A paixão de conhecer o mundo*, destacando exatamente o caráter autodidata que imprime a forma de Madalena, ela própria, conhecer o mundo, dado que "sua curiosidade por diversas áreas também era uma marca da 'sua pedagogia' e da sua pessoa". Maria Paula Zurawski nos relata como é ser aluna de Madalena Freire; ela que conhece o nome de cada um e de cada uma de seus estudantes. E, por fim, a deliciosa entrevista de Madalena Freire concedida a Teresa Cristina Rego. Ali a história de vida assume o lugar de representação de uma trajetória profissional. O ser professora guia e confere novos significados à sua própria condição humana. Por ser assim, ao responder às instigantes questões apresentadas por Teresa, Madalena revela o quanto sua profissão de professora tem de construção, de minuciosa elaboração, de criteriosa reinvenção cotidiana. Uma prática que se produz na ação e na reflexão, tal como Paulo Freire um dia preconizou.

Eu leio esta obra com entusiasmo, admirada – no sentido freireano, "admirar, olhar por dentro, separar para voltar a olhar o todo 'ad-mirado', que é um ir para o todo, um voltar para suas partes, o que significa separá-las, são operações que só se dividem pela necessidade que o espírito tem de abstrair para alcançar o concreto".[3] Ao ler este livro que você tem em mãos, eu só pude admirar a capacidade política, pedagógica e interpessoal de Madalena Freire, que, além de uma educadora comprometida com seu tempo e com a construção de uma sociedade mais justa para adultos e para crianças, é uma pessoa admirável.

Particularmente, tive a honra de conhecê-la e estar com ela uma única vez, há mais de dez anos, em uma conferência que António Nóvoa proferiu na Faculdade de Educação da Universidade de São Paulo. Naquela ocasião, sua simpatia já tinha me cativado. Ao ler este livro, confesso que me senti, como educadora, fascinada pela história de vida, pela produção teórica e prática, bem como pela militância dessa professora que sabe tão bem – como queria Rousseau – falar às crianças.

REFERÊNCIAS BIBLIOGRÁFICAS

Freire, Paulo. *Educação e mudança*. 2. ed. São Paulo: Paz & Terra, 2011.
Rousseau, Jean-Jacques. *Emílio, ou Da educação*. São Paulo: Martins Fontes, 2004.

---

3 Freire, Paulo. *Educação e mudança*. 2. ed. São Paulo: Paz & Terra, 2011, p. 57.

INTRODUÇÃO

UMA EDUCADORA APAIXONADA PELA VIDA, PELAS PESSOAS E PELA AÇÃO EDUCATIVA

Teresa Cristina Rego

Boa parte dos livros organizados para homenagear uma pessoa (seja ela um artista, um pensador ou qualquer outra figura de destaque) costuma ser póstuma. Contrariando essa tradição, este volume reúne textos de autoras de vários perfis e de diferentes gerações, com o propósito de prestar uma homenagem a Madalena Freire – em plena atividade – por suas importantes contribuições para a área da educação.

Embora não tenha sido o objetivo principal, o livro acaba cumprindo outras duas funções. De um lado, oferece a oportunidade de registrar alguns desafios e conquistas no campo da educação ocorridos ou gestados em determinado período histórico; por outro, acaba por celebrar o valor da amizade intelectual, dos encontros, das parcerias e do diálogo.

Geralmente, Madalena é logo identificada como a filha mais velha de Paulo Freire e uma das principais defensoras do legado desse que é o Patrono da Educação Brasileira – um nome que goza de enorme prestígio e que desperta a admiração de todos aqueles que levam a educação a sério, no Brasil e no mundo. De fato, ela é filha do primeiro casamento de Paulo Freire com Elza Maria Costa Oliveira, com quem ele foi casado por 42 anos. Madalena é a mais velha de uma família constituída de cinco filhos (três mulheres e dois homens) – todos professores.

Ser filha de Paulo Freire é, sem dúvida, um aspecto muito importante, que deixou marcas profundas. Todavia, Madalena tem muitos outros traços que a qualificam. Mais do que mera guardiã do trabalho de seu pai, Madá, como é conhecida pelos mais íntimos, tem uma importante trajetória na educação, área a que se dedica há aproximadamente seis décadas.

Madalena Freire nasceu em Recife, Pernambuco, no início dos anos 1940. É arte-educadora e pedagoga, formada primeiramente no magistério e depois pela Faculdade de Educação da Universidade de São Paulo (FEUSP). É também autora de vários livros, artigos e textos publicados em diferentes formatos. Inspirada nos pressupostos da pedagogia freireana e em algumas outras importantes referências (como Henri Wallon, Lev S. Vigotski, Jean Piaget, Célestien Freinet, Jacques Lacan, Pichon-Rivière, Ana Mae Barbosa, entre tantos outros), Madalena tem realizado, ao longo de sua trajetória profissional, projetos, reflexões e trabalhos autorais, trazendo contribuições fecundas, primeiramente para a educação infantil e, nas últimas décadas, para a formação docente.

Sua iniciação na educação aconteceu no começo dos anos 1960 por meio de participações, ainda quando menina, nas pioneiras experiências de alfabetização de adultos no Nordeste brasileiro, lideradas por Paulo Freire, ponto de partida das revolucionárias propostas pedagógicas que levariam o educador a ser conhecido em grande parte do mundo.

No início dos anos 1970, foi professora da Escola Criarte, situada na zona oeste de São Paulo, num bairro de classe média, onde desenvolveu projetos de arte-educação e de alfabetização de crianças. Anos depois, entre 1979 e 1980, juntamente com a equipe de professores dessa instituição, ajudou a fundar, na mesma região, a Escola da Vila, importante instituição de ensino paulistana, que, por sua pedagogia progressista, se tornou referência em todo o país. Sua experiência como professora na Escola da Vila foi publicada no início de 1980, em um dos seus livros mais conhecidos, *A paixão de conhecer o mundo* (editado pela Paz & Terra desde seu lançamento em 1983).

Nesse período, o clima político e cultural do Brasil foi marcado pelo processo de abertura e pela forte influência dos anseios e projetos da geração dos anos 1960. No Brasil da época parecia haver certo grau de coesão das chamadas "forças progressistas" em torno de ideais humanistas e democráticos.

INTRODUÇÃO

Buscava-se, então, reconstruir a democracia num país devastado por duas décadas de ditadura civil-militar. Como era de se esperar, a educação também foi uma área contagiada por esse espírito renovador.

A Escola Criarte e a Escola da Vila faziam parte de um conjunto de pré-escolas particulares surgidas entre meados dos anos 1970 e o início da década de 1980 sob a égide desse ideário. Eram autênticas representantes de um grupo de instituições que se designavam "alternativas" ou "de vanguarda". Inspiradas em teses que valorizavam a espontaneidade e a capacidade criadora das crianças (advindas principalmente das descobertas da psicologia) e de práticas europeias e norte-americanas de atendimento infantil (que aos poucos chegavam ao Brasil), os educadores arriscavam novas experiências, pautadas pelo propósito de se opor, de forma contundente, ao "ensino tradicional" e à postura comumente adotada pelos professores mais "conservadores".[1]

No lugar dos enfadonhos exercícios de prontidão ou das rotinas pouco desafiadoras, tão comuns na educação infantil do período, essas escolas enfatizavam a criatividade, a espontaneidade e a participação ativa das crianças. Interessava respeitá-las, o que significava abolir castigos, acolher suas dúvidas, considerar seus pontos de vista, ouvir seus lamentos, enxergar seus sentimentos. Enfim, procurava-se, ainda que de modo bastante intuitivo e experimental, adotar posturas que legitimassem um novo trato com a criança, considerando suas especificidades. Por essa razão, tudo que possibilitasse a livre expressão, o estímulo e a interação dos pequenos tinha grande destaque nas rotinas diárias, como a brincadeira, o jogo de faz de conta, as rodas de conversa, as atividades corporais, o trabalho com todas as formas de arte, o contato com a natureza e com outras realidades, a presença da literatura e o cuidado com a alimentação. A participação dos pais também era bastante estimulada.[2]

Embora identificadas pelo público como "construtivistas", não costumavam ter uma proposta pedagógica muito rígida, tampouco se filiavam a uma única

---

[1] Na cidade de São Paulo, além da Criarte e da Escola da Vila, um número relativamente expressivo de escolas particulares, também situadas em bairros de classe média ou alta, participava desse "movimento", como a Novo Horizonte, Alecrim, Fralda Molhada, Ibeji, Caravelas, Poço do Visconde e Curió.

[2] Revah, Daniel. "As pré-escolas alternativas". *Cadernos de Pesquisa*, São Paulo, n. 95, pp. 51-62, nov. 1995.

escola de pensamento. Os educadores (era ponto de honra ter, além de mulheres, homens trabalhando com as crianças pequenas) e educadoras que atuavam nessas instituições estudavam, com afinco, autores e perspectivas diversas que pudessem embasar o trabalho que realizavam junto às crianças. Todos eram movidos basicamente pela intuição e pelo desejo de construir uma educação diferente daquela que haviam recebido em sua infância. Como decorrência, a experimentação era a regra. Buscava-se o equilíbrio entre a teoria e a prática, mas era sempre a experiência e as demandas do cotidiano o mote detonador da busca de fundamentação teórica.

Dava-se grande ênfase também ao trabalho reflexivo do professor. Existia uma significativa preocupação em oferecer condições para que toda a equipe de profissionais conseguisse articular aspectos teóricos e práticos. Muitas escolas propunham reuniões semanais para a reflexão, a troca e o estudo entre o grupo de docentes e a permanente disseminação de textos e subsídios teóricos de autores diversos. Havia também supervisões individuais com a coordenadora pedagógica e espaços de "interorientação" – um professor observava a prática do outro para depois trocar pontos de vista sobre a conduta adotada. O registro de todo o processo pedagógico desenvolvido com as crianças, no plano do grupo e individualmente, era também muito valorizado: os educadores faziam uma série de diários e de relatórios reflexivos sobre dificuldades e conquistas vividas pelo grupo e pelos alunos. Além de instrumento de reflexão pedagógica, boa parte do material produzido era socializada com os pais, para que conhecessem e, principalmente, opinassem sobre o projeto pedagógico em construção.

Conforme comentado por Maria Malta Campos, uma das principais pesquisadoras da educação infantil (e uma das autoras deste volume), todo esse experimentalismo pedagógico (e, em alguns casos, também administrativo) obviamente só era possível porque a legislação federal em vigor na época era extremamente vaga e omissa em relação à educação infantil. Praticamente não havia fiscalização sobre esse nível de ensino.[3]

---

3 Campos, Maria M.; Rosemberg, Fúlvia; Ferreira, Isabel M. "Creches e pré-escolas no Brasil". São Paulo: Cortez; Fundação Carlos Chagas, 1993.

INTRODUÇÃO

Daniel Revah, que realizou uma das poucas pesquisas sobre a história e a trajetória desse conjunto de pré-escolas, aponta outro aspecto que parece ter favorecido a criação dessas experiências: elas resultam também da postura questionadora que havia aflorado principalmente entre os jovens das camadas médias na década de 1960, no Brasil e em outras partes do mundo. Sobre as pré-escolas "alternativas" paulistanas, afirma que,

> apesar das diferenças de propostas pedagógicas, tinham em comum a filiação a esse universo "alternativo" que as camadas médias delimitavam, sobretudo as intelectualizadas. Não por acaso a maior parte dessas pré-escolas surge na zona oeste da cidade, na região próxima aos *campi* de grandes universidades (PUC e USP) – as mais visadas pela repressão política. Além disso, essas pré-escolas tinham como epicentro a Vila Madalena, um bairro que até pouco tempo era visto como lugar de moradia de intelectuais, artistas e ex-hippies remanescentes da contracultura dos anos 1970 [...]. Professores e estudantes universitários ou profissionais que haviam passado pela universidade, em geral de esquerda (essa entendida num sentido amplo), direta ou indiretamente envolvidos nas lutas pela cidadania e contra a ditadura militar, críticos em relação a valores, instituições e comportamentos considerados tradicionais, assim como de outros que eram vinculados ao mundo moderno, eis aí o perfil da maioria dos pais de alunos e das educadoras dessas pré-escolas. Jovens que, em fins dos anos 1970, tinham em torno de trinta anos ou menos.[4]

Enfim, como Madalena, a maior parte dos educadores dessas escolas eram, antes de tudo, jovens esperançosos, movidos pelos ideais de um mundo melhor que o clima progressista e também transgressor da época parecia fertilizar.

A síntese de algumas características presentes naquele período histórico permite compreender não somente as circunstâncias em que Madalena Freire desenvolveu seus primeiros trabalhos na educação infantil como também

---

4 Revah, *op. cit.*, p. 53.

a origem de alguns traços que acabaram por constituir sua abordagem pedagógica. Nesta brevíssima reconstituição é possível reconhecer muito daquilo que ela – e também muitas de nós, que já estávamos envolvidas com a educação na época – defendeu, viveu e praticou durante aqueles anos intensos que continuaram a reverberar ao longo de toda a sua trajetória profissional.

Um pouco mais tarde, já desligada da Escola da Vila, Madalena realizou uma experiência pioneira com crianças de 4 a 6 anos num galpão improvisado em Vila Helena, bairro pobre e periférico do município de Carapicuíba, São Paulo. As reflexões acerca da prática ali desenvolvida foram registradas no artigo "Relatos da (con)vivência: crianças e mulheres da Vila Helena nas famílias e na escola", escrito em parceria com Sylvia Leser de Mello, então professora do Instituto de Psicologia da Universidade de São Paulo (Ipusp), publicado em 1986. Esse texto teve grande repercussão entre professores, coordenadores e gestores educacionais e acabou se tornando um marco na história da educação infantil brasileira, sobretudo aquela dirigida às camadas mais empobrecidas da população. Provavelmente porque foi um dos primeiros registros sobre as práticas que começavam a ser implementadas em diferentes regiões do Brasil com o claro propósito de romper com a forte orientação assistencialista a qual durante muito tempo, contaminou os discursos e ações dirigidos a essa clientela, particularmente no universo das creches públicas.

É nessa fase que Madalena começou a se interessar, de modo mais sistemático, pelo campo da formação do educador. Havia ali uma nítida mudança de foco: de alunos/crianças para alunos/professores. Movida por novos desafios, ela começou a coordenar, a partir de 1983, grupos de estudo e reflexão com profissionais da educação de diferentes realidades (públicas e privadas), dispostos a fazer análises críticas e fundamentados em suas práticas pedagógicas.

Nos primeiros anos, as reuniões semanais dos famosos "Grupos da Madalena" aconteciam numa simpática casa da rua Turi, na Vila Madalena. Mais tarde, tais encontros acabaram originando o Centro de Formação Espaço Pedagógico, que ela coordenou por onze anos (de 1992 a 2003) – com a colaboração de Mirian Celeste e Juliana Davini –, e que trouxe contribuições cruciais para gerações de educadores.

INTRODUÇÃO

Nessa época, Madalena começou a delinear uma metodologia própria voltada à formação de educadores. Tal projeto ganhou novas formas a partir de sua experiência como assessora de Paulo Freire nos grupos que acompanhavam a formação dos professores, coordenadores e diretores das escolas municipais, quando ele esteve à frente da Secretaria Municipal de Educação de São Paulo (de 1989 a 1991), na gestão da prefeita Luiza Erundina.

Atualmente, além de consultora pedagógica de diversas instituições, ela exerce, desde 2005, a função de diretora pedagógica do Curso de Especialização em Educação Infantil do Instituto Superior de Educação Pró-Saber, cuja sede é no Rio de Janeiro.

As autoras que participam deste livro – muitas delas figuras de destaque no cenário acadêmico e educacional brasileiro – conviveram ou trabalharam com Madalena em diferentes períodos de sua trajetória profissional. Algumas não chegaram a conhecê-la pessoalmente, mas tiveram contato com suas inspiradoras contribuições. Embora com diversos tipos de vinculação, todas foram desafiadas a escrever um texto em forma de carta dirigida à Madalena.

A opção pelo gênero epistolar, uma modalidade de escrita que parece estar cada vez mais em desuso, tem várias razões de ser. De fato, a troca de cartas físicas entre remetente e destinatário é uma forma que vem perdendo espaço para a troca de e-mails e, mais atualmente, pelas mensagens por celular, que permitem uma interação comunicativa em tempo real. Entretanto, o universo das correspondências, ainda que veiculadas por novos meios, continua cumprindo importante papel, já que atende a diferentes funções sociais: desde as mais estritamente privadas, como as cartas pessoais, que funcionam como refúgio privilegiado do sentimento, da intimidade, da verdade do eu,[5] até as que se destinam à publicação, por exemplo, a carta aberta ou de opinião, dirigida a uma revista ou a um jornal.

Embora respeitada por intelectuais e acadêmicos brasileiros, Madalena não é uma acadêmica *stricto sensu*. Sua trajetória e suas escolhas seguiram outros caminhos, pelos quais sua escrita autoral e pouco ortodoxa pode mover-se

---

5 Chartier, Roger (org.). *La Correspondance: les usages de la lettre au XIX siècle*. Paris: Fayard, 1991.

mais livremente. Além disso, ela é uma pessoa extremante afetiva, amorosa. As cartas, mais do que um frio texto acadêmico, são mais fiéis ao estilo de sua linguagem e, concomitantemente, permitem que as autoras convidadas registrem, também de maneira afetiva, suas reflexões e lembranças. Essa é a primeira razão.

A segunda está relacionada ao fato de que as missivas potencialmente são capazes de revelar aspectos nem sempre visíveis quando examinamos apenas a obra de uma pessoa, como, por exemplo, suas motivações, os dilemas de seu tempo, o seu modo de se relacionar com os outros etc. Como explicam Antonio Candido e José Mindlin no prefácio do livro que reúne a correspondência de João Guimarães Rosa aos seus netos,

> acontece geralmente com os grandes escritores que, à medida que cresce sua popularidade e a admiração do público leitor, eles vão se transformando em mito, a obra assumindo predominância sobre a pessoa de seu criador.
>
> A distância entre os leitores e o escritor é crescente, e só alguns amigos privilegiados têm a oportunidade de acesso ao conhecimento de sua figura humana.
>
> Por um feliz acaso, nós dois tínhamos conhecimento e contato pessoal com Guimarães Rosa, mas mesmo para nós foi uma grande surpresa deparar com esse seu aspecto carinhoso e brincalhão, que este livro revela.[6]

A terceira razão parte do reconhecimento de que, independentemente das funções assumidas na troca de cartas, é preciso reconhecer, como alerta Jean Hébrard, que a própria natureza do gesto de escrita epistolar é, antes de tudo, um gesto de comunicação com o outro.[7] Esse diálogo, por sua vez, provoca o

---

6 Candido, Antonio; Mindlin, José. Prefácio. In: Rosa, G. *Ooó do vovô: correspondências de João Guimarães Rosa, vovô Joaozinho, com Vera e Beatriz Helena Tess*. São Paulo: Edusp; Belo Horizonte: Editora PUC Minas, 2003, p. 13.

7 Hébrard *apud* Cardoso, Beatriz; Pereira, Maria Cristina R. *Carta aos professores rurais de Ibiúna*. São Paulo: Fundação Bradesco, 1999.

INTRODUÇÃO

confronto de ideias e a ressignificação de nossas próprias representações. Nas palavras de Cleide Terzi apresentadas neste livro, "cartas trocadas são partidas e chegadas de histórias, desvelam fragmentos de certas ocorrências da vida, juntam palavras em narrativas, as nossas e as de outros, na singularidade de relatar situações e casos do cotidiano".

Mas é preciso lembrar que o convite feito para as autoras deste livro envolvia uma tarefa um tanto complexa. Contrariando as características de uma carta íntima, o convite era para que elaborassem uma carta que seria lida não somente por Madalena, mas também por um público mais amplo. Ou seja, o que era para ser um documento privado teria também um caráter de "material público", situando-se numa zona ambígua entre as esferas da vida privada e da pública. E foi com muita competência que as autoras aqui reunidas enfrentaram o desafio.

Tais missivas foram organizadas em capítulos, à semelhança do livro *Cartas a Cristina: reflexões sobre minha vida e minha práxis*, de Paulo Freire. Os capítulos, por sua vez, apresentados sempre que possível em ordem cronológica, compuseram duas partes distintas. A primeira reúne as cartas que tecem reflexões sobre o trabalho desenvolvido por Madalena no âmbito da educação infantil; a segunda, acerca de suas ações no campo da formação docente.

Apesar das diferenças com relação aos temas abordados em cada carta, é possível notar a identidade entre elas, como uma linha que de algum modo as atravessa. Muitas trazem interessantes reflexões sobre parcerias, experiências e projetos realizados em conjunto com Madalena ou sob a sua orientação. Outras tantas ressaltam o jeito amoroso, gentil e generoso de Madalena se relacionar com todos. Mas todas comentam os impactos e influências de suas ideias nas suas trajetórias profissionais, sobretudo a partir da leitura de alguns de seus principais escritos.

Articulando experiências pessoais, memórias e reflexões sobre aspectos cruciais da educação, os textos aqui reunidos demonstram a sensibilidade e o esforço de Madalena de não separar a teoria e a prática, a razão e a emoção, o sujeito e o grupo. Cada um deles permite também a apresentação, ao público mais amplo, do pensamento e das ações de uma educadora marcada pela oposição às ideias hegemônicas de seu tempo e pela crítica persistente às práticas, políticas e condições da educação brasileira.

A memória convive obrigatoriamente com a dimensão individual e coletiva para se estabelecer como identidades pessoais e sociais. Sendo assim, (re)conhecer a trajetória de uma educadora específica, por meio de lembranças e opiniões de outros educadores, é também conhecer um pouco da história da educação brasileira. Reunir, preservar e divulgar esse acervo de experiências, ideias e lutas travadas em diferentes épocas pode trazer elementos que contribuem para a desejada transformação do cenário educacional de nosso país.

É por isso que, mais do que um tributo, este livro pode ser visto também como um registro de importantes mudanças ocorridas na educação brasileira nas últimas décadas e as aflitivas permanências, como as que comento a seguir.

Trata-se aqui da obra produzida por uma mulher e comentada por mulheres, pois, de certo modo, o universo da educação (sobretudo infantil) ainda é composto majoritariamente por mulheres. Obviamente, isso não foi proposital. Quando organizava a lista das pessoas para participar desta publicação, não despontou nenhum homem que pudesse colaborar. O fato espelha, de certo modo, um traço ainda presente na educação infantil brasileira: apesar de alguns avanços ocorridos nas últimas décadas, salvo raras exceções, os homens não costumam participar do debate e da atuação neste campo.

O livro é também a celebração do valor da amizade intelectual e profissional, já que trata da importância, em especial para o campo da educação, do afeto e do encontro entre pessoas, ideias e lutas. Curiosamente, a própria ideia de organizar este volume surgiu de um encontro e de uma longa amizade, bem como do incentivo que tive da colega Anete Abramowicz.

A bem da verdade, surgiu de um reencontro cheio de lembranças e emoções: depois de praticamente quarenta anos, tive a alegria de ver novamente Madalena Freire. Eu a procurei para convidá-la a dar uma entrevista, realizada ao vivo e de modo remoto (afinal, estávamos isoladas em razão da pandemia da covid-19), para integrar a ampla programação das comemorações do centenário de seu pai, promovidas pela FEUSP em 2021.[8] Ao longo de quatro décadas, nos

---

8 O conjunto de atividades acadêmicas, intitulado "Ano 100 com Paulo Freire", envolveu mesas temáticas, cursos e entrevistas, além de um seminário internacional, também realizado virtualmente, com o tema "O legado de Paulo Freire: tempos, espaços, memórias, discursos e práticas", entre os dias 7 e 10 de setembro de 2021. O evento trouxe especialistas de diversas

INTRODUÇÃO

encontramos e nos falamos muito pouco, mas sempre procurávamos saber uma da outra. Como disse Madalena, "nos lemos, mas não nos vimos por muitos anos".

A receptividade do público à entrevista, cujo texto transcrito e editado está publicado no final deste livro, superou nossas expectativas. O encontro foi um grande sucesso. Muitos comentaram no chat que estavam muito felizes em "reencontrar" Madalena e ouvir suas apaixonadas reflexões. Outros mencionaram a alegria de escutá-la pela primeira vez. Além do expressivo número de pessoas que assistiram à transmissão, a entrevista continuou a ser bastante acessada depois, quando ficou disponível na internet. Mais tarde, foi publicada em forma de artigo na *Educação em Questão*, importante revista acadêmica da área. Tal interesse – que indica não somente o grande prestígio de Madalena como também a atenção que ela desperta entre professores e pesquisadores – foi um fator que contribuiu para a proposição deste livro.

Conheci Madalena quando estava no início de minha carreira na educação. Fiz parte de sua primeira turma na rua Turi. Na época, eu era muito jovem, tinha apenas 18 anos, e permaneci no grupo de 1983 a 1986. Ao longo desse período, conciliava o curso de pedagogia, na Pontifícia Universidade Católica de São Paulo (PUC-SP), com as atividades como professora de educação infantil da Escola Ibeji, uma típica pré-escola "alternativa". A partir de 1985, além de permanecer na Ibeji (agora como sócia e coordenadora pedagógica), comecei a atuar também como formadora de educadoras de três creches públicas da periferia da zona sul de São Paulo, para onde um dia levei Madalena.

A experiência proporcionada nesse grupo da rua Turi foi particularmente importante e fecunda. Foi um privilégio conviver semanalmente com Madalena nos anos iniciais de minha formação. Os encontros eram espaços de muito aprendizado. Buscávamos, nos registros sobre as práticas, nos subsídios teóricos e nas trocas reflexivas entre os pares, fontes para analisar, de modo mais

---

nacionalidades que discutiram a repercussão das ideias de Freire no Brasil e no mundo. Participaram também estudantes; professores e professoras; pesquisadores e pesquisadoras; gestores e gestoras das redes pública e particular; militantes; ativistas e educadores e educadoras de movimentos sociais. A idealização e coordenação desse valioso encontro foi da colega pedagoga Maurilane Biccas.

criterioso e consequente, as inúmeras ocorrências, descobertas e angústias presentes no cotidiano escolar. Aprendi muito com Madalena, especialmente com seu modo amoroso de se relacionar com todos e com sua maneira radicalmente apaixonada de se envolver com o conhecimento. Por isso, nossos reencontros são sempre cheios de emoção.

Madalena é reservada, não gosta de se promover e nunca quis muita exposição. Apesar do sucesso editorial de seus livros, publicou pouco para grandes públicos. Ela costuma trabalhar com grupos reduzidos, fazer publicações que não têm grande circulação. Por essa razão, embora seus trabalhos sejam incontestavelmente relevantes, suas ideias e proposições ainda não foram suficientemente divulgadas, em especial entre as gerações de educadores mais jovens. Este livro, de certo modo, talvez possa preencher parte dessa lacuna. Além disso, representará uma oportunidade rara aos leitores de conhecer as opiniões de algumas das mais importantes especialistas em educação no Brasil sobre as contribuições de Madalena Freire.

Como as leitoras e os leitores poderão constatar, as cartas aqui reunidas sugerem que suas ideias sobre a criança, a escola e o papel do educador são mais do que nunca oportunas nos dias de hoje, quando há uma tendência de minimizar as relações pessoais entre aluno e professor e até mesmo substituí-las por relações virtuais. Sugerem também que a educação tem a força de "transformar em atividade construtiva tudo o que se destrói", tarefa de extrema importância no Brasil contemporâneo, marcado por uma "política de destruição", como tão bem observou Sonia Kramer em sua bela carta.

Hoje, passados quase quarenta anos de nosso primeiro encontro, tenho a honra de organizar este volume na esperança de possibilitar o contato de um público mais amplo com o pensamento crítico, pioneiro, vigoroso e atual dessa grande educadora apaixonada pela vida, pelas pessoas e pela ação educativa, que é Madalena Freire. *A pedagogia da paixão*, título que tomei a liberdade de atribuir às suas proposições, ainda tem muito a nos ensinar.

INTRODUÇÃO

REFERÊNCIAS BIBLIOGRÁFICAS

Araujo, Clara et al. (orgs.); Freire, Madalena (coord.). *O inédito é viável? Formação de professores da educação infantil na pandemia*. Rio de Janeiro: Instituto Pró-Saber, 2021.

Campos, Maria M.; Rosemberg, Fúlvia; Ferreira, Isabel M. "Creches e pré-escolas no Brasil". São Paulo: Cortez; Fundação Carlos Chagas, 1993.

Candido, Antonio; Mindlin, José. Prefácio. In: Rosa, G. *Ooó do vovô: correspondências de João Guimarães Rosa, vovô Joãozinho, com Vera e Beatriz Helena Tess*. São Paulo: Edusp; Belo Horizonte: Editora PUC Minas, 2003.

Cardoso, Beatriz; Pereira, Maria Cristina R. *Carta aos professores rurais de Ibiúna*. São Paulo: Fundação Bradesco, 1999.

Chartier, Roger (org.). *La correspondance: les usages de la lettre au XIX siècle*. Paris: Fayard, 1991.

Freire, Madalena. *A paixão de conhecer o mundo*. São Paulo: Paz & Terra, 1983.

_____. *Educador, educa a dor*. São Paulo: Paz & Terra, 2008.

_____. "Escola, grupo e democracia". In: Grossi, Esther P.; Bordin, Jussara (orgs.). *Paixão de aprender*. Petrópolis: Vozes, 1992.

_____. (org.). *Grupo: indivíduo, saber e parceria: malhas do conhecimento*. São Paulo: Publicações do Espaço Pedagógico, 1993. (Série Seminários). Mimeo.

_____. (org.). *Observação, registro, reflexão: instrumentos metodológicos I*. São Paulo: Publicações do Espaço Pedagógico, 1995. (Série Seminários). Mimeo.

_____. "Que diabo tem este grupo". In: *O grupo: seminários*. São Paulo: Publicações Espaço Pedagógico [s.n.], 1993. (Série Seminários). Mimeo.

_____. "Refletindo, praticando, vivendo com as crianças da Vila Helena". In: Secretaria da Educação de São Paulo. Coordenadoria de Estudos e Normas Pedagógicas. *Isto se aprende com o ciclo básico*. São Paulo, SE/Cenp, 1986.

Freire, Paulo. *Cartas a Cristina: reflexões sobre minha vida e minha práxis*. 2. ed. São Paulo: Editora Unesp, 2003.

Mello, Sylvia L. de; Freire, Madalena. "Relatos da (con)vivência: crianças e mulheres da Vila Helena". *Cadernos de Pesquisa*, São Paulo, n. 56, pp. 82-105, fev. 1986.

Rego, Teresa C. (org.). *Educadores brasileiros: ideias e ações de nomes que marcaram a educação nacional*. Curitiba: CRV, 2018.

_____. *Memorial e metamemórias: entre o singular e o plural*. Curitiba: CRV, 2018.

Revah, Daniel. "As pré-escolas alternativas". *Cadernos de Pesquisa*, São Paulo, n. 95, pp. 51-62, nov. 1995.

PARTE I

SOBRE A PAIXÃO DE ENSINAR AS CRIANÇAS A CONHECER O MUNDO

CARTA 1
SALVE, SALVE, MADÁ

Ana Mae Barbosa

Madalena e eu aprendemos a alfabetizar para ler o mundo com os mesmos grandes mestres: Paulo Freire, Elza Freire e Noêmia Varela.

Madalena Freire merece todas as comemorações possíveis pelo seu talento em desenvolver e ensinar às crianças a inteligência emocional e a percepção visual interpretativa. Lembro-me como se fosse hoje de sua capacidade criadora instantânea, pronta para aproveitar as oportunidades de ampliação de mundo, de movimentação corporal e os processos de significação com as crianças de apenas 4 anos – trabalhamos juntas na Escolinha de Arte de São Paulo (EASP).

Um dia, 53 anos atrás, estava passando por sua classe numa casa prosaica na rua José Maria Lisboa, 1196, quando estacionou ali na frente uma betoneira. Madá tomou as crianças, atravessou com elas a rua e, com segurança, começou a fazê-las recriar com o corpo o movimento da mistura do cimento. Voltamos para a Escolinha e, desenrolando um rolo de papel no chão, Madá convidou-as a desenhar as sensações que haviam experimentado com a movimentação do corpo perto da betoneira ativada. Talvez tenha sido a aula de educação infantil mais bonita que eu tenha presenciado em minha já longa vida.

Foi, então, um resultado entusiasmante de continuidade de traço, espaçamentos, pulos e diagramas, além de intimidade com o lápis e o papel. Muitas das crianças naquele dia começaram a representar aquilo que Rudolf Arnheim chamou de "noção de *coisidade*", isto é, fechar uma forma em geral, primeiro circular e dar nome a ela. Nomear um objeto num complexo exercício mental de separar e designar uma parte do espaço indefinido.

Minha relação com os Freire e Noêmia Varela começou quando eu tinha 18 anos. Fui aluna deles em um curso de preparação para concurso de professores primários do estado de Pernambuco em 1955. Apenas dois anos antes, d. Noêmia havia criado a Escolinha de Arte do Recife (EAR), que fez parte de um amplo movimento de modernização da arte-educação e que chegou a ter 144 unidades escolares experimentais, sendo 140 espalhadas pelo Brasil, uma em Portugal, duas na Argentina e uma no Paraguai – que ainda existe, sendo comemorada, festejada e frequentada por várias gerações. O Movimento Escolinhas de Arte (MEA) era unido em torno do expressionismo no ensino da arte. Essa coesão garantiu longevidade ao movimento, e temos até hoje a Escolinha de Arte do Recife e a de Santa Maria funcionando, donas de um riquíssimo acervo que vem sendo estudado gerando pesquisas muito boas. Ambas, eu e Madá, fomos alunas de Noêmia Varela, eu como jovem professora e ela criança, quando Paulo Freire era presidente da EAR.

O Brasil foi um dos poucos países a passar pelo crivo crítico do pós-modernismo sem tentar desfazer as conquistas modernistas do expressionismo na arte-educação. A abordagem triangular, configurada como uma epistemologia pós-moderna que continua a ser largamente experimentada, modificada (em relação ao contexto, às práticas, às diferentes teorias cognitivas e de leitura de imagem) e ressignificada, e até serve de base para pesquisas em outras áreas no Brasil, não tentou destruir para implantar no vazio uma nova tendência, como aconteceu em outros países com algumas proposições pós-modernas para o ensino das artes. Pelo contrário, a abordagem triangular ampliou o campo de ação da arte na educação, valorizando a expressão pessoal e coletiva tão cara ao modernismo, à qual acrescentou a proposta do ver criticamente e contextualizar o que se faz e o que se vê.

A contextualização é um processo de conscientização; é associativa em relação aos processos cognitivos que vão além do racional; é intercultural; e é interdisciplinar. A contextualização "torna visível o que não é visível".

A Escolinha de Arte de São Paulo, apesar de sobreviver apenas três anos e meio, foi uma experiência rodeada de muitas pesquisas. Nem todas foram escritas, mas Madalena foi essencial para nutrir em nós a curiosidade e o espírito analítico e crítico acerca de nossa própria ação educativa.

Paulo Freire, exilado em Genebra, nos nutria com livros e informações. Cheguei a ir visitá-lo e a d. Elza duas vezes. Da primeira vez fui sozinha e fiquei hospedada com eles. Da segunda vez fui com a família. Ficamos em um hotel que conseguimos perto deles. A convivência com o casal Freire foi um acontecimento que marcou a mente de meus filhos, cuja lembrança volta com frequência a partir de nossas conversas ou no blog de minha filha, que não pode falar.

D. Elza sugeria que a chamasse de Elza, mas nunca consegui, embora tivesse por ela um afeto filial. Como toda criança órfã muito cedo, eu vivia buscando o abrigo maternal das mulheres de quem eu gostava muito. A minha ligação com os Freire foi tão próxima que fui aluna de Paulo Freire; Madalena Freire, sua filha, minha aluna informal; minha filha Ana Amália, aluna de Madalena; e Carolina, filha de Madalena, foi aluna de Ana Amália, minha filha. Trata-se, portanto, de uma ligação educacional intergeracional. Minha filha teve o privilégio de ter Madá como primeira professora com apenas 2 anos e meio de idade.

A vocação de Madá para ensinar a ensinar se apresentou cedo. Aos 16 anos acompanhou Paulo Freire na gloriosa experiência de Angicos, e na EASP ensinou a nós, professoras, por exemplo, a anotar tudo que ocorrera na aula logo depois que terminássemos. Ela dizia que não devíamos deixar para depois se quiséssemos ser realmente analíticos.

Se com o pai dela aprendi a questionar, com ela aprendi a sistematizar.

Tive a alegria de escrever o prefácio de dois livros muito importantes de Madalena, iluminadores do ato de ensinar/aprender. O primeiro, *A paixão de conhecer o mundo*, foi publicado em 1983 com uma escrita clara e um entusiasmo pelo conhecimento e pela descoberta que revelou a jovem pesquisadora inventiva e engajada. Depois de muitos alunos, muitas aulas, muitas palestras, sempre concorridíssimas, publicou *Educador, educa a dor*, em 2008, um sucesso ainda maior, com mais de dez reedições, o que testemunha um trabalho maduro, reflexivo e resultante de análise crítica. Não escrevi propriamente prefácios para esses dois livros, mas cartas a Madá.

Em 1983 estava ensinando e pesquisando na Inglaterra, nos arquivos de Marion Richardson, repletos de cartas, todas muito significativas para definir não só aquela influente arte-educadora, mas também seu círculo de amigos e ex-alunos, definindo ainda seu tempo. Com muitas saudades, escrevi uma carta para Madá. Quando ela publicou o segundo livro, embora morássemos na mesma cidade, escolhi também uma carta no lugar de prefácio, porque a saudade de Madá continuava, uma vez que eu vivia muito afastada dos amigos, quase sem vida social, pois tinha sido atingida por uma tragédia familiar. Para mim, cartas aproximam afetivamente, e Madá havia sido muito solidária no momento da minha dor. Outra razão foi a admiração enorme por sua maneira de escrever. Sua escrita havia se apurado, se tornado precisa, mas elástica e dialogal. Ela nunca se rendeu às regras que torturam a escrita acadêmica. Seu livro fala diretamente ao professor do chão da escola. Um prefácio seria demasiado formal para um livro tão cheio de vida.

Agradeço ter tido Madá em minha vida e, para homenageá-la, desta vez não estou escrevendo uma carta, mas me recusei a fazer qualquer citação de autores importantes para abrilhantar o texto ou para satisfazer a fome das normas acadêmicas. Só não resisti à tentação de apresentar uma bibliografia sobre as Escolinhas de Arte no Brasil, responsáveis por nossa iniciação à arte-educação. Talvez seja esse um ato de ufanismo educacional.

Irmanadas pelas experiências e pela paixão por arte/educação, dispensamos intermediação.

Madalena, muitas saudades dos anos de formação mútua e de trabalho conjunto, muito afeto e muita admiração,

Ana Mae

SUGESTÕES DE LEITURA SOBRE AS ESCOLINHAS DE ARTE NO BRASIL

Alves, Flávia Camargo Leal. *Escolinha de arte da UFRGS (1960-2011): história, fundamentos e ressonâncias com o Movimento Escolinhas de Arte.* Porto Alegre: UFRGS, 2019. (Mestrado em Educação).

Andrada, Maria Borges Ribeiro de. *Escolinha de arte do Brasil: a modernidade alcança a educação.* Rio de Janeiro: UFRJ, 1996. (Mestrado em História da Arte).

Antonio, Ricardo Carneiro. *Arte na educação: o projeto de implantação de Escolinhas de Arte nas escolas primárias paranaenses (décadas de 1960-1970)*. Curitiba: UFPR, 2008. (Doutorado em Educação).

Azevedo, Fernando Antonio Gonçalves. *Movimento Escolinhas de Arte: em cena memórias de Noêmia Varela e Ana Mae Barbosa*. São Paulo: USP, 2000. (Mestrado em Educação).

Bellardo, Waldirene Sawozuk. *A escolinha de arte do Paraná no âmbito das concepções e políticas sobre o ensino de arte*. Belém: UFPA, 2003. (Mestrado em Educação).

Benetti, Téoura. *História da Escolinha de Artes do Centro de Artes e Letras da Universidade Federal de Santa Maria*. Santa Maria: UFSM, 2007. (Mestrado em Educação).

Lima, Sidiney Peterson F. de. *Escolinha de Arte de São Paulo: instantes de uma história*. São Paulo: Unesp, 2014. (Mestrado em Arte).

Oliveira, Myriam Fernandes Pestana. *Escolinha de Arte de Cachoeiro do Itapemirim: resgate de uma história*. Vitória: Ufes, 2013. (Mestrado em Educação).

Peixoto, Marge Faria do Amaral. *Escolinha Municipal de Arte de Pelotas: memória, história de ensino de arte (1963-1998)*. Pelotas: UFPel, 2017. (Mestrado em Artes Visuais).

CARTA 2
"TUDO QUE DESTRUÍA, EU TRANSFORMAVA NUMA ATIVIDADE CONSTRUTIVA": TOM-TOM ENCANGADO NA CINTURA

Sonia Kramer

Querida Madalena,

O convite de Teresa para escrever esta carta me emocionou desde a consulta feita por Anete, indagando se poderia passar a ela meu contato. Anete, Madalena, Teresa. Três queridas. Claro que aceitei. "Pois bem, a carta vai dentro do livro", disse Teresa, "é parte dele, não precisa de envelope ou meio eletrônico." Segue assim, então, para você.

Há tempos não nos vemos, mas há muito nos encontramos! Sabia do seu trabalho desde os anos 1970, momento e contexto difíceis, em que as alternativas de trabalho com crianças pela liberdade e com liberdade moviam tantos e tantas de nós. Atuávamos em escolas públicas, na rede particular e em iniciativas comunitárias, de formas mais ou menos visíveis, ligadas ou não a alguma instituição, partido ou grupo político.

Saboreava tudo o que você escrevia. Lia e relia, com colegas da faculdade, e mais tarde com alunas e alunos, seus relatos de histórias que me chegavam em textos fotocopiados – novidade técnica que substituía o carbono, o limógrafo e o mimeógrafo... Sem offset, xerox ou gestetner, muito menos impressora. Quem ousaria imaginar que teríamos essas facilidades em casa e na escola?

Curioso que foi também em fotocópias que li pela primeira vez um livro do seu pai. Quando, em 1973, saí da faculdade de psicologia e entrei na de pedagogia, um professor de filosofia muito querido me deu um exemplar de *Educación como práctica de la libertad*. Isso mesmo, eram cópias em espanhol, sem capa e sem o título do livro, nem o nome de Paulo Freire. O professor as entregava a alunos e alunas que ele percebia, ou supunha, serem críticos da ditadura ou mesmo interessados em alternativas teórico-práticas para a ação educativa naquele contexto. E, lembro agora, essa foi também a estratégia de um projeto de formação de professores e professoras em que atuei na Secretaria de Educação do Estado do Rio de Janeiro, no qual usamos recursos de um dos acordos MEC-Usaid. Como você sabe, esses acordos eram dedicados à implementação de novas metodologias para o ensino de primeiro grau que estivessem em conformidade com os "padrões" definidos pelos Estados Unidos e apoiados pela ditadura civil-militar brasileira. Em nosso projeto, no entanto, tivemos como principal referencial Célestin Freinet. Bem, se eu estivesse agora sentada tomando um café com você lhe daria uma piscadela...

Foi assim que aprendi e me acostumei a também reproduzir artigos e capítulos de livros que me afetavam e assim os levava para trabalhos de grupo ou rodas de leitura em diversos processos de formação. E os seus textos, Madalena, estavam sempre comigo. A sua paixão de ensinar a conhecer o mundo, mais do que motivar, provocava a análise, a reflexão e o questionamento de professores e professoras que procuravam fazer diferente por compreenderem que, na escola, se pode fazer história. E juntas – ainda que ao longe – nos engajamos na roda que girava nos anos 1980, com os ventos e os movimentos de redemocratização.

Então, pouco depois de ter recebido por e-mail o convite de Teresa e as orientações formais sobre o tempo e o espaço estabelecidos para a entrega da carta, imediatamente me veio à lembrança a história do Tom-Tom. E é sobre essa história que quero escrever aqui.

Para quem não conheceu o Tom-Tom, essa história pode ser encontrada no artigo "Relatos de (con)vivência: crianças e mulheres da Vila Helena nas famílias e na escola" (1986). Escrito por você (relato II) e Sylvia Leser de Mello (relato I), o artigo está incluído na sessão "Relatos de experiência" dos *Cadernos de Pesquisa*, número 56, quando eram ainda impressos em papel grosso, formato grande, as páginas ilustradas com desenhos das crianças.

Faço antes uma breve digressão para introduzir um pensamento. Escrever uma carta que vai ser publicada como capítulo de livro coloca aquele que escreve num lugar de inquietação ou, melhor dizendo, de imprecisão. A carta é gênero discursivo que tem remetente (no caso eu, Sonia) e destinatário (no caso você, Madalena), supondo que o conteúdo será conhecido apenas por essas duas pessoas. A carta é também o nome de seu próprio suporte (mas vai num envelope ou aerograma), e seu conteúdo poderia virar e-mail ou mensagem em algum meio tecnológico digital, numa mídia, como se diz. A mistura de gêneros e suportes neste texto que escrevo aqui supõe que outros lerão o que supostamente seria só para você, Madalena.

E é por isso que a esses outros leitores e leitoras recomendo conhecer o texto completo. Lá vocês verão fotos da Vila Helena e desenhos infantis. Por ora, fiquem sabendo que o artigo trata das histórias contadas pelas mulheres sobre suas trajetórias e seu trabalho, e das histórias vividas na prática com crianças de 3 a 6 anos no espaço pré-escolar.

No artigo, Madalena fala da sua proposta de trabalho com as crianças na Vila Helena. Conta por que não era chamada de "tia" e traz histórias com pipas, carrinhos, bolas de papel, bambolês, pneus, massinha, e conta seus desafios e conquistas. Relata, entre outras, a história dos desenhos de Sérgio, das mesas, de Iara, Tom-Tom, Vander, do enterro da taturana, de fotos, jornais, desenhos, da roda – a "rodona" – e do seu próprio processo.

Às leitoras e aos leitores deste meu texto – escrito em gênero "carta à Madalena" –, uma observação: no meu modo de ver, sentir e conhecer, a história do Tom-Tom é emblemática do que é mais relevante para um professor ou uma professora saber fazer. E é, em miniatura, o símbolo do que de mais importante existe nesta vida: incluir uma criança por inteiro, e ser uma pessoa adulta por inteiro ao incluir uma pessoa criança.

Tom-Tom é um exemplo que revela, no miúdo do seu acontecimento, o início e a inteireza de uma longa trajetória da imensa contribuição de Madalena Freire ao fazer e pensar as práticas de formação, com crianças, jovens e adultos. A história do Tom-Tom ocupou, preencheu e ajudou minha vida de trabalho com crianças e professores e professoras iniciantes em creches, escolas e cursos de formação, tanto propostos por secretarias de educação, igrejas ou projetos comunitários como por universidades e faculdades de educação. E conto já o porquê.

Antes preciso registrar que a releitura do texto me trouxe, não sei se um sobressalto ou um tempo interrompido – talvez, melhor dizendo, uma pausa ou mesmo uma surpresa – quando você diz: "De tudo que destruía, eu transformava numa atividade construtiva." Ler isso hoje, no contexto e no momento em que vivemos, de ascensão de uma extrema direita, no contexto e no momento em que faço esta escrita, gera inúmeras perguntas. Conto em breve o porquê.

"Tom-Tom tem 5 anos e chega desesperado todos os dias." Assim, de supetão, Tom-Tom entra no texto. "Bate num, chuta o outro, empurra a mesa, chora desamparado quando por fim recebe um soco – de alguém maior – de volta." Assim, de repente, você nos apresenta ao menino. Ficamos logo sabendo, também, que o relato irá tratar sobre desamparo. E que ele, o Tom-Tom, não está entre os maiores da turma.

"Nas primeiras semanas de trabalho", conta você, "tive que andar de mãos dadas com o Tom-Tom e, na maioria das vezes, com ele nos braços, 'encangado' na cintura."

(E aqui, por me lembrar de que alguém além de você estará lendo esta carta, crio um parágrafo e um parênteses para explicar que "encangado" pode significar "tornar curvado ou achacado por doença". Porém, no Nordeste da sua fala, "encangada" é a pessoa que só anda acompanhada de outra. Quer dizer, são inseparáveis).

"Tom-Tom, vem cá. Você agora é o meu boneco Fom-Fom." E do seu colo, "ele dava papel para as outras crianças, dava lápis... e às vezes brigava mesmo lá de cima!". "Só no colo, junto do afeto", Tom-Tom se acalmava. Você ia mostrando para o menino que, vivendo seu lado bom, vendo que era querido, ajudando a você e aos outros, ele descobriria "um outro jeito de ser".

O desamparo, a dor, a solidão, o medo de não agradar, de não ser agradado se espalham nos gestos súbitos e intensos da criança sobre as coisas. E a culpa, o desafio colocado para todos os outros, a exposição do seu pior lado. Para que vejam como não é bom? Para que o adulto expresse seu afeto, o acolhimento, o vínculo, a presença? E por entre os sons e tons de uma experiência de vida dura, exibida nos atos de agressão da criança, na sua vulnerabilidade e no seu desamparo, você estava lá, Madalena, com seu gesto de esperança, seu jeito de espera e sua aposta de que ele "poderia virar outra coisa".

"TUDO QUE DESTRUÍA, EU TRANSFORMAVA NUMA ATIVIDADE CONSTRUTIVA"...

Da primeira vez em que li o texto, onde estava escrito "Tom-Tom" eu lia "Renato". Ainda hoje lembro como ia chegando agitado, raivoso, bruto. Aos 4 anos, botou fogo na sala de artes, uma casinha de madeira construída no meio do jardim. Minha turma, com 22 crianças, estava no pátio; Renato se afastou por uns minutos, entrou na sala de artes sozinho, e nunca se descobriu de onde veio a caixa de fósforos. Passei meses com o Renato grudado em mim, como o Tom-Tom encangado na sua cintura.

E foi durante aqueles dias de tensão e atenção que inventei a estratégia de estar em mais de um lugar ao mesmo tempo, quando estávamos em uma sala ou em um espaço aberto realizando alguma atividade ou simplesmente brincando com as crianças. Ficava sempre do lado de quem se afligia, ali junto de quem mostrava o desamparo no grito, no soco, na ameaça de bater, enquanto minha voz e meu olhar alcançavam também aqueles que brincavam um pouco mais para lá. Colo, cola, grude. Afago, afeto, fiança, confiança...

Depois de contar como atiçava o Tom-Tom trabalhador, forte e cooperativo, você diz: "Também trabalhei com os pais no sentido de verem o outro Tom-Tom." E a seguir, o conteúdo dos parênteses revela o contexto social, as práticas da família e a visão que tinha da criança: "o pai foi um dia conversar comigo para dizer-me que, se precisasse, podia dar uns tapas no Tom". Também eu, Madalena, não sei quantas vezes ouvi recomendações e autorizações desse tipo, e perdi a conta de como era difícil explicar que tentava fazer diferente. Você, firme na intenção e no relato, prossegue: "em todas ocasiões que Tom-Tom conseguia produzir, trabalhar, mandei bilhetes salientando o que havia conquistado".

Seus pequenos passos e breves conquistas, eu – leitora – acompanho na escrita. E ouço gritos de crianças, chamando por você no parágrafo seguinte. Você corre e se depara com "Tom-Tom com um caco de vidro na mão, pronto para atirá-lo numa das crianças". Você nos conta: "Perco a cabeça e grito: 'Tom-Tom!!! Jogue já esse vidro no chão ou senão pode ir embora e não volte mais nesta escola.'" E descreve: "Parado com o braço levantado, o vidro na mão, pensando, parecia que via um videoteipe de sua vida conosco. Momento de dúvida e avaliação. E de repente um gesto brusco, rápido; jogou o vidro no chão."

Você então o abraça, o carrega no colo e grita para todo mundo (e eu penso aqui que você grita também, e especialmente, com todas as forças, para que ele ouça, para que saiba, que nunca se esqueça, que fique selado): "Tom-Tom vai ficar nessa escola! Trabalhar nessa escola, ficar com a gente! (Optou por nós.) Ele, rindo, abraçado, 'encangado na cintura', brilhando pelo salão..."

O relato termina, e nós, leitores e leitoras, compreendemos que você assegurou a permanência do Tom-Tom com o seu grito. O grito indicava não só que ele escolheu ficar, mas soprava um pedido, um comando, um medo de que desistisse diante da certeza dada por você de que deveria ficar. Entretanto, para ficar, ele não podia machucar o outro; para ficar, ele deveria não machucar ninguém, da mesma maneira que você o protegera, que você cuidou dele e impediu que se machucasse, que destruísse coisas e pessoas.

Encangada no Tom-Tom, inseparável dele, na cintura e no grito diante do vidro, no bilhete enviado aos pais, no não à possibilidade de tapas, você também foi brilhando no salão... E não desistiu de Tom-Tom um minuto sequer, nem quando oferecia perigo, nem quando significava risco. Não me pareceu que sua cabeça foi perdida, Madalena; entendo o que você quis dizer. Um dia ouvi de uma aluna da faculdade (então professora na educação infantil) o destempero por ter gritado em sala. "Eu não estudei tanto para agora me acostumar a gritar" – o grito parecia escancarar a culpa por ter perdido a paciência, um deslocamento de lugar. No caso dela (da minha aluna, também professora), o grito significava a busca de socorro. No seu caso, ouço como o limite necessário, a autoridade regada de afeto, nenhuma tolerância de que outra criança fosse alvo de dor.

Leio de novo esse relato; bem, leio de novo "de tudo que destruía transformava em atividade construtiva" e penso em mim, em nós, e nos dias de hoje, em que tantos direitos básicos conquistados são postos em xeque.

Para além de um caminho que parecia sem volta, você escreve essa coisa que parece curtinha, síntese do que buscava fazer, mas que – me permita dizer – transparece para mim, hoje, tantas décadas depois, como o que de mais importante devemos e precisamos fazer, com firmeza e delicadeza, com fios tênues e sentidos fortes, com crianças, jovens e adultos, nos mais diversos projetos e instituições. "De tudo que destruía, eu transformava numa atividade construtiva."

"TUDO QUE DESTRUÍA, EU TRANSFORMAVA NUMA ATIVIDADE CONSTRUTIVA"...

Mais do que ação prática com crianças – e isso não é pouco nem importa pouco, muito pelo contrário –, o relato que você traz, nesse microcosmo de interações entre crianças e adultos naquele espaço específico, expõe a sua visão de mundo do macrocosmo onde estamos inseridos – nós, os outros e as relações físicas, afetivas, cognitivas, culturais, sociais, econômicas, políticas, ideológicas, históricas que estabelecemos e circulam entre nós. Em que e como esses aspectos nos influenciam? E como alterá-los?

(Re)construir a partir da destruição, é o que você propõe. Afirmação do que você fazia, do que você faz, como sabemos. Lida hoje, a expressão mais do que um relato soa como convite e até convocação, apresentada, posta, disposta para todas as pessoas, também para nós, é claro. Essas duas orações com formulação tão curtinha e impacto potencial tão longo, relidas, me fazem levantar perguntas. Como atuar responsavelmente na direção de transformar tudo o que é ou foi destruído e o que se pretende destruir, numa atividade construtiva? Será possível acolher aquele que destrói quando ele não é uma criança?

Não digo que você faz essas perguntas ou que as propõe, mas, ao reler seus relatos e sua síntese, não parei de pensar no nosso papel e compromisso de transformar em atividade construtiva tudo o que se destrói, que é destruído... Encangar quem destrói...

E como assumir essa tarefa? Devemos tornar visíveis situações e atos de crianças e adultos que sofrem maus-tratos, negação, repressão, violência, negligência, humilhação. Precisamos cuidar de crianças, jovens e adultos sempre que estão em risco, são alvo de discriminação, preconceito, exclusão, eliminação. Proteger eles e elas até se si mesmos. Já falei muito e escrevi sobre esses temas, você sabe, com a obsessão de entender que o objetivo da educação é atuar para conhecer o mundo e reconhecer o outro, com cuidados éticos, sempre de prontidão, em alerta, contra a barbárie.

Seu texto, que tomei para esta carta, fala de construção, ao revés da destruição, o que me evoca responsabilidade, resistência e cuidado... Ato responsável.

Nos idos dos anos 1960, 1970 e 1980, resistir significava atuar nas brechas, nas frestas, na direção contrária à esperada. Reagir, se opor, recusar, desviar-se, interromper. Ou – como aprendi com meu pai – resistir é não se acostumar.

Essa parece ser a resistência que você expressa nas ações contadas no texto, o cuidado com essa pessoa que é, foi e será o Tom-Tom, como tantas crianças e seus muitos tons. Você cuida delas, as inclui inteira e intensamente; ensina a mudar, a virar de outro jeito. E você também se dobra e, no processo, contribui para que se desdobre um outro no mesmo que é o menino. E em todas as maneiras de fazer, Madalena, você expressa cuidado e resistência.

Mas pergunto a mim mesma, a você, Madalena, e a quem lerá esta carta: como reagir no contexto em que vivemos hoje, no momento, no dia em que escrevo esta carta – 21 de abril de 2022 –, nesta época marcada, cercada, atravessada pela ação política de destruição de pessoas, conquistas e direitos; da terra, de povos, raças, culturas, da natureza, do país. O que fazer diante da corrente de produção da destruição da pluralidade através da intolerância – estereótipo, preconceito, discriminação, exclusão, eliminação, extermínio?

Resistir é importante, mas é pouco. Me perdoe se nestes últimos parágrafos da carta repito coisas que disse e escrevi tantas vezes. Mas é que me sinto muito perto de você com esse movimento do micro para o macro e de volta ao micro, nessa roda que é a vida, onde giramos e agimos. É preciso impedir que a corrente de discriminação e destruição prossiga; continuar a atuar por uma sociedade plena de atividade construtiva em direção à justiça e à igualdade, com aceitação do outro e reconhecimento de nossa pluralidade: nossas diferenças físicas, mentais, de raça, etnia, orientação sexual, cultura, religião, gênero, modos de entender o mundo, escolhas, pontos de vista…

E como interromper o ódio sem produzir ódio? Como impedir a destruição que o outro proclama e impõe? Precisamos do conhecimento, engajando-o à sensibilidade, a tudo que afeta, que é afetivo, e ao agir ético, nas mais diferentes instâncias e interações pessoais, onde cada estreita aresta pode abrir caminho para o diálogo.

Mas o contexto autoritário do momento em que escrevo esta carta não pode ser minimizado. Não há conivência nem convivência possível com o fascismo, que não escuta, mas executa, oprime, mata. Alerta e alarme: o fascismo avançou da antessala e impregna aos poucos as frestas da democracia. Há que resistir, impedir, insistir, interromper. Estamos juntas e juntos, e juntas e juntos vamos continuar.

Como você mostra em tantos textos escritos mais tarde, também na história do Tom-Tom cuidar é assegurar a vida, com atos e gestos de cuidado com os outros, em conjunto e com responsabilidade.

Obrigada, Madalena, por seu trabalho na formação, por seus artigos e livros, por ser você. E se cuida muito, tá? Você é preciosa para muita gente grande e pequena. É uma honra escrever esta carta. Espero que tenha feito sentido.

Beijos, com carinho,

Sonia

CARTA 3
ENTRANDO NA RODA

Maria Malta Campos

Querida Madalena Freire,

Pediram-me para escrever uma carta a você, como amiga. Isso me surpreendeu um pouco e, para dizer a verdade, até me envaideceu, pois embora sempre tenha acompanhado seu trabalho à distância, quase não tivemos contato direto em todos esses anos – mais meus que teus, pois vi que nasci alguns anos antes de você.

Remexendo em meus "baús", encontrei o nosso primeiro ponto de contato: aquele texto seu e da Sylvia Leser de Mello, "Relatos da (con)vivência: crianças e mulheres da Vila Helena nas famílias e na escola", publicado em 1986 na revista *Cadernos de Pesquisa* da Fundação Carlos Chagas (FCC), época em que eu era a editora.[1] Segundo me lembro, foi uma amiga e ex-colega do Ginásio Experimental da Lapa (Gepe 1),[2] Jerusa Vieira Gomes, quem encaminhou o texto, que saiu na seção "Relatos de experiência" daquele número 56.

Jerusa também participou desse conjunto de pesquisas realizadas no Jardim Helena, que deram origem a tantos artigos, relatos e teses sobre a realidade vivida pelas mulheres, famílias e crianças de um bairro periférico de

---

[1] Mello, Sylvia L. de; Freire, Madalena. "Relatos da (con)vivência: crianças e mulheres da Vila Helena nas famílias e nas escolas". *Cadernos de Pesquisa*, São Paulo, n. 56, pp. 82-105, fev. 1986.
[2] O Gepe 1 foi uma das quatro unidades que compunham o Ginásio Estadual Pluricurricular Experimental, implantado na rede estadual de São Paulo nos anos 1960 e extinto no início dos anos 1970, com o endurecimento do governo militar.

Carapicuíba, nas décadas finais do século passado. Seu artigo sobre os hábitos e costumes dessas famílias a respeito da criação de seus filhos pequenos foi posteriormente publicado na revista e, infelizmente, ainda compõe um conjunto pequeno de trabalhos sobre a socialização de bebês e crianças pequenas no âmbito das famílias que habitam os bairros populares das grandes cidades brasileiras.[3]

Relendo hoje seu relato, Madá, que descreve tão bem e de modo tão sensível sua experiência como professora de uma turma de crianças pequenas em espaço improvisado de uma paróquia do bairro, situação comum naquela época em que as crianças dessa faixa etária ainda não tinham seus direitos à educação definidos em lei, penso que, mesmo depois de tantos anos, muitos dos desafios que você enfrentou ao tentar encontrar formas de trabalhar naquele contexto não parecem tão diferentes de situações que subsistem em creches e pré-escolas que recebem as crianças pequenas nos bairros e regiões mais pobres de nosso país – algo que ainda podemos averiguar em diversas pesquisas.

As perguntas que seu relato suscitava em mim eram muitas. Deve ter sido o motivo, veja só, de ter escolhido justo seu texto para comentar na "Carta da Editora", que abria aquela edição da revista. A carta começava lembrando que nos anos 1968/1969, a maioria das escolas "experimentais" atendia principalmente "grupos mais intelectualizados das camadas médias e altas da população das grandes cidades brasileiras". Alguns de seus educadores, eu dizia, "começaram a manifestar uma enorme curiosidade[4] sobre a possibilidade de aplicar na mesma população atendida pela escola pública os métodos de trabalho desenvolvidos nestas escolas particulares". Em seguida, eu mencionava também a polêmica que se desenvolvia em meios acadêmicos a partir de "ensaios críticos à tendência chamada de 'escolanovista'" e como essa posição acabava por justificar a continuidade dos métodos tradicionais nas escolas públicas. Transcrevo aqui o último parágrafo daquela carta:

---

3 Gomes, Jerusa V. "Do campo à cidade: transformações nas práticas educativas familiares". *Cadernos de Pesquisa*, São Paulo, n. 64, p. 48-56, fev. 1988.
4 Hoje eu diria: interesse e compromisso.

O trabalho publicado neste número dos Cadernos, a respeito de crianças e famílias de Vila Helena, reflete esta inquietação. Relato do início de um processo, ainda assim ele coloca questões que aumentam a curiosidade sobre este debate. Com uma, dentre muitas possíveis, termino esta carta: provando-se que as deficiências não se encontram nas crianças, como fica a questão dos professores que trabalham na rede pública? Ou seja, como seria possível partilhar, com a massa dos professores, os princípios e a prática sugeridos neste trabalho?[5]

A pergunta que encerra aquela carta ainda continua sem respostas para mim, até hoje. É com ela que eu gostaria de continuar a nossa conversa de agora, pois acho que é por aí que nossos percursos, tão diferentes, acabam por se encontrar.

Não se trata, somente, da questão da formação dos professores, mas sim do conjunto de políticas e programas que deveria ser implementado para que os fundamentos que sustentam uma experiência como aquela desenvolvida na Vila Helena sejam também fundamentos que inspirem as decisões que podem ajudar a fomentar iniciativas em diversas áreas: na formação inicial e continuada de educadores, tanto professores como demais profissionais que atuam na educação infantil e primeiros anos do fundamental; no campo das propostas curriculares e da escolha de recursos pedagógicos que devem estar disponíveis em creches e escolas; nas concepções arquitetônicas e de arranjo dos espaços, internos e externos, seja nas novas construções, nos imóveis adaptados ou em unidades anexas a escolas que atendem outras etapas da educação básica; na maneira de integrar as primeiras noções de leitura e escrita, e também de matemática, ciências, história... No trabalho com as crianças, a partir das oportunidades que surgem no cotidiano, respeitando seus interesses e curiosidades, o que significa evitar tanto uma abordagem pedagógica pré-programada e impositiva como também a omissão e a recusa de responder ao que as crianças revelam estar interessadas em entender e aprender.

Imagino que a continuidade de sua experiência em Vila Helena – quando você menciona que interagiu com as mulheres do bairro que assumiram o papel de educadoras das crianças naquele local – e com certeza depois, em

---

5 Campos, Maria M. "Carta da Editora". *Cadernos de Pesquisa*, São Paulo, n. 56, fev. 1986, p. 3.

seu trabalho junto à rede municipal de São Paulo na época em que seu pai foi secretário de Educação, tenham trazido questões desse teor ao desenvolvimento de seu trabalho de assessoria e formação continuada.

Entrevistas suas, inclusive a que está registrada neste livro, sugerem algumas pistas. Gosto especialmente daquele relato que você fez para a tese de doutorado de Marina Célia Moraes Dias – minha colega e amiga –, respondendo à primeira de suas perguntas: "Madalena, gostaria que você me contasse um pouco da história do seu envolvimento com a educação infantil e com a formação do educador."[6]

Sua resposta começa justamente mencionando um dos elos entre a perspectiva mais "chão da escola" que você identifica com aquela "primeira grande inspiradora", sua mãe – professora e diretora de um grupo escolar do Recife – e "uma visão mais macro da escola", que você relata ter compartilhado mais tarde, na adolescência, com seu pai. Na continuidade de sua resposta, você vai então lembrando como foi construindo ao longo de diversas experiências, primeiro na arte-educação, depois com o interesse na alfabetização, um método que integrava a experiência com as crianças, o registro cuidadoso dessa experiência e a reflexão crítica sobre essa vivência, alimentando assim a continuidade do trabalho junto às crianças. Reflexão crítica esta aprofundada por leituras e estudos discutidos em grupo com outros educadores.[7]

Em seguida você chega mais perto daquela questão que eu colocava na "Carta da Editora", explicando que, ao assumir também um lugar na "coordenação de professores", constatou que seu papel na "classe" dos educadores não deveria ser muito diferente do papel assumido antes junto ao grupo de crianças, no sentido de que "era preciso partir do que ele [o educador] sabia e fazia", "pois ele, assim como as crianças, era o sujeito de sua própria prática". Essa experiência confirmava, segundo sua entrevista, a importância da reflexão em grupo, onde "o conhecimento mais profundo se dava". Prática que foi depois adotada no Espaço Pedagógico, no trabalho com a formação de educadores.[8]

---

6 Dias, Marina C. Moraes. *Saberes essenciais ao educador da primeira infância: uma reflexão na perspectiva dos seus protagonistas*. São Paulo: USP, 1997. (Doutorado em Educação), p. 103.
7 Freire *apud* Dias, pp. 103-105.
8 *Ibidem*, pp. 105-106.

Pensando agora na formação inicial, ganha sentido aquela posição que você defende na entrevista reproduzida no início deste livro, de que esta formação do professor precisa ser feita na escola. Da mesma forma que os profissionais da saúde precisam ser formados nas instituições de saúde – hospitais, postos de saúde –, os profissionais de educação deveriam ser formados nas instituições educativas, como creches, escolas e centros de educação de adultos. Sua experiência na coordenação da formação permanente de professores na escola mostrava algo que poderia ser também um dos eixos condutores de uma formação inicial situada na escola: "Era o exercício da reflexão escrita, registro refletido, compartilhado no grupo, mediado pelas interações com os pares, com o coordenador e com as teorias alimentadoras trazidas para esclarecer questões práticas, que possibilitava o resgate de seu pensamento, de seu processo de alfabetização, da sua história enquanto educador."[9]

Acho necessário esclarecer, neste ponto, que minha aproximação com esse tema foi completamente diferente da sua! Eu nunca havia sido professora quando comecei a atuar como pesquisadora e um pouco também como militante na questão da creche. Minha motivação vinha tanto dos estudos e mobilizações feministas, desde a década de 1970, quanto do trabalho de pesquisa e intervenção na Fundação Carlos Chagas, com Fúlvia Rosemberg, no contexto do projeto "O que se deve saber sobre creches". A partir de diferentes desdobramentos desse projeto, foram várias as iniciativas que procuraram chegar mais perto da realidade e da vivência daquelas que – antes da Lei de Diretrizes e Bases da Educação Nacional (LDB) de 1996 e, portanto, quando a creche ainda se encontrava fora do setor educacional – eram geralmente chamadas de "pajens" por aqui,[10] e que, em sua maioria, não tinham tido oportunidade de cursar nem mesmo o ensino fundamental, o que dizer então do magistério de nível médio. Você deve se lembrar desse tempo, quando "ser mulher" já era qualificação considerada suficiente para esse trabalho: qualquer

---

9 *Ibidem*, p. 106.
10 Outras denominações eram lembradas em texto de 1991: "babá, monitora, atendente, recreacionista". (Campos, Maria M.; Grosbaum, Marta W.; Pahim, Regina; Rosemberg, Fúlvia. "Profissionais de creche". *Cadernos CEDES*. Campinas, Centro de Estudos Educação e Sociedade, n. 9, pp. 39-66, 1991, p. 53).

mulher sabe cuidar de crianças pequenas, dar mamadeira ou papinha, dar banho, colocar para dormir, ou seja "olhar as crianças" enquanto as mães trabalham fora para melhorar o orçamento familiar.[11]

Nesse movimento de partir "de cima", no sentido de uma visão mais geral e "panorâmica", para chegar "mais perto", enquanto tentativa de aproximação às pessoas de carne e osso que se ocupavam das crianças no dia a dia das creches, talvez a gente tenha alcançado, com base em pontos de partida bem diferentes, um território intermediário, que você ocupou a partir de sua reflexão e experiência direta com as crianças e depois com as professoras. Na realidade, nosso grupo de pesquisa, assim como diversos outros pelo Brasil com os quais a gente se relacionava, tentava desenvolver uma abordagem que misturava até certo ponto investigação com intervenção e militância, pretendendo chegar por outros caminhos a uma perspectiva equivalente. O que, evidentemente, levava a vivências e reflexões nem sempre convergentes.

Revisitando nossos textos daquela época, anos que antecederam a Constituição Federal de 1988 e transcorreram até a LDB de 1996, e até mesmo depois dela, quando defendemos a inclusão da creche na área da educação, encontrei os registros de um encontro que retrata bem esse movimento que parte de estudos bastante amplos para chegar mais perto de quem é parte do "objeto de investigação", ou na sua perspectiva, "sujeitos de sua própria prática". Em colaboração com a prefeitura de Araraquara, na época com uma administração progressista, ajudamos a organizar o "Encontro para profissionais de creche" o qual, durante três dias, reuniu 43 "pajens" e oito técnicas de várias cidades do estado de São Paulo.[12]

Em outro texto encontrei uma caracterização dessas educadoras, com algumas informações sobre suas condições de trabalho e sua escolaridade, bem reveladoras do tipo de atendimento que se oferecia na época às crianças pequenas das classes populares de até 6 anos de idade. Dentre 34 educadoras que participaram do encontro, mais da metade não tinha nenhuma formação para

---

11 Infelizmente, até hoje, pessoas influentes na área de educação continuam a pensar assim.
12 Ver relato dessa experiência em "Trabalhando com pajens", de Elvira S. Lima, Fúlvia Rosemberg, Maria M. Campos e Regina P. Pinto publicado em *Cadernos de Pesquisa*, São Paulo, n. 49, pp. 71-86, maio de 1984.

sua função; 30% tiveram um treinamento de curta duração no local de trabalho e apenas 12% tinham cursado a escola normal. Suas jornadas de trabalho diário são chocantes aos olhos de hoje: quase um terço declarou trabalhar mais de 10 horas diárias e a maioria cumpria jornadas de 8 a 9 horas; nem todas contavam com um período de descanso na hora da refeição, permanecendo como únicas responsáveis pelas crianças enquanto almoçavam.[13]

Não é difícil deduzir que, para elas, os eventuais treinamentos oferecidos eram muito teóricos e abordavam temas julgados distantes da realidade vivida no cotidiano. Como resume o nosso relato desse encontro: "a pajem retorna ao trabalho com os mesmos problemas: *o que* fazer com as crianças e *como* trabalhar com elas".[14] Essas condições de trabalho e a falta de formação a que deveriam ter direito eram de nosso conhecimento ao planejar o evento. Foi assim que a proposta inicial de realização de um treinamento foi sendo modificada. De treinamento passamos a planejar um encontro, o que nos levou a uma alteração na personagem que seria focalizada: não mais a criança, mas a própria pajem.

Sei, Madá, que a palavra "treinamento" foi há muito substituída por "formação", embora nem sempre a concepção desse trabalho tenha se modificado junto com a troca de nomenclatura. Incluí aqui esse relato para ilustrar o tipo de aproximação da realidade do "chão da escola" que tentávamos fazer, numa perspectiva de pesquisa/intervenção, que compunha um repertório de metodologias que sustentava nosso grupo de pesquisa na FCC. Revisitando esses textos, tantos anos depois, percebo como íamos e voltávamos entre abordagens mais amplas – focalizadas em políticas e programas, quando organizávamos as informações necessárias para as mobilizações do período de redemocratização do país, visando muitas das mudanças alcançadas na Constituição e na LDB – e o contato direto com as redes municipais, as unidades de atendimento e as profissionais que eram responsáveis pelos diversos níveis de atuação nesse campo.

Foi em um desses momentos que eu me recordo de certo "embate" de ideias, entre algumas professoras que acho que eram próximas a você e a nossa equipe

---

13 Campos *et al.*, *op. cit.*, 1991, p. 60.
14 *Ibidem*, p. 62, grifos no original.

de pesquisa, quando realizamos um dos seminários para discutir as primeiras versões do documento "Critérios para um atendimento em creches que respeite os direitos fundamentais das crianças",[15] posteriormente publicado pela Secretaria de Educação Fundamental do Ministério da Educação e Cultura, em 1995 – portanto antes da aprovação da LDB –, quando Ângela Barreto era a responsável pela Coordenadoria Geral de Educação Infantil desse ministério.

A apresentação do documento explica que sua primeira versão havia sido "preparada no contexto de um projeto de assessoria e formação de profissionais de creche de Belo Horizonte".[16] Esse trabalho tinha sido desenvolvido em parceria com colegas[17] que pesquisavam e atuavam nesse setor naquela capital, em um momento em que a Secretaria Municipal de Educação desenvolvia o projeto que ficou conhecido como "Escola Plural". As creches, no entanto, não estavam vinculadas a essa secretaria: na realidade, formavam um conjunto heterogêneo de instituições, muitas ligadas à "primeira-dama" do município, algumas ligadas a ONGs de assessoria, e uma grande parte delas, as chamadas creches comunitárias criadas no contexto dos movimentos populares de luta por creches.

Os diagnósticos realizados por equipes da universidade e centros de formação e pesquisa mostravam que uma das grandes lacunas existentes nas condições de funcionamento dessas creches estava justamente na formação e nas condições de trabalho de suas educadoras, a maior parte delas com baixa escolaridade formal e sem formação prévia. A partir dessa realidade, o projeto de pesquisa/intervenção desenvolveu uma proposta que buscou aliar o acesso à educação formal a que essas educadoras tinham direito a um módulo específico voltado para o trabalho nas creches, junto ao curso supletivo de 1º grau que a Secretaria Municipal já promovia. O curso supletivo – que correspondia ao ginásio – funcionava no período noturno, no centro da cidade. Já o módulo sobre creches era oferecido aos sábados, para o grupo de "crecheiras". Para que as creches facilitassem a frequência das educadoras ao curso, a prefeitura ne-

---

15 Campos, Maria. M.; Rosemberg, Fúlvia. *Critérios para um atendimento em creches que respeite os direitos fundamentais das crianças*. Brasília: MEC/SEF/COEDI, 1995.
16 *Ibidem*, p. 8.
17 Entre elas e eles, Lívia Fraga Vieira e Rita Coelho.

gociou com as entidades responsáveis a antecipação dos horários de saída do trabalho e o acesso à condução para as educadoras/alunas.

Nosso papel, enquanto equipe da FCC, era o de preparar e ministrar parte das aulas do módulo específico. Ao mesmo tempo, realizávamos visitas às creches e reuniões com a equipe local. Essas visitas e as observações que fazíamos nas creches, ao mesmo tempo que nos revoltavam, ao constatar as condições em que as crianças passavam o dia nessas instituições, também nos motivaram a escrever um documento que fosse uma espécie de guia para as creches brasileiras que atendiam a população pobre. O que significava que deveria contemplar aquelas condições básicas, que mesmo em instituições sem muitos recursos, pudessem ser garantidas. Como inspiração para o estilo adotado, emprestamos de alguns documentos da Secretaria do Menor do estado de São Paulo – na qual Fúlvia Rosemberg trabalhava na época –, o tom afirmativo: "Esta creche respeita criança", e, em seguida, "Nossas crianças têm direito a...".

Explico tudo isso, Madá, para que você entenda qual foi a divergência que se manifestou por ocasião do seminário em dezembro de 1994. Não me lembro exatamente de quem partiram essas críticas, nem como foram expressas naquele dia e depois também, em outras ocasiões. O que me lembro era que consistiam em cobrar de nossa equipe um tipo de orientação para o trabalho em creches que fosse mais próximo de concepções como aquela adotada, por exemplo, pelo documento *Professor da pré-escola*, editado pelo Ministério da Educação e Cultura (MEC) alguns anos antes, que era acompanhado por uma série de vídeos da Fundação Roberto Marinho.[18] Primeiro, um esclarecimento: sou fã incondicional desses textos e desses vídeos. São incríveis!

Qual seria então a discordância? Creio que, em primeiro lugar, o fato de que, naquela época, pelo que conhecíamos sobre a realidade das creches voltadas para as classes populares em nosso país, percebíamos que o repertório cultural das educadoras e das comunidades onde atuavam estava muito distante daquele que transparecia no material *Professor da pré-escola*. Não

---

18 *Professor da pré-escola*. Rio de Janeiro: Ministério da Educação/Fundação Roberto Marinho, 1991 (2 vols.).

acreditávamos que, naquelas condições observadas e registradas em nossas pesquisas, fosse possível adotar, em grande escala, aquele tipo de concepção e aquele tipo de linguagem. Por outro lado, sentíamos que não era mais possível adiar os esforços para trazer, àquela realidade, alguma orientação que desse início, nem que fosse timidamente, a uma mudança possível nas condições existentes, com um envolvimento mais direto do poder público, das universidades e organizações atuantes na área das políticas para a infância.

Na sua entrevista a Teresa Cristina, chamou minha atenção seu comentário sobre o início de sua experiência como professora das crianças da Vila Helena, após ter trabalhado com crianças de classe média em escolas particulares inovadoras de São Paulo: "nada funcionava"! Realmente, quando se comparam as experiências que você relata e sobre as quais desenvolve sua reflexão no artigo dos *Cadernos de Pesquisa* e também no livro (lindo!) *A paixão de conhecer o mundo*, não é difícil entender sua reação!

Mas existe algo enfatizado por você nas entrevistas, que poderíamos chamar de "método", que é comum ao trabalho realizado com grupos tão diferentes. Na entrevista a Marina Célia, essa forma de conceber o trabalho do "mestre" é assim resumido: "Educar é instrumentalizar o outro para que ele possa se constituir como autor e sujeito. É estar em interação verdadeira com o outro, poder ouvi-lo, vê-lo como ele é, a partir da sua hipótese, para que junto com o educador possa construir sua autonomia, sua autoria."[19]

O que, se entendi bem, aplica-se tanto à relação do educador com a criança, como do formador com o educador, para ajudá-lo a refletir sobre sua prática e construir uma experiência educativa que seja significativa para ambos: educador e educando, adulto e criança. E nesse ponto entra o papel da observação e reflexão informada pelo "saber", como você explica, na mesma entrevista, apoiando-se em Piaget: "...para ver eu preciso saber. Só vemos o que sabemos."[20]

Tenho na memória alguns exemplos singelos desse processo. Escolho um, em especial, que envolve o uso daquele documento do MEC que acabou sendo bastante divulgado Brasil afora. Anos depois de sua publicação, em visita a

---

19 Freire *apud* Dias, *op. cit.*, 1997, p. 112.
20 *Ibidem*.

uma creche municipal de Blumenau, uma diretora me contou, entusiasmada, como ele estava sendo importante para ela rever o trabalho ali desenvolvido. Um item em especial, redigido por Fúlvia Rosemberg naquela segunda parte "A política de creche respeita criança", tinha chamado sua atenção: "O programa prevê que as creches tenham condições para plantio de pequenas hortas e árvores frutíferas de rápido crescimento."[21] Foi esse trecho que a mobilizou para uma iniciativa que, segundo seu relato, havia transformado a relação da creche com as famílias e a atitude dos professores e demais funcionários da creche com o uso do espaço externo pelas crianças, o qual, na realidade, era pequeno e bastante inclinado, como constatei em minha visita. Ali já cresciam pés de maracujá, mudas de árvores frutíferas e as primeiras verduras da horta, a maior parte trazidas e plantadas por familiares das crianças. A partir dessa iniciativa, relatava a diretora, as professoras também incluíram nas atividades com as crianças trabalhos sobre as plantas, as florestas, o meio ambiente.

Até hoje me espanto com relatos desse tipo, e são muitos. Como se o trabalho com as educadoras das creches de Belo Horizonte estivesse permitindo, pela intermediação de um documento escrito a partir de nossa experiência de formação com elas, uma forma de nos comunicar melhor com outros grupos, de lugares e tempos muito diversos.

Por aqui termino esta nossa conversa, Madá, em que procurei estabelecer alguns pontos de contato entre nossas duas trajetórias, tão diferentes, mas que me parece que chegaram a posições semelhantes, mesmo que por vias diversas, sem que a gente tivesse combinado de antemão e sem que tivéssemos nos encontrado pessoalmente durante todos esses anos!

Maria Malta Campos

---

21 Campos e Rosemberg, *op. cit.*, 1995, p. 38.

CARTA 4

MADALENA FREIRE: ÉTICA E ESCUTA COMO UMA ARTE DE EDUCAR

Anete Abramowicz

> "A educação tem sentido porque o mundo não é necessariamente isto ou aquilo, porque os seres humanos são tão *projetos* quanto podem ter projetos para o mundo. A educação tem sentido porque mulheres e homens aprenderam que é aprendendo que se fazem e se refazem, porque mulheres e homens se puderam assumir como seres capazes de saber, de saber que sabem, de saber que ainda não sabem. [...] A educação tem sentido porque, para serem mulheres e homens precisam de estar sendo. Se mulheres e homens simplesmente fossem não haveria por que falar em educação."
>
> Paulo Freire, *Pedagogia da indignação:*
> *cartas pedagógicas e outros escritos*

Em 21 de setembro de 1981 eu e mais dois colegas escrevemos uma carta à Madalena Freire e seu grupo de crianças da educação infantil – à época Madalena dava aula em uma escola particular de São Paulo, a Escola da Vila. Escrevemos, porque éramos estagiárias da sala (condição para minha formatura em ciências sociais em 1981), e tanto a nossa carta quanto a experiência educativa de Madalena Freire acabaram se transformando em livro. *A paixão de conhecer o mundo* foi publicado contando sobre sua prática educacional, da qual participamos, mas que, naquela ocasião, mal sabíamos qualificar e nomear o que estávamos vivendo.

A paixão de conhecer o mundo pode ser considerado um dos primeiros livros a retratar uma prática pedagógica com crianças da educação infantil no Brasil. Foi escrito sob a forma de relatórios sobre práticas e atividades educativas conduzidas pela professora Madalena Freire nos anos de 1978 e 1981 em duas escolas paulistanas: Criarte e Escola da Vila. Em seus textos ela descreve, após viver com as crianças no cotidiano, os processos, as atividades e as cenas educativas compartilhadas. Pode ser considerado um marco, pois registra o que é uma documentação pedagógica e a importância da anotação para as práticas e teorias pedagógicas de um processo educativo na educação infantil.

Acho que participar desse acontecimento funcionou como um gatilho para aquilo que decidi ser profissionalmente. Abandonei, em definitivo, as ciências sociais e optei por ser professora de educação infantil. Foi uma daquelas experiências da vida que fazem diferença, ou seja, que importam, pois algo acontece em nós depois do encontro. Nunca sabemos quais são os encontros que irão produzir diferença, mas hoje sei que aquele foi, certamente, de alta magnitude.

Madalena é uma profissional rara da educação. Em minha vida, devo ter conhecido pouquíssimos professores e professoras tão impactantes quanto ela em ação na sala de aula. Estar ao seu lado era presenciar uma artista da educação, no sentido exato da arte. Ela produz desterritorialização, é diruptiva, nos afeta sem que nos demos conta, é pela ordem das forças do desejo e do afeto, não só dos sentidos, que sua ação nos alcançava. Na condição de estagiária, assistia a uma sala de aula que permanecia pulsando durante quatro horas seguidas. Imaginem uma sala da qual ninguém quer sair, na qual acontecem múltiplas experiências, criações e atividades, tendo um maestro, ou melhor, mestra, que consegue reger as intensidades da sinfonia, sua música, produzindo os ritornelos. Ao final da aula, saíamos cada um com uma elaboração, uma criação, e também com algum conceito que necessitava para aquele dia. E cada criança se expressava de maneira singular. A atuação de Madalena se dava por meio das interfaces que estabelecia com a estética, com a arte e com o pensamento, ao mesmo tempo que tudo isso produzia e projetava no horizonte novas imagens de pensamento, de educação, de tempo, de arte – mas o que se produzia ali, também, eram silêncios e escutas.

De toda maneira, o que Madá produzia incessantemente era o pensamento, atividade central da educação. Ela escutava as crianças de um jeito muito especial. Era uma ética da escuta, de fato queria saber e se importava com aquilo que a criança expressava, não só pela fala, mas pelos desenhos, gestos, silêncios, choros etc. Uma escuta que só os mestres desenvolvem, pois coloca o adulto em posição de aprendiz. Ou seja, uma espécie de escuta flutuante, atenta e sensível, pois ouve como se fosse a primeira vez. Ela não apresentava um pensamento pronto e nem mesmo trazia um arsenal de conceitos já elaborados para serem transmitidos como necessários a um certo tipo de aprendizagem. Isso nada tem a ver com o pensar e com a educação; não era ela que detinha algo a ensinar e esperava uma resposta única ou algum tipo de aprendizagem semelhante das crianças, nada disso. Era outra coisa, uma criação constante que forçava todos a pensar sobre tudo e a formular conceitos sobre a morte, o vulcão, o planeta, o sol, a baleia, a maneira de colocar a letra no papel... Era uma roda pulsante, algo mesmo da ordem do pensamento, com muita intensidade, muitas forças em jogo, e saíamos todos(as) muito cansados(as).

As crianças em seus corpos vibrações moviam-se em velocidades e lentidões; em silêncios e palavras; em canto, tosse, choro e grito. Eram afetadas e afetavam. Não tinha como não sermos atravessadas pelo pensamento e pelo acontecimento que vivíamos. As crianças seguiam como viajantes; não que tivessem algum ponto a que chegar, pois a chegada nada tem a ver com a viagem – eram andarilhas. Andavam pelo gosto da viagem, sem ponto único a atingir, e sem ter ponto de parada. O viajante não tem um objetivo final, alguns nem mesmo têm objetivo... Seus corpos estavam abertos a tudo o que se passava no mundo, ao seu redor, naquele espaço-mundo da sala de aula. A linguagem na criança é seu dispêndio corporal, seu gesto, seus balbucios; o pensamento nelas é indissociável de seus corpos, corpos abertos. O que esgota as crianças é o excesso: de vida, de forças, de experimentações. Por isso, em geral, as salas de aula pedem das crianças contenção e silêncio.

Há sempre alunos e alunas, e professores e professoras em uma classe de aula. O que muda, o que diferencia uma sala da outra, são os acontecimentos produzidos no espaço. Há salas de aula que não produzem diferença alguma, o que nos leva, então, a entender que o corpo *só pode* ser pensado pela *diferença* e pela experiência dos acontecimentos que vive. Na sala da Madá, o corpo da criança estava sempre envolvido em um acontecimento, e por isso todos éramos afetados, e ela, a professora, também. Madalena registrava tudo, descobrimos isso depois. Fazia um diário de campo, seus "relatórios", pois como professora/pesquisadora, precisava de tempo para criar estratégias, para pensar e produzir experiências na construção dos conceitos de que cada criança necessitava. Ela pensava, ao mesmo tempo, no coletivo e no individual, ou seja, a base de sua atuação estava no contexto social, no coletivo e na agência das crianças. Ela relatava de um dia para o outro o que acontecia na sala/mundo e por meio do registro preparava a aula do dia seguinte. Era extraordinário, um currículo que era construído em meio à ação, em que tudo poderia mudar.

Madalena possui muitos escritos. Aqui, gostaria de me remeter a dois deles. Primeiro, já comentei da influência do livro *A paixão de conhecer o mundo*, que se tornou obra referência na área dos estudos da criança e da educação infantil. O segundo texto foi escrito em parceria com Sylvia Leser de Mello, "Relatos da (con)vivência: crianças e mulheres da Vila Helena nas famílias e na escola",[1] que relata sua prática como professora de crianças em Vila Helena, bairro periférico de São Paulo. Esse texto foi escrito porque diziam que sua prática descrita no livro *A paixão de conhecer o mundo* só foi possível por ter ocorrido em uma escola particular, com poucas crianças de classes média e alta de São Paulo. Foi dito que não seria possível uma prática similar com crianças de classes populares. Esse foi o desafio que moveu Madalena e a fez ir à periferia de São Paulo realizar sua pedagogia em condições precárias, com 35 crianças periféricas dos coletivos populares. O texto relata a experiência e conta sobre o processo educativo que se desenrolou.

E o que a prática de Madá anunciava? Nessa ação não há "rotina rotineira". Ocorria uma rotina que estruturava o tempo de forma diruptiva, pois não era igual todos os dias, "rotineira". Tudo estava a ser construído, o inusitado emergia todo o tempo e virava atividade, o imprevisto tinha sua ocasião. Era uma multiplicidade de forças, pulsões, acontecimentos, era a própria vida, ali acontecendo no coletivo. A "rotina rotineira" mata os processos criativos e de pensamento, pois tudo já vem pronto antecipadamente, sem espaço para o improviso. Ter e ser não existia como um *a priori*, o espaço do comum era criado dependendo, a quem a educação se dirigia. Essa perspectiva revolucionária é o que relatava na prática da Vila Helena, um território distante e diferente da Vila Madalena, bairro de classe média alta das escolas Criarte e da Vila. Era isso que mostrava que o projeto de educação de Madalena Freire (o que se ensina e o que se aprende) mantém relação direta com os e as aprendizes em seu contexto social. É uma rotina de imprevistos e acasos que permite às crianças se apropriar de seu próprio processo de pensamento. Aprender a leitura do mundo é a experiência vivida por todos e todas, e pela professora também. Ela que nem sempre conhece "o mundo" no qual atua como educadora.

Na experiência de Vila Helena, Madalena não escutava simplesmente a criança, suas necessidades, seus desejos, porque sua proposta não é uma educação liberal; ela era capaz de escutar os coletivos, a comunidade, a família,

---

1 Mello, Sylvia L. de; Freire, Madalena. "Relatos da (con)vivência: crianças e mulheres da Vila Helena". *Cadernos de Pesquisa*, São Paulo, n. 56, pp. 82-105, fev. 1986.

os saberes populares e comunitários, os saberes das crianças – e fazia tudo isso valer tanto quanto os saberes dela. Convivia ali, na Vila Helena, uma insurreição de saberes, a educação em sua forma *pura*, porque é insurrecional.

A própria ideia do que é ser criança e de educação era desconstruída nesse processo. Insurreição de saberes porque admite estatuto de saber para aqueles e aquelas que supostamente não o tem. Como adotar o ponto de vista da criança, do seu saber e da sua realidade? É o baita desafio não só da prática educativa, mas da pesquisa com crianças. A professora é quem cria as possibilidades de tempo e espaço para um mundo a vir, pois o dilema colocado diante delas a cada dia é: "o que vou fazer hoje, se já fiz tudo que já sabia?" Esse é o problema que posto todo dia, durante quatro horas seguidas, em uma sala de aula com crianças, "o que vou fazer hoje que ainda não fiz e não sei?". Um professor ou professora é aquele ou aquela que desaprende, é um analfabeto ou analfabeta, pois a cada turma ele ou ela desconhece e, portanto, precisa se alfabetizar neste novo encontro.

O relato da Vila Helena conta sobre essa experiência, de como Madalena conseguiu extrair das crianças algo a mais – na direção de que a vida pede expansão. Ela atuava nesse sentido junto com a criança, ajudava-a a ir além de suas tristezas ou impossibilidades, de seus limites, da violência ou de sua aprendizagem. O texto é um relato sensível sobre como fazer uma educação infantil popular.

Penso na primeira carta que escrevi a Madalena, a que comentei no início do texto e que está em seu livro *A paixão de conhecer o mundo* – já se passaram 41 anos. Estive com Madá em outros encontros. Ela mantinha um grupo de estudos com profissionais de várias áreas da educação que se reunia semanalmente para, cada um de nós, pensar sua prática educativa, era uma espécie de "supervisão profissional". Sentávamos em roda também, como as crianças, pois esse era o pensamento, o centro da rica experiência.

Teresa propôs esta necessária homenagem a Madalena, que é uma das grandes percursoras da educação infantil popular[2] no Brasil, a percursora dos relatórios como registro da prática educativa e persiste, até hoje, como referência para a educação contemporânea. Seus registros e relatórios contam e afirmam problemáticas contemporâneas sobre o que significa a educação

---

2 Os Parques Infantis (1938-1938), criados por Mário de Andrade durante sua gestão no Departamento de Cultura da Prefeitura Municipal de São Paulo, podem ser considerados como percursor da educação infantil no Brasil.

da infância. De como educação, política, arte e estética caminham juntos na educação da criança pequena. É importante destacar que Madalena educava com o seu próprio exemplo, era uma ética, pois já sabemos que as crianças aprendem aquilo que fazemos, não o que dizemos. É uma ética, pois se trata de um jeito de viver, de valorizar e de aprender com o educando.

É sua vida educadora que inspirou outras vidas, a minha também, profundamente impactada pela sua ação. Muitos mundos nasceram e morreram desde então. Tantas palavras foram escritas sobre a criança. Nosso campo da educação proliferou, é enorme, mas a criança pequena habita ainda um lugar desprivilegiado, o mundo é totalmente adultocêntrico. As crianças permanecem nas sombras e nos silêncios da história, suas falas estão no mais baixo patamar da hierarquia discursiva. Mas essa ética da escuta e do que é ser professora da educação infantil permanece como o maior desafio para quem trabalha com crianças pequenas.

Renovo nesse momento uma carta à Madalena:

Penso muito sobre escrever cartas. Essa é uma prática antiga, e a forma como a conhecemos mais tradicional é pelo papel, inventado no século XV. Hoje, no entanto, sua materialidade mudou, não precisamos mais dele para escrever e nem mesmo precisamos ir ao correio ou à agência postal para que elas cheguem ao seu destino. Escrever cartas em envelopes é um tipo textual cuja prática foi quase substituída por outros meios, como o virtual com os e-mails (que são outra maneira de enviar cartas). Não temos mais a figura do carteiro como mediador de afetos que estão presentes na relação entre aquele que escreve e aquele que lê. Retomar essa atividade de escrita, pois, neste momento, escrever é retomar a leitura daquilo que nos fala diretamente e, com sorte, algo em nós se esfacela.

Escrever uma carta é deixar-se ir para o outro. E, por isso, agora gostaria de me dirigir diretamente à Madalena Freire.

São Paulo, 2022.

Querida Madá,

Como vai? Tenho muitas saudades. Após a pandemia da covid-19, sinto saudades de mim também. Nesse período lembrei-me de você e pedi um artigo para o livro que publicamos, *Mulheres na pandemia*,³ pois queria registrar como havia sido a experiência pandêmica para mulheres cujas vidas foram marcadas pela luta para a libertação do espaço doméstico e foram confinadas novamente ao lar. E o lar é uma das estruturas mais violentas nas sociedades ocidentais e patriarcais. Você teve uma vida pública, marcada pela educação popular; pensei, então, que seria importante trazer a sua perspectiva.

Nós nos conhecemos há 41 anos. E o que aconteceu nesses 41 anos que se passaram sem que nos déssemos conta? Como se fosse possível contar 41 anos de uma vida. Fico pensando em como você viveu tantos acontecimentos que mudaram mundos, afetos, amores e fizeram morrer e nascer outros mundos e outros circuitos de afetos. O que nos aconteceu nesses anos que estão marcados em nossos corpos?

Penso no tanto que quero dizer a você nesta carta, que estará em um livro em sua homenagem e que nos faz pensar em você como um acontecimento, o "acontecimento Madá". E que não é só sobre você, pessoa singular, mas é também a narrativa sobre a educação infantil popular brasileira. Diria que continuei ao seu lado, que foi uma sorte tê-la conhecido. É mesmo na magnitude de um acontecimento ter cruzado sua vida.

É incrível perceber como seus escritos são atuais; ainda trabalho com eles nas disciplinas que ministro. Continuei esses anos todos como professora falando sobre criança e infância e procurando enxergar e extrair de mim, sempre, uma criança, uma diferença, mas às vezes não consigo. Viajei muito, mas às vezes não saía do lugar. Contaria a você que tive alguns amores, mas, sobretudo, que aprendi a viver comigo, que tenho dois filhos e só por isso valeu viver! Penso em um encontro nosso, que contaríamos uma à outra sobre afetos, palavras, silêncios, percepções, pensamentos, alegrias, tristezas, dores, delícias... Compartilharíamos as lutas, as guerras, as vitórias, as derrotas, as conquistas, os fracassos... Tudo isso que nada mais é que a vida, essa vibração que pulsa e varia de intensidade. Por sorte ainda vibramos.

Gilles Deleuze, que acabou sendo para mim uma referência teórica, falou uma coisa legal sobre a vida, em entrevista de 1985. Ele comentou assim sobre sua parceria com Félix Guattari:

---

3 Abramowicz, Anete; Park, Margareth B. (orgs.). *Mulheres na pandemia*. São Paulo: Pedro & João Editores, 2021.

> O essencial são os intercessores. A criação são os intercessores. Sem eles não há obra. Podem ser pessoas – para um filósofo, artistas ou cientistas; para um cientista, filósofos ou artistas – mas também coisas, plantas, até animais, como em Castañeda. Fictícios ou reais, animados ou inanimados, é preciso fabricar seus próprios intercessores. É uma série. Se não formamos uma série, mesmo que completamente imaginária, estamos perdidos. Eu preciso de meus intercessores para me exprimir, e eles jamais se exprimiriam sem mim: sempre se trabalha em vários, mesmo quando isso não se vê. E mais ainda quando é visível: Félix Guattari e eu somos intercessores um do outro.[4]

Por isso, eu gostaria de dizer que ainda que nós não nos víssemos com frequência, que você foi minha intercessora. Eu me exprimo por meio desta conjunção que fizemos, eu faço uma série com você, acho que é isto, nós formamos uma constelação, e isso será para sempre.

Espero que consigamos continuar a vida como uma iniciação, como crianças. Mas, como aprendi com você, a vida mesma não é somente a minha, mas é a *nossa*, uma vida indissociável de como se é vivida. Nesses tempos de ascensão da extrema direita, com sua micropolítica fascista, torna-se fundamental reafirmar a vida como uma ética, no sentido de que a vida é feita de experiências múltiplas de formas de existência.

Você como educadora produz afirmação de jeitos de viver, propicia a criação de jeitos de falar, contar, escrever, desenhar, ou seja, afirmação de múltiplas formas de existir. Cada criança e quem mais estiver na roda com você, pode afirmar seu jeito de ser. Você tem a capacidade de extrair a potência e a criação de cada um e cada uma, o que não é pouca coisa. Este livro, Madá, é um exemplo disso, de sua capacidade de extrair de cada um algo que não estava dado.

Obrigada por tudo.

Beijos,

Anete

---

[4] Deleuze, Gilles. *Conversações (1972-1990)*. Trad. Peter Pál Pelbart. São Paulo: Editora 34, 2008, p. 156.

CARTA 5
OS GUARDADOS DO CORAÇÃO
Rosa Iavelberg

São Paulo, maio de 2022.

Querida Madalena,

Escrever uma carta para você, e que ainda componha um livro em sua homenagem, é um convite irrecusável. É um mergulho nas memórias que me acompanham. Preferi as memórias em vez de consultar nossos textos da época, quis partir do que hoje ainda sei de cor, ou seja, de coração, como parte dos guardados que me constituem. Assim, trago alguns retratos.

ESCOLA CRIARTE

Começo essa jornada lembrando-me do tempo do meu ingresso na Escola Criarte, que antecedeu a Escola da Vila. Na Criarte – marco inicial da minha vida profissional em educação –, eu a conheci e convivemos de 1972 a 1980. Lá demos aulas para crianças da pré-escola.

Os anos 1970 foram significativos para a equipe da Escola Criarte – nesse período, ela se tornou uma escola experimental e renovada. Criamos um núcleo de estudo, escrita e reflexão sobre nossas práticas em sala de aula. Não saberia citar todos os educadores, mas lembro que nossa equipe era composta por Carolina Whitaker, Maria Cristina Ribeiro Pereira, Neide Nogueira, Telma Weiss e Tereza Cury. Nosso trabalho, para mim, foi meio de "re-existência" naqueles anos difíceis da ditadura militar.

Não obstante termos sido uma escola alternativa – em oposição ao ensino tradicional –, cumpríamos, por intermédio de nossos trabalhos com os centros de interesse (proposta freireana, que considerava a curiosidade da criança como motor para a temática educacional), os conteúdos e os campos de experiência que julgávamos necessários ao desenvolvimento integral das crianças. Algo que foi definido na esteira do pensamento de Viktor Lowenfeld, autor que, entre outros, fundamentava nosso trabalho. Lowenfeld nos dizia que a arte é importante na educação, porque trabalha de modo equilibrado o desenvolvimento da capacidade criadora, o pensar, o sentir e o perceber. Essas bases escolanovistas, sabe-se, continham as sementes dos paradigmas vindouros.

A Criarte era uma escola particular. Atendia filhos de famílias com abertura à educação progressista e, entre elas, havia muitos profissionais liberais e professores universitários, como Gabriel Bolaffi – meu professor na Faculdade de Arquitetura e Urbanismo da Universidade de São Paulo (FAU-USP), entre 1969 e 1973. Foi Bolaffi quem me indicou para trabalhar na Criarte, a partir de um encontro que tivemos debaixo da marquise do parque Ibirapuera, onde eu estagiava nas atividades promovidas pelos artistas Carmela Gross e Marcello Nitsche.

O referido estágio era requisito do Centro de Educação e Arte (CEA), liderado por Fanny Abramovich. No CEA, eu e outras professoras da Criarte, como alunas, recebemos formação em arte-educação em distintas linguagens. Na Escola Criarte, lembro-me que você era a professora das filhas do professor Bolaffi e da querida Clélia Bolaffi.

Outra mãe entusiasmada com a proposta da escola era Ingrid Dormien Koudela. Atualmente Ingrid é professora sênior da Escola de Comunicações e Artes da Universidade de São Paulo (ECA-USP), na área de teatro, com sólida formação brechtiana e piagetiana, além de pesquisadora e autora de referência da arte-educação. A professora Ingrid, hoje minha colega e parceira na USP, afirma que se inspirou em um de seus relatórios bimensais, do segundo semestre de 1979 – quando Maya, filha dela, foi sua aluna na Criarte, Madalena. Na ocasião, alunos da ECA-USP criaram uma série de performances, um projeto experimental, orientados às crianças que visitavam a 15ª Bienal de São Paulo, nos finais de semana. A experiência está publicada no livro *Jogos teatrais*, cuja primeira edição foi de 1984. Para esse acontecimento você deu um depoimento sobre sua proposta pedagógica, registrado no cartaz da mostra de arte. Vou aqui citar seu texto, que se encontra na página 108 do livro da professora Ingrid. A citação traz muito do ideário que regia o trabalho na Escola Criarte:

> A busca do conhecimento implica uma ação do indivíduo mobilizado pelas suas reais necessidades de apropriação e reconstrução da realidade. Ação esta que perde seu sentido e força quando o indivíduo que a exerce é alienado de seu comando. Quando se tira da criança a possibilidade de participar da decisão de quais elementos da realidade trabalhar, ela está sendo alienada da capacidade de conquistar o conhecimento. A escola em geral leva à ideia de que o conhecimento é doado, impedindo a criança de perceber que ela mesma o constrói. A compreensão disto muda a natureza da ação pedagógica. O conhecimento deixa de ser propriedade e passa a ser o produto do trabalho em grupo. Ao professor, como membro do grupo, compete, por sua condição diferenciada, funcionar como animador e organizador. A busca do conhecimento não é preparação para nada e sim vida aqui e agora.

Naquela escola, as crianças desenhavam todos os dias em sala de aula, mas também frequentavam um grande ateliê, onde usavam tinta, argila, faziam colagens, marcenaria e usavam muitos materiais para construção tridimensional. As aulas de música eram dadas por Carolina Whitaker; ocorriam aulas de cozinha, horta, jogo dramático, expressão corporal, interação com brinquedos, livros de histórias e muitos passeios em equipamentos da cidade e no campo, com instantes de brincadeira, refeições coletivas, observação e pesquisa.

 O trabalho realizado por centros de interesse guarda similitude com a atual pedagogia dos projetos. Seguíamos as orientações, entre outros autores, de John Dewey, Viktor Lowenfeld, Célestin Freinet, Arno Stern e Paulo Freire. Lembro-me de uma turma de crianças com 4 anos de idade com a qual fiz um projeto sobre o Japão, e outra turma com 6 anos, com a qual trabalhei a partir das palavras que estavam entre os interesses das crianças, seguindo a proposta freireana de leitura e escrita. PI-RA-TA foi uma dessas palavras.

A relação de proximidade que mantínhamos com os pais dos alunos se dava por meio de reuniões sistemáticas e compartilhamento dos relatórios que escrevíamos, discorrendo sobre o trabalho geral e outro individual dos alunos. Para tanto, tínhamos nossos diários que também alimentavam nossos planejamentos, as reuniões de troca de experiências entre os membros da equipe e nossos encontros de estudos.

ESCOLA DA VILA

Podemos nos perguntar por que uma escola pequena, particular, com uma equipe de poucos professores e alunos – como fomos nos anos 1980 até os anos 1990 – tornou-se, gradativamente, referência para escolas públicas e privadas do país. Tínhamos demandas de cursos de formação para professores e convites para palestrar em instituições públicas e privadas. Acredito que a sistematização do trabalho, a escrita dos relatórios e o centro de estudos foram diferenciais, mas também eram essenciais nossas pesquisas nas universidades e as leituras teóricas associadas aos seminários internos articulados às nossas salas de aula. Todos esses aspectos nos deram solidez de propósitos e reconhecimento social.

A Escola da Vila teve origem, principalmente, na Escola Criarte, porque, tendo como objetivo a continuidade do ensino fundamental, nossa associação como grupo falhou. Esse grupo depois se denominou "Novo Horizonte". A dissolução da referida associação chamamos de "racha", nome simbólico e representativo dos acontecimentos. Juntou, não colou, rachou – e, como você dizia, pote rachado não funciona. Foi assim que a Escola da Vila foi fundada em 1980 com uma palestra do seu pai, professor Paulo Freire, reunindo pais de alunos e membros da comunidade que seguiram o grupo da Criarte – nesse momento, sentimos fidelização ao nosso projeto. Na ocasião, ficamos todos na sala da frente da casa para assistir à auspiciosa palestra de Paulo Freire, sentados em diversas rodas concêntricas feitas de banquinhos e sofás. Nas paredes, penduramos trabalhos realizados, anteriormente, nas salas de aulas.

A casa da Escola da Vila, inicialmente, era pequena, situada na rua Morato Coelho. Como a maioria das escolas particulares, as instalações eram acomodadas em casas que antes foram moradias. Só muito tempo depois, nos anos de 1990, a Escola da Vila deu início às reformas na casa da rua Barroso Neto, no bairro do Butantã – uma espécie de sítio –, onde ainda se tem parte de suas instalações. Nessa casa, expandimos o atendimento, oferecendo, assim, o que hoje se nomeia pré-escola, fundamental 1 e 2 e o ensino médio.

A equipe da Escola da Vila estruturou-se como cooperativa de educadores, todos participavam em igualdade de condições, apesar de exercerem funções distintas, porque considerávamos todos os trabalhos igualmente necessários – entendíamos que dar aulas na pré-escola requeria o mesmo preparo que o ensino da universidade. Participaram do nosso grupo de fundadores: Ana Maria Cerqueira (administradora financeira) e os educadores Maria Cristina Ribeiro Pereira, Monique Deheinzelin, Paulo Martins Gaiarsa, Regina Célia Rodrigues, Sonia Maria Barreira, Telma Weiss, Yara Carmona e Zélia Vitória Cavalcanti Lima. A cooperativa, entretanto, consolidou-se como uma empresa de sociedade civil, o que foi útil posteriormente, pois voltamos atrás na decisão inicial, quando percebemos, na prática, que a forma de cooperativa inviabilizava o crescimento. Você deixou a Escola da Vila muito antes disso. Maria Cristina Ribeiro Pereira, Paulo Gaiarsa e Regina Célia Rodrigues também nos deixaram, Clice Capelossi Haddad e Vania Marincek passaram a integrar o grupo.

Em 1987, fundamos o ensino fundamental 1 da Escola da Vila e, em 1992, abrimos da 5ª à 8ª série (hoje, 6º ao 9º ano). Dei aulas na pré-escola e oficinas de artes visuais para todas as séries e fui orientadora de professores nesses segmentos. Ministrei cursos e encontros de formação de professores e arte-educadores no Centro de Estudos da Escola da Vila. Em 1990, deixei o trabalho do centro e passei a coordenar o setor de artes visuais da escola, orientando os professores e promovendo ações culturais de integração entre escola, comunidade, educadores, museus e instituições culturais.

No final dos anos 1990, integrei ao currículo da Escola da Vila a produção de conhecimento que eu trazia das aprendizagens sobre arte-educação, desenvolvida na ECA-USP, onde fiz os cursos de especialização, mestrado e doutorado na área.

Os cursos de extensão do Museu de Arte Contemporânea da Universidade de São Paulo (MAC-USP) e do Museu Lasar Segall colaboraram, sobremaneira, no trabalho de artes visuais da Escola da Vila. O trabalho entre os referidos museus e a Escola da Vila intensificou-se nesse período.

Escrevo a carta para você, mas sei que outros leitores terão a chance de conhecer essas histórias que nos deram fôlego ante a ditadura até a anistia – circunstâncias vividas na Escola Criarte e que, consequentemente, orientaram nosso trabalho na Escola da Vila. Minhas lembranças se embaralham; afinal, lá se foram 42 anos da fundação da Escola da Vila, da qual você participou por um tempo. Mas, mesmo que tenha passado rapidamente, você deixou muitos rastros naquilo que sei "de coração", tanto em minha vida pessoal quanto profissional. Eles marcam minhas memórias.

Quando fiz a adaptação da minha filha Mariana, então com 2 anos, numa escola de educação infantil, porque não atendíamos a essa faixa etária, lembro-me de que você já havia colocado sua filha Carolina na mesma escola. Segui sua indicação, que foi fundamental para mim. Como era do seu feitio, foi certeira e segura, me dizendo para observar quando Mari ficasse sem chorar por algum período sem me ver – seria a hora de eu ir embora da adaptação. Dito e feito: funcionou. Você tinha certeza sobre a capacidade da criança para viver seus primeiros passos na passagem entre a casa e a escola. Você sabia sobre as experiências de autonomia da criança.

Na Escola da Vila, sistematizamos textos sobre adaptação vindos das reflexões acerca das práticas dos professores, assim como outros que abordavam do horário do lanche à rotina de trabalho dos alunos. Todos essas produções eram tematizadas nas reuniões da equipe, descritas nos relatórios orientados aos familiares e nas formações de professores realizadas no Centro de Estudos da Escola da Vila. Cuidávamos para que nesses textos o viés prescritivo fosse eliminado. Os conteúdos intencionavam apenas dar a conhecer relatos de experiências e reflexões para que outros professores, protagonistas de sua própria práxis, estabelecessem relações e aprendessem a partir das culturas escolares que traziam consigo. Ou seja, acreditávamos que a formação dos professores não se dava nos moldes da educação bancária, tão bem delineada por Paulo Freire. Compartilhávamos da sua herança, com muita gratidão.

Uma aprendizagem marcante que você me passou foi sua forma de lidar com os conflitos entre as crianças, solicitando a versão de cada uma delas, fazendo-as pensar, considerando cada ponto de vista, ponderando entre a diversidade de versões dos alunos. Isso tudo em vez de emitir julgamentos fora dos enunciados deles. De qualquer forma, havia uma conduta firme no seu papel de professora que colocava os limites sem ser autoritária e, sim, autoridade junto aos alunos, como acreditávamos.

Essa postura diante de conflitos segue atual e encontramos seus reflexos no livro *Ensinando a transgredir*, de bell hooks, autora norte-americana feminista e antirracista que tinha na base de suas concepções Paulo Freire e Tich Nhat Hang. "Não podemos nos desesperar diante dos conflitos. Temos de afirmar nossa solidariedade por meio da crença num espírito de abertura intelectual que celebre a diversidade, acolha a divergência e se regozije com a dedicação coletiva à verdade."[1]

O procedimento defendido por você, Madalena, de "irradiar" o que uma criança estava criando ou as criações de grupos, era uma forma de integração e comunicação dos alunos e, ainda, de validação de seus trabalhos. Promovia o que atualmente chamamos de "aprendizagem compartilhada", ou seja, que os estudantes aprendem uns com os outros.

Não esqueço a linda imagem de sua sala de aula na Escola da Vila, com as garrafas de terras coloridas de múltiplos tons. As crianças obtinham as cores ao martelar pedaços ainda sólidos de terra e peneirá-los até conseguir uma areia fina de diferentes tonalidades, que inseriam em camadas nas garrafas por meio de funis. Tenho ainda presente a lembrança de ver você chegando para dar aula com uma grande sacola com materiais, uma cesta de tesouros, com certeza.

Também gostava muito de almoçar na sua casa em Granja Viana, onde os objetos e as comidas eram tão brasileiros e populares. Uma ocasião que me deixou muito contente foi o nosso encontro no aeroporto, ao acaso e muitos anos depois, quando não trabalhávamos mais juntas. Lembro-me do amarelo vivo que se destacava na sua roupa e no seu xale. Você me disse que havia

---

[1] hooks, bell. *Ensinando a transgredir: a educação como prática da liberdade*. São Paulo: Martins Fontes, 2013, p. 50.

ganhado o dia me encontrando. De fato, a felicidade também é feita desses breves encontros que atravessam nossa inteireza.

Vivemos, na Escola da Vila, um tempo de passagem das proposições da livre expressão artística das crianças para o paradigma de criação genuína dos estudantes, informada pela arte do mundo. Porém, antes dos anos 1990, quando essa perspectiva se instalou efetivamente no Brasil – por meio da abordagem triangular da professora Ana Mae Barbosa –, já praticávamos, em sala de aula, o embrião desse porvir. Dou como exemplo uma prática que você realizava com frequência com as crianças, pedindo a elas que ao entregarem os desenhos falassem sobre eles para que você pudesse escrever as histórias que contavam, deixando-as registradas junto às imagens. Tratava-se de uma intervenção didática que não estava na trilha da livre expressão, que expandia a ação reflexiva dos alunos, os fazia pensar, inicialmente desenhando e a seguir trazendo o desenho para outra linguagem. Tal articulação entre processo e produto não era parte da arte-educação modernista. Do mesmo modo, as garrafas preenchidas por seus alunos com diferentes tons de terra, imagino que faziam alusão aos artefatos populares, sem separação ou hierarquia entre popular e erudito, pois já tínhamos clareza de que tal hierarquia é colonizadora.

Saiba que você contribuiu nos meus estudos sobre o desenho quando me emprestou o livro *Estética e pedagogia*, de Irena Wojnar, publicado, inicialmente, em 1963 e reeditado pelo Fondo de Cultura Económica em 1966, no México. Esse livro ficou comigo, foi um empréstimo sem devolução. Dada a importância das informações históricas sobre os estudos do desenho na educação, ele ainda é parte das leituras às quais sempre retorno, e foi fundamental na minha pesquisa que se tornou meu livro, *O desenho cultivado das crianças*. A primeira página de *Estética e pedagogia* traz a seguinte escrita à mão, com caneta tinteiro: "Paulo Freire, XII-67, Santiago e Madalena 6/6/66." Uma preciosidade essa anotação.

É bom lembrar, sem nostalgia, dos anos da Criarte e da Escola da Vila para tê-los como memória de parte da nossa história e da educação brasileira e paulistana – época fértil para experiências fundantes, como a dos colégios experimentais. Nas palavras de Ecléa Bosi, são importantes os testemunhos dos protagonistas de um período histórico, pois podem explicitar outras aproximações aos fatos.

> O movimento de recuperação da memória nas ciências humanas será moda acadêmica ou tem origem mais profunda como a necessidade de enraizamento? Do vínculo com o passado se extrai a força para a construção da identidade.
> [...] Há, portanto, uma memória coletiva, produzida no interior de uma classe, mas com poder de difusão, que se alimenta de imagens, sentimento, ideias e valores que dão identidade àquela classe.
> [...] O presente, entregue às suas incertezas e voltado apenas para o futuro imediato, seria uma prisão.[2]

Acredito que vivemos uma época nas escolas Criarte e Vila cujas raízes ficaram entranhadas, e muitos autores foram estudados – hoje, os lemos de acordo com nosso tempo. Porém, um conhecimento que ficou indelével entre as aprendizagens palmilhadas foi a articulação permanente entre as teorias e a sala de aula, porque acreditamos que a prática é uma teoria em ação, inscrita na alma do professor, marcada por suas experiências e trocas com a equipe e a comunidade mais ampla de educadores, sempre considerando as questões sociais.

Por fim, Madalena, espero que estas linhas sejam lidas por você como as de um desenho que não quer representar o real, mas criar realidades com as lembranças do coração na superfície do papel.

Afetuosamente,

Rosa

---

2 Bosi, Ecléa. *O tempo vivo da memória*. 2. ed. São Paulo: Ateliê Editorial, 2004, pp. 16, 18-19.

CARTA 6
À MESTRA, COM CARINHO
Zélia Cavalcanti

São Paulo, abril de 2022.

Olá, Madalena,

Não nos vemos ou conversamos há tanto tempo, e parece que foi há poucos anos que compartilhamos a fundação e as atividades pedagógicas nas primeiras classes da Escola da Vila, projeto que iniciamos em 1980 com outros sete educadores. Éramos você, Maria Cristina Pereira, Monique Deheinzelin, Paulo Gaiarsa, Regina Célia Rodrigues, Rosa Iavelberg, Sonia Barreira, Telma Weisz e eu. E nossa pequena escola (de cinco classes para crianças de 2 a 6 anos) já nasceu grande, porque vinha acompanhada por um centro de estudos que recebeu, em sua inauguração, o professor Paulo Freire, recém-chegado de volta ao Brasil, para uma conversa entre educadores.

De lá pra cá, volta e meia tive notícias suas, sobre o que estava realizando para a qualidade da formação de professores, mas nada mais pessoal sobre você e suas três filhas menores: Helena, Marina e Cristina. Mas ainda posso vê-las, pelos olhos da memória, segurando em sua saia enquanto subiam as escadas do jardim que ficava na entrada da casa 1424 na rua Mourato Coelho, Vila Madalena – endereço que acolheu as cinco turmas da Vila nos primeiros anos. A cada dia, as meninas chegavam junto às cestas e às sacolas cheias da grande variedade de coisas que você carregava para apoiar as atividades planejadas para suas turmas.

Vontade de falar com você nunca faltou, mas os caminhos de nossas vidas nos distanciaram, e os meios de contato rarearam e desapareceram. *Coisas do mundo, minha nega*, como canta Paulinho da Viola.

Mas eis que o inesperado fez uma surpresa,[1] e Teresa me mandou uma mensagem se oferecendo como "pombo-correio" de uma carta para você. A ideia me pareceu tão especial! Poder falar com você através de uma carta "analógica", que poderia ser longa, que teria certeza da entrega e possível resposta, nestes tempos em que a grande maioria dos contatos escritos acontece por meio digital – rápidos, curtos e quase sempre impessoais – era um privilégio inestimável.

Aceitei imediatamente e minutos depois comecei a imaginar, entre tantos assuntos possíveis, quais seriam os mais adequados para conversar com você no presente, sem saudosismo, mas sem perder a perspectiva do que ficou inscrito na memória, a partir das vivências que compartilhamos nos anos iniciais de minha formação profissional como educadora de pequenos.

E não havia como começar sem falar dos idos de 1978, quando, atendendo a um convite, totalmente inesperado para mim, feito por Telma Weisz, passei a ser professora de uma classe de pequenos de 5 anos na Criarte, uma escola da educação infantil (na época chamada pré-escola) localizada na rua Novo Horizonte, no bairro do Pacaembu. Lá, onde você já trabalhava e encantava a todos (pais e colegas) com sua forma de fazer dos pequenos sujeitos desejosos de conhecer o mundo.

Era o encontro de uma professora já experiente no trato *com os meninos* (adoro essa forma afetuosa como se referia às crianças de sua classe!) e uma candidata a professora realmente iniciante, que acabara de abandonar um projeto de doutoramento em história social do Brasil na Faculdade de Filosofia, Letras e Ciências Humanas (FFLCH) da Universidade de São Paulo; e que, de pedagogia, só havia lido os poucos autores relacionados aos cursos de licenciatura – entre os quais Paulo Freire e Anísio Teixeira, por exemplo, não figuravam. Ou seja, eu não conhecia as ideias que inspiravam as práticas educacionais correntes na Criarte (espaço onde eu havia chegado no ano anterior como mãe) e muito menos onde se enraizava a forma de ser professora que a diferenciava de outros profissionais com quem compartilhava o fazer pedagógico. Minha sorte foi ter Rosa Iavelberg e Neide Nogueira como orientadoras nos anos iniciais.

---

1 Parafraseando Johnny Alf... eu e minhas referências musicais.

À MESTRA, COM CARINHO

A escola era pequena, com poucas turmas, e trabalhávamos em períodos diferentes: você pela manhã, eu à tarde. Com isso, meu convívio com outras professoras da escola se limitava praticamente às do meu turno, entre as quais estava Gisela Wajskop, ainda estudante de pedagogia, uma das professoras da turma que minha filha frequentava.

Observava contudo, pelo trabalho das colegas, que eu "caíra" em um espaço educacional diferenciado, aberto a tudo o que era importante, contemporâneo e de qualidade para a educação dos pequenos. Tanto que, ouvindo contar que no ano anterior Chico Buarque fora à escola cantar "João e Maria" para os pequenos, senti-me à vontade para chamar o amigo Caetano Veloso, que fazia apresentações na cidade, para num fim de tarde cantar "Leãozinho" para as crianças. Ele foi e, sentado em um banquinho de classe, cantou rodeado de crianças, enquanto os pais chegavam para buscar os filhos. Certamente você se lembra desses dias memoráveis em que esses dois grandes artistas dedicaram tempo aos nossos pequenos alunos.

Agora, enquanto escrevo, tentando recordar quando aconteceram nossos primeiros contatos, lembro que durante muitos meses só sabia sobre o que "a Madá" realizava com seus alunos de ouvir contar. E, em decorrência da forma como aquela escola se organizava e dos muitos problemas de gestão enfrentados no ano seguinte,[2] até estarmos juntas no grupo fundador da Escola da Vila, foram raros os momentos em que compartilhamos trocas pessoais e profissionais.

Só então, a partir de 1980 e durante os três anos de convívio que se seguiram, conheci seu jeito de ser professora. Pude observar de perto seu trabalho, além de acompanhar o que era vivido e experimentado por minha filha, sua aluna na classe do pré em 1981. Pude ainda me aproximar melhor de sua perspectiva pedagógica, lendo os relatórios[3] que você escrevia para comunicar aos colegas e às mães e aos pais o trabalho proposto e desenvolvido com os alunos.[4]

---

2 A fusão da Escola Criarte com a Escola Novo Horizonte, ocorrida no inicio de 1979, se mostrou desastrosa para as duas equipes. Depois de uma série de desentendimentos vários profissionais se desligaram do projeto, entre os quais aqueles que fundariam no ano seguinte a Escola da Vila. O evento ficou conhecido na comunidade de pais e educadores da região como "o racha da Criarte".

3 A prática de escrita de relatórios de classe fazia parte do trabalho de todas nós e perdurou por décadas na história da Escola da Vila.

4 Publicados em seu livro *A paixão de conhecer o mundo*. São Paulo: Paz & Terra, 1983.

Naquele momento, eu ainda era muito inexperiente e realmente ignorante do que fosse um fazer pedagógico de qualidade, para aproveitar tudo com o que a observação de seu trabalho, seus comentários nas reuniões de equipe e a leitura de seus escritos poderiam contribuir para a qualidade da minha ação com os pequenos, com quem sentia tanto prazer em conviver e praticar um fazer afetuoso mas ingênuo em relação aos processos de aprendizagem. E, como deve se lembrar, no início da Vila a figura do orientador deixou de existir: éramos todos professores coorientadores, trocando ideias durante reuniões semanais de equipe.

Contudo, para uma iniciante, o fazer das colegas mais experientes e os textos indicados pelas companheiras de trabalho não ajudavam muito. Como você bem sabe, as leituras teóricas e metodológicas são insuficientes para quem ainda não aprendeu a interpretar o observado, transformando boas ideias e conceitos estruturantes em uma prática adequada à ocorrência de boas situações de ensino – o que você já fazia com muita desenvoltura em suas classes.

Olhando pelo retrovisor de minha biografia profissional, no entanto, vejo com bastante nitidez que, a despeito da defasagem entre nossos momentos de formação, parte importante de minha experiência como professora, e posteriormente também como formadora de professores, se enraizou nesse convívio. E acredito que isso aconteceu porque, naquele tempo, talvez mesmo sem que eu me desse conta, sua performance em classe fez de você, para mim, uma professora formadora em serviço.

Explico. Ao acompanhar sua ação junto aos alunos, era impossível ficar alheia à maneira afetuosa e firme com que você trabalhava para construir os vínculos no grupo. Fossem os seus com cada uma das crianças ou entre elas, todos eram envolvidos em processos de aprendizagem inspirados nas vivências das crianças e organizados e dirigidos por você, a professora, adulto de referência. Quem leu *A paixão de conhecer o mundo* sabe do que estou falando.

Reli agora esse livro tão inspirador, que não revisitava havia muitos anos, e me emocionei com todo o conteúdo já desde a carta-prefácio de Ana Mae. E me alegrou reconhecer meu lugar nesse registro. Ao contar sobre um passeio com as crianças, você faz referência à minha ideia de fazer os cartões de dicas, fichas com desenhos dos lugares (indícios) por onde o grupo deveria seguir caminhando, para chegar à casa de Avana (minha filha). E também o seu aceite à sugestão de fazer uma leitura adaptada do livro de Leo Huberman, *A história da riqueza do homem*, para sua turma – um sinal de que eu já havia sido contagiada pelo sabor das boas práticas.

Aflora dos relatos reproduzidos e na forma como *A paixão de conhecer o mundo* foi composto uma maneira de olhar e entender o potencial das crianças pequenas para conviver e conhecer em grupo. Uma forma de refletir sobre educação, ancorada em leituras e experiências práticas compartilhadas com outros educadores, mas com uma marca pessoal inegável: um jeito todo seu de utilizar boas ideias e princípios de ensino- e aprendizagem, sem deixar de criar caminhos originais e genuinamente pessoais. Um "jeito Madalena", no qual o conhecer e o fazer caminhavam juntos na construção de um processo educativo inteiramente compartilhado com os alunos.

Enquanto ainda éramos colegas na Vila, principalmente no último ano de sua presença na equipe – e isso está registrado nos relatórios que escrevi em 1982 –, comecei a incorporar aspectos de seu fazer pedagógico aos meus procedimentos em classe. Convidei vários pais para contribuir com os temas de interesse dos alunos, repliquei de forma um tanto tímida sua ideia de construir algo com os pequenos (você construiu um muro, eu tentei fazer uma "cidade de água") e passei a incorporar sua perspectiva sobre o processo de alfabetização em propostas de atividades que envolviam a produção de língua escrita. No entanto, relendo o diário de classe e os relatórios da turma de 1986 é que me reconheço realizando uma ação pedagógica acompanhada de uma documentação mais próxima do seu jeito de trabalhar. Será que você concordaria comigo? Veja aí.

Naquele ano (1986), a relação entre as crianças, que não se conheciam até chegarem àquela turma de jardim 2, e delas comigo, evoluiu de um ajuntamento de pequenos em torno de um adulto para um convívio de compartilhamento e cooperação. Compartilhando tranquilamente com eles vários aspectos da organização de nosso espaço e do cotidiano de trabalho, estive muito mais atenta às possibilidades de boas situações de aprendizagem sugeridas, tanto pelo que as crianças traziam de expectativas para as atividades na escola como pelas brincadeiras que realizavam na sala e na área externa.

Com isso, tivemos um ano de muito trabalho, diversão e aprendizagem em diferentes campos do saber. Entre as propostas cotidianas à rotina de atividades pensada, naqueles tempos, para crianças entre 4 e 5 anos,[5] fizemos um canteiro para a plantação dos "feijões mágicos" trazidos pela Carol; cuidamos de uma grande lesma, trazida pelo Paulo, que habitou um aquário e foi "estudada" durante um tempo; enfeitamos caixas-berços para as bonecas com fitas e retalhos doados pela mãe da Alice; criamos um jogo de boliche com cones plásticos trazidos pelo Diogo. Mas o ponto alto do ano para nós todos foi a sequência de atividades para a construção do "clubinho": uma casinha de madeira, com porta, janela e telhado "de verdade", para brincar, conversar, lanchar e, mais que tudo, admirar – porque "fomos nós que fizemos", como diziam todos, orgulhosos. Era uma construção derivada do jogo recorrente de fazer cabanas que concretizava os laços de amizade e companheirismo que haviam se desenvolvido durante alguns meses de convívio diário.[6]

E foi em anotações no diário dessa classe e nos relatórios produzidos nesse período que incorporei um aspecto presente em seu trabalho e em seus textos, indispensável para a qualidade que se identifica neles: o reconhecimento da autoria do grupo de crianças para a qualidade do que uma professora pode desenvolver em classe.

Se no texto de relatórios dos primeiros anos muito raramente ocorria o nome de alunos (costumava usar termos como "crianças", "alunos", "turma da classe"), em 1986 todos os alunos estão presentes nos registros do que era realizado. O diário de classe traz escritas de bilhetes e cartazes, "assinaturas", além de fotos de produções coletivas e de atividades em grupo. No terceiro relatório, onde a construção do "clubinho" foi toda documentada, a folha de capa trazia a assinatura de cada criança – grafada da forma como cada um já conseguia naquele momento – ao lado de uma foto reunindo todos eles.

Embora já houvesse desenvolvido bastante minhas condições para documentação do trabalho, infelizmente não compartilhei com as crianças os

---

[5] Envolvendo atividades diárias de representação plástica, rodas para conversar e para ouvir histórias etc.
[6] A construção do "clubinho" foi um sucesso também entre famílias, tanto que uma delas conseguiu matéria com foto dos felizes construtores em uma revista de grande circulação na cidade.

registros de momentos importantes na história da classe, como você fez no *Livro de nossas estórias*.[7] Assim, nesse último ano em que fui professora de pequenos, perdi a oportunidade de experimentar formas de dar voz às crianças também na documentação de nossas vivências em classe.

As coisas estavam no mundo, e eu precisava continuar aprendendo... (Olha o Paulinho da Viola me dando uma mão de novo!)

E já que toquei no tema da documentação do trabalho, saiba que entre sua saída da Vila, no final de 1982, e essa classe, em 1986, me dediquei a outra atividade, para a qual um instrumento formativo para o trabalho pedagógico, desde sempre defendido *com unhas dentes* por você, foi fundamental: o registro reflexivo sobre a prática.[8]

Aconteceu que, motivada tanto pelo sentimento de uma certa ignorância em relação às práticas de ensino de qualidade como pelo desejo de experimentar ser educadora em uma função para a qual via possibilidades de inovação, me propus a trabalhar na relação da escola com as famílias, limitando esse vínculo aos temas do campo educacional. Eu considerava o viés psicológico e interpretativo em voga no atendimento de escolas às famílias muito inadequado frente ao que, do meu ponto de vista, deveria ser o papel de uma escola na relação com os pais e em atenção às necessidades explicitadas por eles.

Se quando me juntei ao grupo da Escola Criarte os diários de classe[9] e a escrita de relatórios bimensais já eram práticas correntes, acredito que, por influência sua,[10] foi somente durante os anos nos quais realizei entrevistas individuais e reuniões com grupos de pais e mães de cada uma das turmas que a importância dos registros escritos começou a ganhar sentido em meu percurso profissional.

---

7 Em *A paixão de conhecer o mundo* há a reprodução do *Livro de nossas estórias*, espécie de caderno coletivo em que Madalena e sua turma de pré de 1981 registravam os acontecimentos mais importantes para o grupo.

8 Lembrando que isso acontecia muito antes dos trabalhos de Donald Schön, entre outros, serem divulgados por aqui.

9 Os registros descritivos de observações, ou notas reflexivas, sobre as atividades das crianças da turma feitos no caderno pessoal de cada professor.

10 Digo isso porque, no prefácio de *A paixão de conhecer o mundo*, Ana Mae refere que, na Escolinha de Arte de São Paulo, você já sugeria e defendia essa prática.

Registrar todas as atividades vinculadas à função, as ideias que umas e outras desencadeavam e produzir relatórios reflexivos tornaram possível sistematizar o tipo de atendimento voltado à qualidade dos vínculos educacionais entre a escola, os pais e seus filhos, que eu desejava. Ou seja, no exercício cotidiano de escrever refletindo sobre o que estava realizando, concretizei a ideia de que analisar e explicitar a prática eram fundamentais em meu processo de formação. Acredito que veio daí a qualidade que reconheço no trabalho com a classe de 1986.

Dali em diante, observar, registrar e refletir por escrito passaram a fazer parte indissociável de todas as funções que desempenhei. Me tornei uma *escrevedeira* de registros e relatórios os mais diversos: de classe, de reuniões de equipe, de orientação de professores, de coordenação de ciclo etc., ferramentas que se tornaram indispensáveis também para o trabalho de formação de outros educadores na Escola da Vila e em assessorias e cursos para grupos de outras instituições.

No trabalho com o grupo de professoras da escola, sempre procurei incentivar a utilização dos tipos de registro com os quais sentissem mais afinidade (escritas, gráficos, fotografias, áudios ou vídeos) sem, no entanto, abrir mão de evidenciar o lugar privilegiado da escrita cotidiana, nos diários de classe, para os processos de formação continuada que compartilhávamos.

Fotos, desenhos, vídeos e áudios podem apoiar a observação de diferentes momentos das crianças em classe, e os vídeos da ação pessoal da professora possibilitam uma análise "desde fora" de alguns momento da ação pedagógica. Mas, como você sabe muito bem, Madá, só a escrita – essa ferramenta intelectual que interfere não só na expressão do conhecimento, mas principalmente na construção dos saberes – pode oferecer as informações necessárias para o planejamento e a continuidade de processos formativos em curso.

No mesmo sentido, sempre mantive cadernos de orientação para registrar os percursos de cada uma das "minhas meninas". E guardo ainda hoje muitos dos escritos realizados nas primeiras décadas de minha formação. Estão em cadernos manuscritos, folhas datilografadas, textos impressos e arquivos digitais. São documentos da minha história profissional que costumo utilizar em ações de formação, quando falo da importância dos registros escritos e reflexivos em meu percurso.

Isso me leva a comentar outra faceta de seu perfil profissional que sempre admirei: a empolgação que transmite ao participar de ações que contribuem com a formação de professores. Essa animação valida sua certeza sobre as possibilidades reais de cada um aprender a ser um professor cada vez melhor. Como se estivesse sempre exclamando: "Evoé, jovens professores!"

Manter essa chama acesa há tantos anos neste país que, não é de hoje, prestigia tão pouco a educação e seus profissionais é uma qualidade inestimável. E certamente há muitas e muitos profissionais que, como eu, têm procurado seguir os rastros de empolgação deixados por você em diversos e múltiplos caminhos.

Hoje, quando há precisamente quarenta anos as escolhas profissionais nos distanciaram, fico tentando imaginar como será que você, uma mulher que sempre me pareceu tão otimista, tem vivido estes últimos anos difíceis e tão conturbados, sob muitos pontos de vista e de forma alarmante no que se refere à educação de crianças e jovens. Sim, eu sei que são tempos assim que fazem as pessoas de mente inquieta, como você, mobilizarem mais o poder de criação de novas e potentes soluções. Mas Madá, temos que reconhecer que não tem sido nada fácil, principalmente quando se sabe da morosidade das mudanças nessa área à qual temos dedicado a maior parte de nossas vidas e em relação à qual compartilhamos tanta afeição.

Confesso que esse desalento se amplia em mim quando me dou conta de que *enquanto os homens exercem seus podres poderes* – como canta Caetano –, agora em 2022, o "Manifesto dos pioneiros da educação nova" completa 90 anos sem que muitas das questões fundamentais ali referidas tenham sido minimamente consideradas por sucessivos governos.[11]

Já imaginou qual seria o Índice de Desenvolvimento Humano (IDH) do Brasil atualmente se o modelo proposto pelo projeto de escolas parque de Anísio Teixeira tivesse se alastrado pelo país?

Sonho meu, sonho meu... como cantou d. Ivone Lara.

---

11 O projeto para os Centros Integrados de Educação Pública (Cieps), concebido por Darcy Ribeiro nos anos 1990, poderia ter concretizado muitas das boas ideias dos pioneiros – se não tivessem sido abandonados no final do governo Leonel Brizola. Era um projeto muito bom! Tive o prazer de contribuir com a proposta de formação em serviço que o projeto incluía.

E, como sonhos sonhados por uns podem ser também sonhados por outros, quem sabe qualquer hora dessas não nos encontramos para conversar e conhecer o que nossos sonhos atuais têm em comum. Quero muito que isso possa acontecer.

Um abraço bem apertado da

Zélia

CARTA 7
AS CRIANÇAS PRECISAM DE NÓS
Monique Deheinzelin

São Paulo, 8 de junho de 2022.

Querida Madalena,

Tivemos a alegria de um primeiro contato em 1977, eu recém-formada e chegada da Bahia com um filho de 2 anos nos braços, o João, que teve a sorte imensa de ser seu aluno naquele que resultou em um dos maiores livros de educação deste país, *A paixão de conhecer o mundo*.

    Nesta semana voltei ao livro e em boa companhia. Eu, João e seu filho, meu neto, Benjamim – que sem despregar os olhos do jogo *Minecraft* – pediu que eu lesse em voz alta cada uma das histórias do *Livro de nossas estórias* (pré-1981). Ali estavam os relatos da turma reproduzidos como há mais de quarenta anos, as crianças narravam os acontecimentos mais importantes do grupo e você os registrava em um trabalho coletivo. João, que era uma das crianças da turma, me perguntou se seria bom lermos o episódio "A briga do João e da Tula". "Sim", respondeu Benjamim. Suponho que ele próprio teria gostado demais de ter você como professora, se imaginando no lugar do pai, quando você sopra ao ouvido de João o motivo da chateação de Tula e deixa todos nós na curiosidade...

    Até hoje João guarda consigo seu exemplar de *A paixão de conhecer o mundo*. E, mais de uma vez ao longo desses quarenta anos, reiterou para mim ter sido ali, nessa experiência, que ele pôde aprender tudo que hoje sabe e é. Isso inclui a publicação de seu primeiro livro, *Nervo exposto: de Havana a*

Santiago de Cuba.[1] João segue admirador dos tubarões – penso que continua a saga iniciada com o imenso tubarão anequim na capa do livro. Também esta semana tatuou um tubarão no braço esquerdo. Madalena, tudo isso está tão vivo, tão presente. Assim como persiste a saudade e a dor pela perda de Dani, que morreu menino, e adorável.

Não me surpreendo com a completude de seu livro, que se configura até hoje como um método de trabalho: as crianças e a professora, autoras da própria vida por meio da aprendizagem na experiência. O espaço da sala como um ambiente de trabalho compartilhado, a extrema alegria de registrar, todos juntos, aquilo que acontece. Alegria essa que se renova a cada vez que abrimos o livro para ler e refletir.

Mas voltemos juntas à Escola Criarte, onde nos conhecemos. Por acaso buscando na lista telefônica (que existiam, em grossos volumes) uma escola para o João, defini toda a minha vida até o momento. Digo a você que, ao ver as crianças em cima de uma pilha de bancos, brincando de viajar em um foguete, a cena tocou algum lugar em mim. "Eu quero", ouvi. Rosa Iavelberg era a professora daquela classe.

Tive, ainda, uma experiência mais próxima. Enquanto dava aulas no laboratório do Instituto de Física, me candidatei ao inesquecível estágio na Escola Criarte e em 1978 deixei a física para me tornar professora de educação infantil.

Era uma classe de maternal, crianças de 2 anos de idade, tenho-as comigo até hoje. O nosso espaço era uma grande sala com banheiro e área externa, que contava com árvores e um tanque de areia cercado por amurada de pedra. Ali nos sentávamos e nos permitíamos brincar e conversar.

Um dia, uma mordida impôs o início de mudança de paradigmas, um fato incontornável – a mordida funda e feia que um deu na omoplata do outro. Ajoelhei na areia no meio dos dois, eu tremia – de insegurança, de receio, sem recursos para acertar. E disse ao mordedor: "Não faz isso, dói muito, ele não gosta." Ao que o mordido, em meio às lágrimas, contestou: "Gosto, sim." Até hoje vivo esta perplexidade. Como assim "gosto, sim"? Mesmo que a situação me obrigasse a dar uma resposta convicta, "não pode morder", logo vi que não se tratava de uma moralidade pronta.

---

1 Pavese, João. *Nervo exposto: de Havana a Santiago de Cuba*. São Paulo: Terceiro Nome, 2006.

Graças a essa cena, pude perceber como sair da posição autocentrada – e como faria isso sem o cutucão do outro? Durante os dez anos que tive a sorte imensa de ter como companheiros de aprendizagem crianças de 4 e 5 anos, recebi perguntas nada menos que geniais: "Por que o mar se chama mar?"; "É verdade que não existe nada menor que 1?"; "Quem é mais velho, minha avó, o dinossauro ou o Deus?".

Como sempre mantive diário e caderno para anotar o que dizem e fazem os pequenos – como se expressam e se comunicam –, tenho aqui a meu lado uma estante de caixas de papelão (*Song River* – *Papaya Formosa*, está escrito nelas) com desenhos das crianças desde a época em que nos conhecemos. Esse delicioso arquivo está de acordo com o preceito aprendido com você, Madalena. Registrar continuamente a nossa prática, o que inclui filhos e netos.

Lendo, estudando e buscando compreender epistemologia genética, teoria do conhecimento de Piaget, me vi portadora de óculos de longo alcance que me possibilitam compreender o ponto de vista da criança – a graça da vida para mim. Depois de quinze anos trabalhando com educação, fiz mestrado com a orientação de Marta Kohl de Oliveira, o que muito também contribuiu para ampliar a minha visão em uma perspectiva sociocultural do conhecimento. Fico muito contente em dizer que o estudo se converteu em livro, hoje publicado com o título *Uma experiência em educação infantil: a fome com a vontade comer*.[2] A edição é, originalmente, uma proposta curricular para o estado da Bahia na qual busco uma relação produtiva entre teoria e prática, uma "estrutura de cebola" – itens incluídos uns dentro de outros de acordo com seu grau de abrangência em um marco curricular. E, curiosidade, o livro conta até mesmo com uma entrevista a Caetano Veloso feita especialmente para a publicação.

Na altura desses estudos, você deve imaginar, eu já tinha me afastado da Escola da Vila – espaço de que fomos sócias-fundadoras eu e você. Nas fotografias estamos tão jovens, e mães, e tão certas de uma sociedade melhor, todos vivendo com dignidade e trabalhando para o bem comum. Lembro-me de 1980, o final da ditadura, e você nos trouxe seu pai, recém-chegado do exílio. E, assim, o Centro

---

2 Deheinzelin, Monique. *Uma experiência em educação infantil: a fome com a vontade de comer*. 11. ed. rev. e ampl. Petrópolis: Vozes, 2016.

de Estudos da Escola da Vila foi inaugurado com uma palestra de Paulo Freire, momento histórico tão bonito que não cansamos de contemplar.

Em 1990, ainda na Escola da Vila, com Zélia Cavalcanti, publicamos o *Professor da pré-escola*, projeto de capacitação de professores em dois volumes e apoiado pela Fundação Roberto Marinho.[3] Os livros correspondem à série de vinte programas que Zélia intitulou *Menino, quem foi teu mestre?*,[4] verso de uma cantiga de capoeira da Bahia, A partir desse trabalho, distribuído pelo Ministério da Educação e Cultura a todos os estados brasileiros, e da proposta curricular para a Bahia, passei a ter contato com professores e professoras de todo o Brasil, elaborando currículos e refletindo sobre formação e avaliação continuada na educação infantil.

Algumas vezes, durante os cursos de quarenta horas semanais que ministrei para diversas redes municipais de educação infantil (de Florianópolis a Goiânia, de cidades do interior ao litoral do país), eu sentia falta de sua forte fala. Senti falta de sua certeza de que para tudo tem jeito, desde que a gente pare para refletir e olhe nos olhos. Então, procurava incorporar seus ensinamentos, sua expressão, seu timbre de voz, como agora lembro nitidamente, querida Madalena.

Ponto alto destas incursões foi dar aula para 220 professores e professoras ticuna no Alto Solimões, a convite de Jussara Gomes Gruber. Jussara criou com esse grupo incrível a Organização Geral dos Professores Ticuna Bilíngues (OGPTB), a escola Torü Nguepataü (Casa de Curso), uma excepcional biblioteca e o curso de magistério em nível de segundo grau para o qual fui convidada a lecionar. No livro *Trilha: educação, construtivismo*,[5] faço um relato do que ali vivemos e produzimos em forma de conhecimento. Tivemos muitas trocas. Levei alguns livros de contos, poesia, canções – apresentei *Chapeuzinho Amarelo*, de Chico Buarque,[6] o que nos possibilitou muita risada no trabalho contextualizado com verbos. Fiquei hospedada no quarto do bibliotecário Jaime, também ele um professor ticuna, e pude ver seus lindos desenhos

---

3 Fundação Roberto Marinho. *Professor da pré-escola*. Rio de Janeiro: Ministério da Educação/ Fundação Roberto Marinho, 1991. (2 vols.).

4 Idem. *Menino, quem foi teu mestre?* Rio de Janeiro: Ministério da Educação. Série de 20 programas em vídeo, 1991.

5 Deheinzelin, Monique. *Trilha: educação, construtivismo*. Petrópolis: Vozes, 1996.

6 Buarque, Chico. *Chapeuzinho Amarelo*. Belo Horizonte: Autêntica, 2017.

afixados em tábuas de madeira. No meu primeiro dia na floresta, pude ver chegar pela janela uma comprida canoa com alunas de uniforme tradicional – saias azuis de pregas, meias brancas três-quartos, camisas brancas com gravata azul. Elas foram fazer uma pesquisa escolar na biblioteca ticuna, sob a orientação de Jaime. Eram alunas de uma escola pública peruana à distância de um igarapé da biblioteca, que tinha de tudo, inclusive exemplares de cada um dos livros que eu levara. E eu até gostaria de ter levado mais títulos, mas teria sido desnecessário sobrecarregar a Varig com a minha bagagem... Lembrar da Varig?! Assim como a Telefônica, uma empresa daquela época...

Chegamos, então, à minha tese de doutorado *Móbiles da ação: da cor à experiência estética*,[7] com a orientação de Rosa Iavelberg. Lembro especialmente da tese porque esta carta em sua homenagem atende a um convite de Teresa Rego e se inscreve no âmbito da faculdade de educação em que Rosa e Teresa são professoras – para muita boa sorte nossa. Por isso, quero voltar a refletir sobre o que ali procurei desenvolver.

Lourdes Atiê, nossa querida amiga, organizou um evento em agosto de 2022, no Ceará, com a provocante pergunta "Educação é?". Para apresentar a tese, enviei a ela a seguinte síntese:

> *Educação é estética* quando, nem feia nem bonita, possibilita ações transformadoras no espaço e tempo da experiência. Se a ação da criança é rítmica, isso se deve à confiança na própria sensação em resolver, ao mesmo tempo, a tensão entre sentir e agir, ordenando-a em procedimentos. Cabe a nós proporcionar a ela materiais e atividades em um currículo reversível onde aconteçam experiências estéticas – aquelas que produzem aprendizagem e o que mais almejamos, felicidade.[8]

É uma boa síntese para o que segue me mobilizando na vida, na arte e na educação. Em um primeiro momento quis atender a um desejo, ou desfazer um incômodo: que as contribuições de Piaget e seus colaboradores nas pesquisas em epistemologia genética fossem vistas como restritas aos indivíduos, em

---

[7] Deheinzelin, Monique. *Móbiles da ação: da cor à experiência estética*. São Paulo: USP, 2013. (Doutorado em Educação).
[8] Arquivo pessoal de Monique Deheinzelin, 2022.

detrimento das formas de organização social. Com muitos colaboradores sendo físicos ou matemáticos, parecia que o construtivismo piagetiano se apresentava como um duro cristal, originário das ciências exatas.

Bacharela em física, dedicada à educação infantil, quis me aventurar em um trabalho que acabou por mostrar que arte é conhecimento. Em meu doutorado, relato como crianças de 2 a 10 anos de idade, frequentando a creche Casa do Aprender e a Escola Paulo Freire, em Osasco, São Paulo, geraram o maior número possível de cores a partir das três cores – ciano, amarelo e magenta. É possível ver o registro desse trabalho no

No trabalho, pude observar as produções e os procedimentos das crianças e, para isso, separei o material gravado em vídeo em quatro categorias: cor, ritmo, coordenadores cognitivos e experiência estética. Eu tinha um pressuposto de que todo conhecimento se origina de afeto, sensação, percepção ou sentimento – portanto, de que teria uma origem estética. Queria trazer essa dimensão afetiva para aprendizagem e construção de conhecimentos. Aquela mesma dimensão tão bem expressa em *A paixão de conhecer o mundo*. Inclusive, onde me revi voltando ao *Livro de nossas estórias*, conversando com as crianças da classe do pré de 1981 sobre seus desenhos.

Sendo a cor fenômeno fugidio, resultante da interação entre observador, objeto e feixe luminoso, investigar a natureza, as qualidades e as resultantes de tal interação me pareceu um caminho profícuo – e foi. Dói no coração verificar como as crianças têm um auge afetivo e interativo com a cor por volta dos 4 anos, perdendo pouco a pouco essa qualidade de se deixar afetar por um fenômeno em prol da própria criação e interagir com ele, ao adotar padrões culturais já existentes. Passei a considerar que nosso maior inimigo é aquilo que já está pronto, aquilo que está para ser consumido. E passei também a salvaguarda, brincar e interagir com o existente – isso inclui os elementos culturais, para compreendê-los e transformá-los a partir de como nos afetam. É isto que fazem as crianças com o pensamento sensório motor: sentir e agir, tudo ao mesmo tempo. Agora, o binômio da criação.

Querida Madalena, faço uma pausa para respirar, ao pensar em procedimentos. Procedimentos nos constituem, cada passo concatenado em direção a uma meta que nos levar ao êxito. Somos conduzidos pela própria necessidade expressiva a fazer algo que corresponda ao afeto que o gerou. É assustador que aquilo que é tão fluente para as crianças se torne cada vez mais difícil para nós adultos, a autorregulação.

Autorregulação

Quando o amor te insufla
e tudo se expande, flui
você quer ter êxito
você quer ser sumo
se exprimir em gotas
como uma laranja madura

Daí vem a bigorna,
a bancada de instrumentos
palavras bolas ou pincéis
um salto estrela pra trás
um *downward-facing dog*
pra frente

lágrimas são molhadas, então
tome de um lápis, escreva
sem dúvida, respire
é seu o proceder a cada passo

o afeto é uma mola
ações que te levam
pra dentro pra fora
sístole diástole, é o baticum

Quando canta o galo teu olho já é um veludo
conhecimento
de si conhecimento
do mundo[9]

---

9 Deheinzelin, Monique. *Regaço*. Rio de Janeiro: 7Letras, 2022, p. 104.

A cabeça da gente não para e nem sempre é boa conselheira – querendo nos levar para os "tem que", em lugar de observar os nossos "como". Vou chegando aos 70 anos, Madalena, e digo a você que para mim basta um cantinho... Mentira! Quero um cantinho sim, mas também quero muita implicação na própria aprendizagem – essa ação transformadora.

A verdade é que os "como" – nossos procedimentos – são exigentes, e o que exigem é a nossa presença, ao passo que para cumprir os "tem que" – as obrigações – podemos não estar nem aí. Soldadas. Ao sol dadas! Dadas, simplesmente. Queremos abarcar o universo quando bastaria estar nele. Fazer parte da dança cósmica – como bem diz Ailton Krenak.

Dessa reflexão vem meu livro *Aprender com a criança*.[10] Ouvir o que a criança nos diz, a auscultar (*ascoltare*, como dizem os italianos) e oferecer a ela boas experiências – prazerosas, significativas e transformadoras. Para isso precisamos estar presentes, abertas para participar do que está acontecendo – é *A paixão de conhecer o mundo*.

Livros, poemas, canções, ver o que na arte vem da criança; o que para ela volta; e o que podemos ofertar a ela novamente, à criança que habita em nós, aquela que é nossa companheira de travessia. Então, em um novo projeto, escrevemos os livros *Brincar com a criança*,[11] que em dois volumes apresenta o livro do estudante e manual do professor para crianças de 4 anos (*Livro da flora*) e 5 anos (*Livro da fauna*). O projeto foi realizado a oito mãos, com as autoras Priscila Monteiro e Ana Flávia Castanho, além da nossa editora Rafaela Lamas.

A coleção foi um projeto para lavar a alma. Nele a Terra é redonda, os planetas e seus satélites também (que coisas temos passado nos últimos tempos com esses questionamentos, não?). O cerrado brasileiro é celebrado, nosso antiquíssimo bioma com espetacular diversidade de fauna e flora, incluindo lobo-guará e lobeira. Com o jogo "Super carta árvores do Brasil", todos aprendem sobre ecologia, matemática e muito mais. Incluir brincadeiras

---

10 Deheinzelin, Monique; Monteiro, Priscila; Castanho, Ana Flávia. *Aprender com a criança: experiência e conhecimento*. Belo Horizonte: Autêntica, 2018. (Livro do professor da educação infantil).

11 Deheinzelin, Monique; Monteiro, Priscila; Castanho, Ana Flávia. *Brincar com a criança*. Belo Horizonte: Autêntica, 2022. (Livros do estudante de 4 e 5 anos e Manuais do Professor).

com os jogos de tabuleiro elaborados pelos professores ticuna, ouvir áudio das canções cantadas pelas crianças – a gente se espalhou. A gente se permitiu colocar ali tudo o que somos e sabemos, abrindo caminho para o que virá, não é? As novas crianças que nascem, os *enzos gabrieis*,[12] precisam de nós, e cá estamos. Toca aqui, companheira Madalena.

Por enquanto, vou me despedindo, até nos abraçarmos no lançamento deste belo livro em sua homenagem. É uma felicidade participar dele em tão boa companhia.

Beijos imensos!

Monique

---

12 Sugiro ao leitor e à leitora ouvir a música de Caetano Veloso "Enzo Gabriel" para uma bela mensagem nesse sentido. Veloso, Caetano. "Enzo Gabriel". Comp. de Caetano Veloso. In: *Meu Coco*. Sony Music Brasil, 2021. (4 min 51 s).

CARTA 8
DE ESTUDANTE DE PEDAGOGIA À FORMAÇÃO DE PROFESSORAS: COMPARTILHANDO LEMBRANÇAS E REFLEXÕES

Maria Letícia Nascimento

Minha cara Madalena,

Em tempos tão difíceis, escrever uma carta pode ser uma atividade que promove algum prazer. De fato, embora a ação de escrever cartas esteja desaparecendo, graças à rapidez das mensagens eletrônicas e, talvez, à pouca paciência dos mais jovens para ler textos um pouco mais longos – ou menos imediatos –, o prazer de escrever uma carta permanece insubstituível: estabelecer contato a partir do contar alguma coisa que traz significado, provocando uma resposta.

Ainda que tenha uma boa relação – e memória – com a escrita de cartas, preciso confessar que também já não as escrevo há muitos anos. Gostava muito de me corresponder com uma tia que vivia no interior, Miriam, hoje já falecida, e com um amigo que havia se mudado para Florianópolis e enviava semanalmente seu registro de impressões e estranhezas causadas pela mudança, Sérgio, o nome dele, e de quem não sei mais nada também há vários anos. Assim, a possibilidade de escrever para você, Madalena, me faz recuperar os sentimentos provocados por essas lembranças. Um bom começo, do meu ponto de vista.

O que me motivou a participar deste projeto, contudo, foi minha grande admiração por seu trabalho. Nós não nos conhecemos pessoalmente, porque, suponho, embora tenhamos passado por pessoas e lugares próximos, nunca coincidiu de nos encontrarmos. Na verdade, talvez eu pudesse ter buscado estabelecer algum contato, algum dia, mas... acho que fiquei um pouco intimidada. De qualquer modo, acho que cabe contar a você, neste início, que trabalho formando professores e professoras para a educação de crianças pequenas, na universidade, já há mais de vinte anos. Meu principal foco de estudo são as crianças pequenas e as relações que estabelecem entre elas e com os adultos, e, certamente, as relações de poder presentes nessas relações sociais. A educação está aí posta.

Em concordância com você, quando diz que o processo educativo demanda a intervenção da professora, cada vez mais compreendo que faz parte do meu papel problematizar as relações que apontei no parágrafo anterior. "É a intervenção que possibilita a avaliação. Entendo avaliação como a apropriação do processo da criança por ela mesma. Para isso, portanto, o professor necessita estar vivendo o mesmo processo."[1] Dito de outra maneira, as professoras precisam enxergar as crianças, escutá-las, se surpreender com elas, reconhecer a pertinência daquilo que pensam, acham, fazem, enfim, tomá-las como sujeitos sociais, da cultura, da história, com todas as implicações que isso promove, e se perceber nesse processo.

(Aqui, abro parêntese: você deve ter notado, no parágrafo anterior, que alterei o gênero ao comentar sua fala, isto é, trouxe para a cena a professora. Você sabe que, por variados motivos, que não vou relatar/discutir nesta carta, o número de professoras na educação infantil suplanta o de professores. Isso me levou a referir, desde o início deste texto, aos docentes da educação infantil como professoras. Fecho parêntese.)

Retomando o que contava, tenho trabalhado em defesa das crianças, em detrimento dos métodos ou das concepções universalistas, incapazes de ver que as crianças formam coletivos, que vão criando repertórios comuns, a partir das experiências de vida, na escola e fora dela, principalmente. Veja, formo as professoras a partir dessa posição política, que tenho reforçado pelos estudos da sociologia da infância, que conheci no início dos anos 2000. Ainda que haja certa banalização desses estudos hoje em dia, alguns autores produziram, e ainda produzem, pesquisas e textos que vieram ao encontro de reflexões que

---

1 Mello, Sylvia L. de; Freire, Madalena. "Relatos da (con)vivência: crianças e mulheres da Vila Helena nas famílias e na escola". *Cadernos de Pesquisa*, São Paulo, n. 56, pp. 82-105, fev. 1986, p. 92.

eu fazia desde a segunda metade dos anos 1970, isto é, desde quando ouvi falar do trabalho que você fazia.

Àquela época, eu era estudante do curso de pedagogia na Faculdade de Educação da Universidade de São Paulo (FEUSP). Parece interessante lembrar que aqueles anos eram repletos de contradição, pois, se por um lado a ditadura se tornava cada vez mais autoritária, por outro esse posicionamento provocava a articulação e a volta do movimento estudantil; se a proposta educativa oficial era tecnicista, surgiam escolas com propostas construídas a partir e junto com as crianças; se a desigualdade social se evidenciava inequivocamente, acreditava-se numa escola "redentora". Em síntese, circulavam muitas ideias discrepantes, que nos forjavam como estudantes de pedagogia.

Parte dessa "redenção" escolar cabia à educação pré-escolar, vista como um recurso para evitar a reprovação das crianças de baixa renda no ensino fundamental, como bem nos alertam os estudos de Kramer[2] e Campos.[3] Dessa maneira, a educação de crianças pequenas era realizada em escolinhas ou jardins de infância, e utilizava principalmente livros com lições que buscavam promover atividades de coordenação motora, visomotora, lateralidade, enfim, aspectos do desenvolvimento infantil que se supunha, à época, constituíssem conteúdo para os pequenos. Além disso, a "educação pré-escolar", como era chamada, nem mesmo fazia parte do currículo do curso de pedagogia.

Entre nós, estudantes, contudo, circulavam as notícias do que se fazia, primeiro na Escola da Vila (principalmente pela voz de Elisa Grinspum) e, depois, na Ibeji (aqui por meio de Lena Bartman). Curiosamente, era com essas duas colegas que eu fazia trabalhos de grupo e, assim, fui me aproximando de certo entusiasmo por outra forma de trabalho com as crianças pequenas. Esse movimento me assustou, confesso, porque incluía a participação das crianças, em outra perspectiva de se fazer educação, mas, ao mesmo tempo, me contagiou e me levou a buscar compreender como era possível estabelecer uma relação tão direta e respeitosa entre adulta e crianças, em atividades que provocavam e promoviam situações de aprendizagem de modo simples.

---

2 Kramer, Sonia. *A política do pré-escolar no Brasil: a arte do disfarce*. 5. ed. São Paulo: Cortez, 1995.

3 Campos, Maria M. "Pré-escola: entre a educação e o assistencialismo". *Cadernos de Pesquisa*, São Paulo, n. 53, pp. 21-24, maio 1985.

A leitura do seu livro *A paixão de conhecer o mundo*, posteriormente, trouxe muitas pistas sobre esse trabalho e, preciso dizer, aprendi muito com os relatórios ali publicados. De fato, depois que me tornei professora da universidade, a partir de 1998, esse livro nunca deixou de compor minhas referências e de promover boas discussões com estudantes de pedagogia. Voltarei a esse ponto mais adiante.

Sabe, Madalena, terminei a faculdade e ingressei na rede pública, trabalhando com o ensino fundamental, e, assim que pude, acumulei com o trabalho em uma escola alternativa, privada, para aprender a trabalhar "de outro jeito". Eu precisava experienciar outra possibilidade e queria levar esse "jeito" para a escola pública. Havia um grande contraste entre o que eu podia fazer em uma escola e em outra, e não era só uma questão de prática pedagógica, mas de expectativas sobre as crianças e sua relação com o conhecimento. Escolhi, então, aprender mais com a escola privada e me desliguei da pública.

Dez anos depois de me formar, me tornei pedagoga de creche, na Secretaria da Assistência Social, e só voltei a encontrar você... acho que em 1993 ou 1994, quando, já como supervisora de creches em Campo Limpo, zona sul de São Paulo, Marcia, Nil, Daísa, Cris, Marly e Marli, colegas da equipe que eu compunha, me apresentaram os "livrinhos" do Espaço Pedagógico – os quais comprei e conservo até hoje. Foi ainda nessa época que li seu texto sobre a Vila Helena e "conheci" o Tom-Tom.[4]

Cabe aqui destacar seu relato sobre o grupo multietário com o qual trabalhou naquela comunidade, as dificuldades materiais, a desconfiança das famílias em relação a um trabalho diferente do já conhecido e, principalmente, a relação que estabeleceu com as crianças, além das questões que se colocaram para dar conta do que fazia, o que trouxe novas reflexões para o trabalho que eu realizava à época. De fato, a figura da criança destoante, materializada no Tom-Tom, não era uma novidade, nem nas salas da educação infantil, nem naquelas do fundamental, mas quantas professoras encontrariam a alternativa de auxiliar essa criança a descobrir um "outro jeito de ser"? A disposição para encontrar saídas, presente nesse texto, constitui um rico repertório de

---

4 Mello e Freire, *op. cit.*

possibilidades de ação com e para o outro, quebrando a tradicional forma vertical de encaminhamento do trabalho pedagógico. Tenho certeza de que não foi fácil e que esse fazer pedagógico mais horizontal demanda tempo, paciência e confiança no(s) outro(s). Considero também esse relato como texto a ser conhecido nos processos de formação de professoras.

Em relação ao que você propunha no Espaço Pedagógico, fomos, em equipe, fazendo as leituras dos livros e discutindo a respeito, buscando fazer registros que pudessem ser compartilhados e não somente guardados nas agendas das supervisoras, chamadas de técnicas à época. Um exercício que não era fácil, mas que entendíamos que seria uma conquista. Interrompi, entretanto, minha participação nesse processo quando ingressei no mestrado e, em 1995, obtive uma licença do trabalho por dois anos. Quando voltei, o quadro era outro; eram necessárias mudanças e, algum tempo depois, me desliguei da Secretaria da Assistência Social, mas não da educação de crianças pequenas.

Assim, voltei a encontrar *A paixão de conhecer o mundo* quando comecei a dar aulas na então Universidade Mackenzie, em São Paulo. Com a chegada oficial da educação infantil ao sistema de educação, e a formação de professoras "preferencialmente" em nível superior,[5] em 1998 foi criada a habilitação educação infantil no curso de pedagogia, que organizava em um ano as disciplinas e os estágios necessários, se supunha, para a formação docente para a etapa. Naquela universidade, me coube, junto com duas colegas, Vera Mellis e Cecília Iacoponi, assumir as aulas, as minhas relacionadas aos estágios.

Mas como tratar as práticas pedagógicas com crianças pequenas utilizando textos que pudessem problematizar os exercícios de coordenação motora e similares que constituíam o material que ainda circulava como adequado à educação infantil? Simples, retomando os relatórios de atividades de 1978, publicados em *A paixão de conhecer o mundo*. Discutia, então, com as alunas a criação de uma rotina, sua representação pelas crianças, a criação de atividades, as rodas, o museu, enfim, esse mundo diverso e interessante que se mostrava possível no texto.

---

5 Brasil. Lei n. 9.394, de 20 de dezembro de 1996. Lei de Diretrizes e Bases da Educação Nacional. Brasília: Ministério da Educação e Cultura, 1996.

É fato que eu já havia trabalhado desse "outro jeito", o que me permitia provocar as estudantes. Acho que cabe contar a você... Quando trabalhei em escola alternativa, meu grupo – uma segunda série do ensino fundamental – estudava o corpo humano, a partir da leitura de uns contos engraçados, presentes em um livro que líamos todo final de tarde. Algo parecido com o seu relato da Genoveva, a partir do qual abordamos também os animais.

Vale lembrar que Genoveva é uma galinha que aparece no relatório de atividades de agosto e setembro de 1978, que provoca vários comentários das crianças, num reconhecimento dos corpos dela e das próprias crianças.[6] Ainda hoje as estudantes se surpreendem com esse relato, que nos mostra como as crianças conseguem colocar cada situação em um lugar próprio, relacionando quando necessário e disjuntando quando essa é a proposta.

Pois bem, de volta à minha prática, ganhamos de presente de um dos pais da turma um pequeno tubarão-martelo congelado, que ele havia pescado e guardado para nos doar, a fim de que pudéssemos explorar os órgãos internos e externos do peixe. Foi uma experiência incrível buscarmos o cérebro do tubarão, embora um pouco frustrante, pois era minúsculo. Os outros órgãos, contudo, permitiram ao grupo estabelecer comparações, criar hipóteses, aprender um pouco, e eu aprendia junto...

Retomando o papel de formadora de professoras, ainda durante a habilitação em educação infantil, era um tempo em que eu podia ir juntamente com as alunas no estágio para acompanhar o desenvolvimento de atividades em escolas públicas e as discussões/provocações nas aulas acabavam por sustentar algumas práticas por parte delas. Ainda que a experiência com a Genoveva não tenha sido repetida, a ideia de trazer desafios às crianças e registrar aquilo que elas iam pensando, sem impor um conhecimento anterior, vindo do adulto, se mostrava uma possibilidade de ouvir as crianças e suas hipóteses sobre o que estavam fazendo, além de um motivo para buscar fontes que dessem conta daquilo que as crianças achavam – à semelhança do que você indica.

Neste ponto, recupero uma consideração sua:

---

6 Freire, Madalena. *A paixão de conhecer o mundo*. São Paulo: Paz & Terra, 1983, pp. 40-43.

> Concluindo, o que tenho observado, sentido nas crianças (e em mim), como reflexo do nosso trabalho, é um grande entusiasmo, os desafios sendo enfrentados com alegria e prazer. O que nos dá a certeza de que a busca do conhecimento não é, para as crianças, preparação para nada. E sim *vida aqui e agora*.[7]

Essa defesa da vida aqui e agora, do conhecimento na ação das crianças no presente, antecipava a concepção de crianças como sujeitos sociais, que vão se constituindo nas relações com os pares, com os adultos e com a cultura que as cerca. Algo que vai, como referi brevemente no início da carta, ser reforçado com o reconhecimento da participação das crianças como direito, instituído internacionalmente pela Convenção dos Direitos da Criança da Organização das Nações Unidas (ONU), em 1989, e passa também a fazer parte das pesquisas dos estudos da infância, notadamente da sociologia da infância, nos anos 1990-2000.

Veja só, Madalena, o estágio supervisionado, que poderia ter se tornado um espaço cada vez mais propício para a formação inicial das professoras, foi perdendo força. Na minha experiência, aos poucos, a supervisão *in loco* foi ficando cada vez mais difícil de ser realizada, e outros desafios foram sendo encontrados, como o alto número de crianças nas turmas; o fato de que não éramos das escolas em que o estágio se realizava; e a própria orientação pedagógica da escola, que algumas vezes tinha uma posição diferente daquela que eu trabalhava com as alunas e/ou se mostrava impermeável a novas ideias.

Quando o curso de pedagogia foi reformulado e incorporou as habilitações, tornou-se impossível fazer supervisão de estágio, ao menos numa cidade grande como São Paulo. As disciplinas da educação infantil foram então dirigidas ao total de estudantes, para turmas com trinta, cinquenta ou mais alunas. Pode-se dizer que foi uma conquista, ampliando para todas a formação de professoras capazes de trabalhar com as crianças pequenas. Ao mesmo tempo, no entanto, caracterizou a perda de uma especificidade e do tempo para dar conta dela. Mas isso é assunto para outra carta...

---

7 *Ibidem*, p. 50 (grifo do original).

Ingressei como docente na FEUSP em 2007 e permaneci formando professoras de educação infantil, à época com Tizuko Kishimoto e Marina Célia Dias, e depois com Patricia Prado e Anete Abramowicz. Como já tinha mencionado, Madalena, tenho apresentado e trabalhado com seus relatórios como leitura obrigatória, assim como relatos da experiência pedagógica das creches e pré-escolas de Reggio Emilia, cidade no norte da Itália, e outras experiências consonantes com os textos dos estudos da infância. A atualidade dos procedimentos, a reflexão sobre prática e o questionamento constante presente nos seus relatos continuam sendo uma boa base para a formação inicial das professoras, que reconhecem, comentando, por exemplo: "Não é possível! Como é que essa professora fazia assim em 1978?!"; "Tem professora que não faz assim na escola em que estou estagiando", entre outros. Tem sido um exercício muito interessante!

Os tempos para o conhecimento, as reflexões e a prática da educação infantil, contudo, têm me deixado muito preocupada. Penso que houve muitos avanços, muitas conquistas, em relação à educação das crianças pequenas, mas, em contraste, temos perdido muito do que se configurava com a convergência das teorias, das práticas, da legislação. A educação infantil como um projeto pedagógico e social parece mais uma vez estar sendo ignorada, como se as crianças pequenas importassem muito pouco, como se ainda não fossem pessoas, naquela linha de uma formação para o futuro.

Não é preciso muito para constatar que, nesses tempos terríveis que temos passado, entre covid-19, desacertos graves em relação à educação e descompromisso do Estado com a população, observamos que as crianças de até 5 anos de idade estão excluídas da vacinação, embora grande parte delas frequente instituições de educação infantil. Além disso, as crianças pequenas estão nas ruas, nos postos de saúde, em transportes públicos e outros espaços sociais. Posso arriscar dizer que a precariedade progressiva advinda do desemprego/subemprego de grande parte das famílias tem feito crianças pequenas morarem com a família em um número crescente de barracas montadas nas calçadas da cidade ou da região metropolitana de São Paulo, expostas a intempéries de diferentes ordens.

Lembro que Kramer[8] apontava que a infância era valorizada no discurso, mas pouco vista em sua situação real. Rosemberg,[9] por sua vez, não só indicava a exclusão de grande parte das crianças do direito à educação infantil, mas, mais tarde, associou as políticas para a educação infantil no Brasil com o mito grego de Sísifo, que carrega todo dia uma pedra morro acima e a vê rolar para baixo, e começa de novo, repetindo a mesma ação infindavelmente.

Penso ainda que a obrigatoriedade de matrícula na escola a partir dos 4 anos de idade, decorrência da Lei n. 12.796, de 4 de abril de 2013, criou uma ruptura na ideia de educação infantil como uma etapa. Isso favorece tanto a manutenção das crianças em instituições que não necessariamente contratam professoras para trabalhar com elas quanto possibilita a retomada da "pré-escola preparatória", a partir de propostas que não pensam *a vida aqui e agora*.

Sabe, Madalena, tenho estado também um pouco pessimista com esse conjunto de coisas que apontei nesses últimos parágrafos. Que vida as crianças pequenas estarão vivendo, considerando a desigualdade? Se a diversidade e a pluralidade têm sido bem-vindas, expandindo horizontes, a desigualdade cria muros dificilmente transpostos. Que desafios crianças e professoras estarão enfrentando com alegria e prazer? Estarão as práticas pedagógicas e sociais cotidianas sendo objeto de reflexão? Não sei. Sei que permaneço insistindo na concepção de infância e de educação infantil que respeita e considera as crianças como pessoas, nas suas maneiras de ser, agir e pensar.

Acho que já escrevi demais! A oportunidade de enviar a você esta carta acabou me levando a diferentes relatos e questões que me serviram como bons pretextos para expressar minha admiração pela sua produção. O texto revela, principalmente, como o seu trabalho foi importante na constituição do meu.

Agradeço. Muito bom poder contar com você nessa trajetória. E, se me permite, visto que não nos conhecemos pessoalmente, envio um forte abraço!

Letícia

---

8 Kramer, *op. cit.*
9 Rosemberg, Fúlvia. "Expansão da educação infantil e processos de exclusão". *Cadernos de Pesquisa*, São Paulo, n. 107, pp. 7-40, jun. 1999; e "Sísifo e a educação infantil brasileira". *Pro-Posições*, Campinas, v. 14, n. 1, pp. 177-194, 2016.

CARTA 9
MADALENA: UMA VIDA DEDICADA À EDUCAÇÃO INFANTIL

Marina Célia Moraes Dias

> "Os rascunhos da nossa infância são provavelmente os mais importantes, serão um dia os caminhos da nossa história e os labirintos da nossa memória."
>
> Etienne Samain

> "Nada é fixo para aquele que alternadamente pensa e sonha."
>
> Gaston Bachelard

Madalena querida, é com emoção e alegria que escrevo esta carta para homenageá-la. Faz tempo que não nos vemos, mas quero que saiba que sua presença permanece firme e forte no meu coração e, por isso, é uma honra compor este livro com tantas outras que tiveram a sorte de compartilhar suas reflexões. Tenho certeza de que, assim como eu, inúmeros professores, crianças e famílias foram tocados por suas palavras que atingem todo o nosso ser.

Tive a oportunidade de conhecê-la através da leitura do encantador *A paixão de conhecer o mundo*, certamente um divisor de águas na concepção e prática da educação infantil no Brasil. Fui privilegiada em fazer a resenha de apresentação, na ocasião do lançamento, para os *Cadernos da Fundação Carlos Chagas*, a convite de Maria Malta Campos, uma das pesquisadoras mais renomadas e generosas da educação infantil no Brasil.

Depois, a vida me proporcionou a rica experiência de fazer parte da equipe de trabalho responsável pelos grupos de formação de educadores da infância. Projeto concebido, implementado e supervisionado por você durante a gestão de Paulo Freire na Secretaria de Educação na administração da prefeita Luiza Erundina, em São Paulo. Ficamos muito próximas e pude desfrutar momentos de grande aprendizagem profissional, que se desdobraram em outros trabalhos e me acompanharam na trajetória enquanto professora da Faculdade de Educação da Universidade de São Paulo (FEUSP) e consultora na área de educação infantil. Na minha vida pessoal fui afetada como mulher e mãe. Madalena, nesse percurso todo estivemos sempre "de mãos dadas" e, por isso, sou imensamente grata.

Aproveito esta oportunidade para retomar com você a trajetória de sua formação e compartilhar com o leitor e a leitora uma história bonita sobre uma educadora corajosa, apaixonada e estudiosa. Alguém que faz do compromisso amoroso a força para o enfrentamento do desafio da construção de uma educação de qualidade e democrática para todas as crianças brasileiras, levando em frente e ampliando o legado de seu pai.

Primeiro, na vida de todos nós, vêm os pais... E que pais os seus! Foi com eles que você, desde cedo, viveu a *paixão de conhecer o mundo*. Eles tinham, sem dúvida, imensa admiração pela filha Madalena – querida como todos os cinco filhos, criados numa família tecida por amor e esperança. Você, em particular, sempre se revelou muito próxima no interesse, na sensibilidade e no talento (privilegiado) para com a educação. Companheira-aprendiz, desde menina, no ofício de ensinar de sua mãe, Elza, na escola primária do Recife. Ela, professora estudiosa, comprometida e forte, foi parceira de seu pai, Paulo, nas preocupações e reflexões mais amplas sobre uma educação emancipadora. Você mesma conta:

> Minha primeira grande inspiradora na infância foi minha mãe. Eu adorava quando a acompanhava na escola, era uma excelente professora e diretora que tinha grande amor e alegria no exercício da profissão, com as crianças e com os professores [...]. Eram tardes que eu entrava em contato com um mundo que me deslumbrava, absolutamente novo [...] de crianças que não eram do meu mundo social [...] e de professoras atentas, cuidadosas, calorosas, alicerçadas pela força e alegria amorosa de minha mãe diretora.[1]

---

1 Dias, Marina C. Moraes. *Saberes essenciais ao educador da primeira infância: uma reflexão na perspectiva dos seus protagonistas*. São Paulo: USP, 1997. (Doutorado em Educação), p. 103.

MADALENA: UMA VIDA DEDICADA À EDUCAÇÃO INFANTIL

Esta experiência de imersão na vida cotidiana da escola, numa idade tão precoce, com certeza deixou na menina Madalena marcas importantes, que se destacam em seu pensamento e sua ação pedagógica até hoje. A inseparável relação teoria e prática, que você estabelece de maneira tão orgânica e vital, ilumina sua fala e sua escrita, mobilizando profundamente a compreensão de leitores e leitoras enquanto encanta e alimenta seus alunos em aulas e palestras.

Em um de seus primeiros textos que li, e nunca esqueci, você pontua: "Os atos de conhecer são momentos muito vivos, como comer, como dormir, e buscar o conhecer é praticar a própria vida."[2] Uso sempre esse texto em minhas aulas e, após sua leitura, costumo trazer algumas provocações a meus alunos, professores e professoras de pedagogia: será que a vida está presente na sala de aula em que convivo com as crianças? Como trabalhar a vida como força motriz para apropriação e recriação da cultura, dos conhecimentos? Como casar o conhecimento do sujeito com as áreas de conhecimento? Essas eram questões que você apresentava. Tudo colocado de maneira simples, porém profunda. Vigotski, ao refletir sobre a formação social da mente, refere-se a esse processo vital no desenvolvimento da criança, que é a apropriação da cultura como parte constitutiva da sua natureza. A natureza humana se constitui no mundo social e cultural, no mundo das relações afetivas e sociais, mergulhadas num contexto cultural, que as significa.

Paulo Freire escreve sobre a própria infância – algo que certamente transborda na qualidade da experiência com os filhos – em um texto precioso para educadores da infância. Trabalho também com ele junto a alunos da FEUSP todos os anos nas aulas de educação infantil, e sempre há grande impacto e abertura para novas leituras.

> A retomada da infância distante, buscando a compreensão do meu ato de ler o mundo particular em que me movia [...] me é absolutamente significativa [...] me vejo na casa em que nasci, no Recife, rodeada de árvores, algumas delas como se fossem gente, tal a intimidade entre nós, à sua sombra brincava e em seus galhos mais

---

2 Freire, Madalena. "Dois olhares ao espaço-ação na pré-escola". In: Morais, Régis de (org.). *Sala de aula que espaço é esse?*. Campinas: Papirus, 1988, p. 95.

> dóceis à minha altura eu me experimentava em riscos menores que me preparavam para riscos e aventuras maiores. Meu primeiro mundo se dava a mim como mundo da minha atividade perceptiva [...]. Os textos, as palavras, as letras daquele contexto se encarnavam no canto dos pássaros [...] na dança das copas das árvores sopradas por fortes ventanias [...] nas águas brincando de geografia: inventando lagos, ilhas, rios [...] na cor das folhagens, na forma das folhas, no cheiro das flores. Fui alfabetizado no chão do quintal da minha casa, à sombra das mangueiras, com palavras do meu mundo.[3]

Já em seus escritos e na sua ação pedagógica com as crianças, Madalena, narrados tão lindamente em *A paixão de conhecer o mundo* e nos "Relatos da (con)vivência: crianças e mulheres da Vila Helena nas famílias e na escola", você revela a criação de uma pedagogia "lúdico-estética-sensorial-afetiva", feita à mão, fruto de muito estudo e sensibilidade. Essa pedagogia, acredito, tem como raiz vivências semelhantes às descritas por seu pai e que você oferece como exemplo inspirador para a educação infantil na década de 1980. Esse foi um momento importante para a educação infantil, marcada até então por práticas assistencialistas e compensatórias, inadequadas à maneira de ser da criança pequena – que aprende na ação, de corpo inteiro, no exercício de sua capacidade de significação e ressignificação do mundo, sujeito do direito de viver plenamente a infância. Em suas palavras,

> na infância o processo de construção do conhecimento é vivido de forma tão vital através do brincar que isto deve ser guardado como um tesouro dentro da gente, para que se possa abrir de vez em quando e se surpreender e reaprender a viver [...]. O adulto educador precisa ter a capacidade de, como a criança que um dia foi, brincar como objeto do conhecimento [...] precisa ser cúmplice da criança na sua paixão de conhecer o mundo.[4]

---

3 Freire, Paulo. *A importância do ato de ler*. 52. ed. São Paulo: Cortez, 2021, p. 37.
4 Dias, *op. cit.*, p. 111.

MADALENA: UMA VIDA DEDICADA À EDUCAÇÃO INFANTIL

Não à toa, quando Paulo Freire se refere à filha, você, Madalena, é com muito orgulho e alegria que o faz. Ele destaca, principalmente, a paixão pela educação e a intuição como formas de conhecimento privilegiados na sua maneira de ser:

> Considero Madalena uma grande educadora, com talentos especiais para entender a criança pequena. Ela é muito sensível e possui uma habilidade incrível de intuir. A maior habilidade de Madalena é a intuição. Conhecer não é adivinhar, mas passa pela adivinhação. O que é importante, fundamental e indispensável é que o indivíduo intuitivo trabalhe rigorosamente com a intuição como forma de conhecimento. Madalena possui também a capacidade extraordinária de se apaixonar. Nela esta capacidade se constitui em termos de permanência [...]. Em Madalena a amorosidade duradoura é apaixonada. Em outras palavras, a atitude de Madalena diante da vida, diante da criança é permanentemente apaixonada. Isso é que faz dela, para mim, uma grande educadora.[5]

Você também fala da intuição no seu depoimento:

> Acredito ter sido o trabalho com a arte-educação, vivido por mim desde menina, que me deu espaço de trabalhar o conhecimento de mim mesma, do meu lado sensível, de me perceber como sujeito em sua totalidade cognitiva, social e afetiva [...] e a possibilidade de entrar em contato com o inusitado, o inesperado e a intuição.

Conta a todos nós, ainda, que foi aos poucos percebendo a necessidade de ampliar sua experiência como educadora numa escola em que a arte estivesse presente de maneira mais ampla, apoiando todo o processo educacional. "Estava ficando mais clara para mim a preciosidade da arte na formação e instrumentalização do ser criança e do professor."[6]

---

5 *Ibidem*, p. 25.
6 *Ibidem*, p. 104.

Em seu processo de formação, Madalena, aspectos estético-perceptivo-sensoriais do conhecimento se destacam, alimentados por seu amor pela arte, algo tão presente em suas propostas pedagógicas seja com crianças ou com professores. Noêmia Varela, da Escola de Artes de Recife, é referenciada por você como responsável por esse aprofundamento em arte-educação, área que desde menina a encantou. Em sua história é possível ver que foi dessa forma que você tomou contato com a força e a delicadeza do trabalho estético e de criação e o refinamento do ato de ensinar. Esse encontro tão fértil com a arte se aprofundou em São Paulo, no grupo de estudos com professores na Escola de Artes, coordenado por Ana Mae Barbosa, que contribuiu decisivamente para seu processo de formação enquanto professora e pesquisadora da educação infantil.

Ana Mae, expoente do ensino da arte no Brasil, querida mestra, aponta o valor da experiência na Escolinha de Artes de São Paulo para a evolução do seu pensamento pedagógico. Ela destaca também a importância do registro escrito enriquecido com diferentes linguagens artísticas para a passagem da experiência direta para a experiência simbólica. Movimento crucial na educação de crianças quando a leitura do mundo se entrelaça com a leitura da palavra.

E pensar que na década de 1980, aqui em São Paulo, você já elaborava propostas como essas, que só iriam se configurar e se difundir na formação do educador muitos anos depois. Você já falava da importância do brincar, do protagonismo das crianças, das múltiplas linguagens, da documentação pedagógica. E há outros que tratam de modo semelhante o assunto, como a abordagem Reggio Emilia na Itália, os programas na Suécia e Dinamarca, a Bank Street School of Education em Nova York, para citar alguns – isso tudo mostra o pioneirismo no contexto brasileiro e refinamento teórico-prático do seu trabalho.

Ana Mae capta com sabedoria a natureza do seu fazer pedagógico: "Você deglute, antropofagiza a teoria e permeia com suas proteínas a sua ação."[7] O seu fazer de educadora está repleto do conhecimento de proposições e de predisposições do tipo perceptivo, sensorial, emocional e intelectual... Sua experiência pedagógica é baseada no campo de referências do seu grupo, no atendimento das necessidades das crianças para se desenvolverem de forma

---

[7] Freire, Madalena. *A paixão de conhecer o mundo*. 16. ed. São Paulo: Paz & Terra, 2003, p. 13.

reflexiva e sensível, e, também, nas suas próprias necessidades de se formar como ser humano, mulher e professora.

Na sua pedagogia, a observação e a escuta atenta de cada criança e do grupo são essenciais para que o trabalho se realize, assim como o registro e a reflexão como instrumentos metodológicos: "[...] a reflexão é a mola fundamental para quebrar a anestesia do cotidiano, alicerçar a construção do pensamento em diálogo com os estudos teóricos e na sistematização de um conhecimento teórico-prático que enriqueça a experiência cotidiana".[8] Isso se traduz em diferentes dimensões da prática, desde as relações adultos-crianças, crianças-adultos, crianças-crianças, assim como a organização do ambiente (tempo, espaço, materiais) que incluem e possibilitam a qualidade das relações humanas pautadas pelo respeito mútuo e pelo protagonismo de todos. A organização do ambiente é "o retrato da relação pedagógica. Aprender é viver transformando, sem fechar as fronteiras entre a vida intelectual e a afetiva, entre a brincadeira e o máximo desafio".[9]

Acredito que sua experiência posterior no Espaço Pedagógico, em parceria com profissionais especialistas em áreas essenciais e complementares na educação da infância – Mirian Celeste Martins, em artes, Juliana Davini, em psicanálise, e Fátima Camargo, em pedagogia –, permitiu a você ampliar e consolidar suas proposições e ações voltadas para a formação do educador.

Fico particularmente feliz ao me lembrar de ter aproximado você de minha amiga querida Miriam, e de ter acompanhado a beleza do trabalho desenvolvido por ambas. O resultado foram projetos de formação e publicações que atingiram grande número de profissionais das redes pública e particular da cidade de São Paulo e outros municípios.

E lembrar que tudo começou naquele chá que tomamos juntas em 1991, na National Gallery of Art, em Washington – acompanhando nossos maridos, coincidentemente a trabalho no local. Nós duas desfrutamos de um momento especial da beleza da arte e da vida. Refletimos sobre o intenso trabalho com grupos de formação na rede municipal de ensino de São Paulo, pensamos em

---

8 Dias, *op. cit.*, p. 113.
9 Freire, *op. cit.*, 1988.

novas possibilidades de prosseguir com a metodologia que se mostrara tão potente... E, então, você teve a ideia de fundar o Espaço Pedagógico!

Comer junto, compartilhar ideias e afetos sempre foram aspectos valorizados na sua pedagogia: "É comendo junto que os afetos são simbolizados, expressos, representados, socializados."[10] Comer junto é uma forma de conhecer o outro e a si próprio, instrumento de elaboração de vínculos e, portanto, de construção do grupo. Para as crianças pequenas, com as quais o cuidar e educar são inseparáveis, comer é um aspecto pedagógico essencial sempre destacado por você. Fico feliz ao pensar que, nos últimos anos, todas as dimensões que envolvem o cuidar têm sido mais enfatizadas no Brasil nesses por causa dos relevantes ensinamentos de Emmi Pikler e do instituto que tem seu nome, na Hungria.

Em seus relatórios registrados em *A paixão de conhecer o mundo*, o cuidado com corpo aparece como conteúdo pedagógico em forma de jogo simbólico. Falo da brincadeira de "salão de beleza", que surge espontaneamente com suas alunas, que leva um esmalte para a escola. A partir desse caso você desenvolve com as crianças, de maneira extremamente criativa e profunda, a dimensão da autoestima e dos cuidados pessoais.

Há também um aspecto sobre o cuidado com o outro, da relação de cooperação e respeito, que sempre me emociona quando lembro, e exemplifica o teor da qualidade e refinamento de seu trabalho com as crianças: "Num período quando eu estava muito cansada e, portanto, sem muita paciência, fui mandando sair sem muita conversa um grupo de crianças que estava na sala quando já devia estar no parque. Ao voltarem convocaram uma reunião para discutirmos a 'briga com Madalena.'"[11]

É muito bonito ler como você ouve e acolhe a reação das crianças, se desculpa, explica que estava muito cansada naquele dia, agradece por lhe avisarem e pede que o façam novamente caso perca a paciência outra vez. E nesse mesmo dia há outro momento ainda mais emocionante. Há uma discussão entre duas crianças e você precisa intervir, quando outra chega perto de você e fala baixinho: "Calma Madalena... calma." Incrível pensar que

---

10 Freire, Paulo. *A importância do ato de ler*. 52. ed. São Paulo: Cortez, 2021, p. 29.
11 Freire, *op. cit.*, 2003, p. 111.

essas crianças tinham apenas 6 anos... Com certeza, a reação foi fruto das experiências amorosas e de respeito mútuo vividas na classe.

Outro episódio que revela o cuidado extremo que você tem com as condições internas e externas – as possibilidades de cada criança – é o da criação de uma Oficina de Brinquedos para levar para casa, nos relatos da Vila Helena.[12] Como as crianças nunca tinham nada de seu – um problema recorrente era que levavam os lápis de pintar da escola para casa –, você construiu uma mediação pedagógica que possibilitou suprir essa demanda da posse de materiais. Aos poucos, os lápis foram sendo devolvidos e a concepção de materiais coletivos pôde ser vivida e incorporada. A leitura dessas histórias sempre me emociona. Faz com que eu deseje e sonhe com essa qualidade para todos os espaços de educação infantil em nosso país. O desafio é imenso. Mas como é bom sonhar... E com certeza seu *A paixão de conhecer o mundo* é, desde sua primeira publicação em 1983, fonte de inspiração para alunos, pais e educadores da infância. Trago um fragmento do texto de Zé Miguel Wisnik, escrito na ocasião do lançamento do livro e que traduz de maneira precisa e linda a natureza e beleza do seu trabalho com as crianças.

> Seu trabalho com as crianças é mais um exemplo, desses que algumas mulheres vêm dando, da transformação da teoria (pedagógica, psicológica, política) em discurso de ação interpessoal que respeita a multiplicidade das falas sem abstração e distância acadêmica... Tudo o que se diz nele não deve ser tomado como modelo a ser aplicado literalmente, mas como matriz irrepetível de um evento inspirador [...]

Gostaria de ainda cumprimentá-la, Madalena, por ter idealizado e coordenado o trabalho com os "grupos de formação em serviço" para todos os segmentos das unidades educacionais de educação infantil e séries iniciais do ensino fundamental da Secretaria Municipal de Educação de São Paulo (SMESP)

---

12 Mello, Sylvia L. de; Freire, Madalena. "Relatos da (con)vivência: crianças e mulheres da Vila Helena nas famílias e na escola". *Cadernos de Pesquisa*, São Paulo, n. 56, pp. 82-105, fev. 1986.

na gestão Paulo Freire. Os grupos tiveram papel fundamental como rede de fortalecimento e construção do protagonismo dos educadores e da escola em cada região da cidade. A formação foi realizada por agrupamentos escolares, possibilitando uma perspectiva mais ampla e dentro de cada instituição, fortalecendo a união e explicitando a necessidade da reflexão teórica sobre a prática do trabalho coletivo como constitutivo da docência.

> Uma de minhas constatações é que a vida em grupo é um dos pilares da formação e da aprendizagem, seja das crianças, seja dos educadores. [...] fui percebendo como era no grupo, no trabalho coletivo, que o conhecimento se concretizava de maneira mais profunda. As reflexões individuais cresciam no confronto e impasses da vida do próprio grupo. Esta era uma forma excelente para a formação do educador. Não bastava apenas a reflexão individual para se apropriar do próprio trabalho. Era no grupo, na socialização do saber, que o conhecimento mais profundo se dava.[13]

Madalena, seu papel foi crucial na construção e supervisão desse trabalho. Inclusive, foi reconhecido por seu pai, Paulo Freire, como importante tarefa para o fortalecimento da política educacional da SMESP – mesmo que tenha havido limitações de origem jurídica para a colaboração direta da Secretaria. Acredito que seu trabalho com grupos de formação é um dos mais importantes legados da gestão Paulo Freire. Penso isso, pois esse é um projeto em prol da constituição de uma escola humanista e democrática, que pressupõe a escuta e a participação de todos os envolvidos. Trata-se de uma educação dialógica em seu sentido pleno.

Tenho testemunhado os frutos que esse trabalho gerou, pois acompanho o desabrochar e o desenvolvimento profissional de inúmeros educadores da rede municipal de ensino de São Paulo que participaram daquele momento. E esses profissionais têm dado continuidade e avançado na luta por políticas públicas educacionais que garantam uma escola de qualidade, como você sempre

---

13 Freire *apud* Dias, *op. cit.*, p. 105.

sonhou. Com certeza, você leva adiante o trabalho iniciado por seu pai com admirável amorosidade, simplicidade e veracidade que lhe são peculiares. Como escreve Ecléa Bosi, "os projetos do indivíduo transcendem o intervalo físico de sua existência: ele nunca morre tendo explicitado todas as suas possibilidades. Antes, morre na véspera, e alguém deve realizar suas possibilidades que ficaram latentes, para que se cumpra o desenho de sua vida".[14]

Os desafios são imensos neste momento político sombrio que vivemos, com a ascensão da extrema direita. Mais do que nunca precisamos, Madalena Freire, de sua força, alegria e amorosidade, de sua paixão pelo mundo. Precisamos para poder sonhar, pensar, ter esperança e transformar! Parabéns pelo trabalho belíssimo desenvolvido em toda uma vida.

Com admiração, gratidão, alegria e esperança de um encontro em breve,

Marina

---

14 Bosi, Ecléa. *Memória e sociedade: lembranças de velhos.* São Paulo: T. A. Queiroz, 1979.

CARTA 10

CAMINHAR COM AS CRIANÇAS E SUAS PAIXÕES DE CONHECER O MUNDO: CARTA-MEMÓRIA EM FORMA DE POÉTICA URBANA SUSCITADA

Marcia Aparecida Gobbi

> "Eu sei todos os caminhos, não precisa ficar com medo, eu te levo."
> Observação de Pedro, criança que andava comigo pela rua.

A fala reproduzida como epígrafe deste texto é parte de um emaranhado de fios de memória que enredam a elaboração de uma carta. Convite inusitado que me foi feito em 2022, quando não mais escrevemos cartas, ou pelo menos não nos moldes de tempos atrás. Considero meu aceite uma pretensão, sobretudo, por remeter-me ao gênero epistolar tão próprio a Mário de Andrade, a figura que melhor representou esse gênero — tanto no século passado quanto até o momento, seguramente. Figura essa que fazia das cartas uma pedagogia, um modo de ensinar, aprender, trocar, deslocar e produzir pensamentos.

As cartas escritas por Mário de Andrade, no entendimento do pesquisador Marcos Antonio de Moraes, possibilitam-nos conhecer o poeta em seus múltiplos fragmentos, construídos e apresentados a cada dia, palavra a palavra, folha a folha. As cartas tornam possível pensar o lugar desse homem e suas instabilidades, concepções e formas de atuar no mundo. Tomando de empréstimo a pesquisa de Moraes, creio que as cartas, ainda que de escritoras vernaculares e eventuais como eu, nesse momento, são capazes de nos desnudar, ao mesmo tempo que, ao escrevê-las e mostrá-las para uma ou tantas pessoas mais, levam à busca de coisas profundas em nós. Desnudar-se pelas palavras escritas, deixar o registro do que não foi dito oralmente, mostrar-se numa troca, ainda que velada com quem nos lê pelas cartas.

"Está tudo nas cartas", afirmou Moraes sobre Mário de Andrade.[1] Diria, inspirando-me nessa afirmação, que tudo, ou quase, pode estar em algumas cartas e nesta singela, que começo a escrever agora e para uma pessoa que conheço há décadas, mas não pessoalmente: Madalena Freire.

A escrita de cartas antes presente em minha infância pelas mãos de minha mãe, com sua letra redondinha e cheia de rococós, expressão de culturas escolares de muitas décadas atrás, tornou-se distante de minhas práticas cotidianas. As cartas deixaram o papel, pularam para as telas e se tornaram e-mails, e agora, com mais rapidez, tal como um telegrama escrito em poucas linhas, para chegarem ao destinatário estão no "zap" – digo "zap" porque pronunciar "WhatsApp" demora uma fração de segundo a mais, e isso é imperdoável nesses tempos de ligeireza compulsória.

Décadas atrás, quando tinha pouca idade mas já era alfabetizada, eu escrevia cartas para minha avó, cartas com muitos desenhos, mais desenhos que palavras. Hoje, perdi a mão do uso desses papéis que guardavam nossos cheiros – pois nas minhas eu borrifava um perfuminho –, carregavam nossas letras e eram mais nossos, mostrando-nos mais fielmente as temporalidades pelos papéis amarelecidos, por tintas e grafites que se apagavam com o tempo, pelas letras que mudavam. Sorvia-se o conteúdo com todos os sentidos a postos, até música ouvia-se... *Quando o carteiro chegou e meu nome gritou...*

Escrevo neste tempo em que o grito do carteiro foi substituído pelo som técnico, igual em todas as partes do mundo, que nos informa, freneticamente, a chegada de mensagens. Contudo, sentindo-me instigada, tomo este exercício epistolar e sigo pelas minhas mal traçadas linhas, pois além de representar um desafio parece-me certa ousadia. Digo ousadia por causa da destinatária – já apresentada – que eu coloco como interlocutora nesta carta e pelo público de

---

1 Moraes, Marco A. de. (Memória da Eletricidade.) "Está tudo nas cartas", *live*, Série Semana de Arte Moderna de 1922, Passado, Presente e Futuro. YouTube, 29 abr. 2021. Disponível em: <www.youtu.be/fckgSB1KE5A>. Acesso em: 17 abr. 2022.

leitoras e leitores, aos quais, direta e indiretamente, este texto se remete, abrindo-se e abrindo-me.

Nessas condições, sigo aqui na tentativa de me expressar numa carta à Madalena Freire e tê-la quase como confidente por algumas linhas, e mais perto de mim neste turbilhão de lembranças em que me transformei enquanto escrevo. Essa situação faz com que relacione esse meu sentimento à afirmação de Moraes, de que há certo desnudar-se em que nos deixamos em fragmentos por meio dos escritos, assim como podemos ler e ver nas cartas de Mário.

Esta introdução se faz necessária para que você, Madalena, saiba como foi sendo construída esta missiva. Ela foi elaborada a partir de minhas memórias: da mulher que, entre outras coisas, foi professora de crianças no e do município de São Paulo, e de experiências mais recentes, que se espraiam em inúmeras reflexões e práticas multiplicadas nos últimos anos como pesquisadora e professora na Universidade de São Paulo (USP), onde atuo há quinze anos mas onde me encontro há décadas como estudante que fui e sempre serei de outros modos. Lembranças, angústias, alegrias foram delineadas a partir desses caminhos, elas alimentam pesquisas acadêmicas e ganharam fôlego esparramando-se em diferentes ações. Optei por trazer algumas delas em formato carta-ensaio destinada à Madalena Freire.

Quem diria! Mulher de cabelos negros que se apresentavam em desalinho à época em que a conheci por voz e papel. Madalena Freire vista por mim como arretada em suas participações nos vários congressos educacionais promovidos na saudosa gestão da prefeita Luiza Erundina, com Paulo Freire na Secretaria Municipal de Educação, na cidade de São Paulo. Eu me colocava na plateia, sentadinha e com escuta atenta, jovenzinha a querer andar e aprender sobre o mundo e com as crianças pelas ruas paulistanas onde já atuava, orgulhosa, como professora de educação infantil.

Sinto esta carta – já nem sei se carta exatamente – como uma dobrada de esquina que a vida dá e que nos presenteia com encontros vislumbrados décadas atrás. Faço disso um texto, agora matéria em palavras, papel e tela de computador, para compartilhar passado e presente corporificados em práticas pedagógicas e de pesquisa na universidade. Meu intento aqui é produzir reflexões resultantes de experiências da leitura, elegendo dois de seus textos, que transbordaram em mim, ora nas práticas como professora de crianças em escolas públicas, faço questão de afirmar isso, pois ainda luto pelo público como direito e qualidade para todas, todes e todos, ora como professora universitária em pesquisas com crianças cujas metodologias são permeadas pelo estar junto com as crianças e suas paixões que se misturam às minhas e impulsionam outros caminhos.

Como disse inicialmente, perdi a mão para escrita de cartas e resolvi estruturar este texto a partir de algumas reflexões dessas experiências relatadas pela Madalena Freire professora, relacionando-as à minha pesquisa[2] com crianças frequentadoras de escolas públicas e periféricas de educação infantil da cidade de São Paulo.

Madalena, escrevo-lhe como a buscar certa interlocução, ainda que nos pensamentos. Aprendi sobre a importância de levantar problemas para seguir pensando e, quem sabe, propondo soluções. Não escapei disso para elaborar esta carta que passou a conter fios orientadores de pensamentos e oralidade. A partir disso, o objetivo, bastante simples, é problematizar duas questões, que em tempos diferentes inspiram, reúnem-se e animam, como se fosse possível uma conversa saindo do papel: o que a educação e a educação infantil, especialmente, têm a ver com as crianças periféricas e a pedagogia existente e excludente? A circulação e a deriva – na acepção dos situacionistas franceses e do italiano Francesco Careri – de crianças, e entre elas e pessoas adultas, podem produzir espaço e mundos entre as muitas paixões envolvidas?

Na tentativa de simplesmente levantar questões, como mencionei, inspiradas em suas práticas e escritas, e sem saber se é de bom-tom dividir uma carta, eu arrisco e a divido em cinco partes.

---

2 Refiro-me à pesquisa "Olhar sobre a cidade: fotografia e desenho na construção de imagens sobre São Paulo a partir das escolas municipais de educação infantil". Trata-se de pesquisa com financiamento CNPq (Edital MCTI/CNPq/MEC/Capes n. 18/2012 – Ciências Humanas, Sociais e Sociais Aplicadas) por mim coordenada e envolvendo o grupo de estudos e pesquisa "Crianças, práticas urbanas, gênero e imagem".

1. DA CONSOLAÇÃO AO EXTREMO DA ZONA SUL

"Eu sei todos os caminhos, não precisa ficar com medo, eu te levo." Embora incerta se cartas podem ter epígrafes, usei a fala proferida em 2013 por um menino de 4 anos na movimentada rua da Consolação, na cidade de São Paulo. Essa fala é como linha que aqui passará a costurar tempos. Ela me preencheu de surpresa, alegria e um bocado de constrangimento e reflexões. Daquele instante em diante éramos eu – "a professora-pesquisadora" – e o garotinho que levava a mim e várias outras crianças por caminhos feitos na rua em direção à Biblioteca Monteiro Lobato, algumas quadras adiante de nosso local de partida. Cruzávamos com pessoas em situação de rua, conversávamos espontaneamente com algumas delas e seguíamos em diálogos, desfazendo e problematizando vários preconceitos e rechaços aos pobres – vagaroso e perverso aprendizado desde o nascimento.

No caminho, o grupo todo ouvia as conversas e apresentações feitas por esse menino que conhecia tudo por lá. Em especial, ele falava para mim, adulta, uma quase estrangeira naquele pedaço, sobre os bares, as ruas, a feira, as pessoas e os não perigos, já que ali todas essas coisas apresentadas compunham a vizinhança da Escola Municipal de Educação Infantil (Emei), onde estudava. A verdade é que eu não compunha esse espaço como uma pessoa "do pedaço", como cunhou o antropólogo Magnani. A mulher que pesquisava com as crianças aprendia muitíssimo com elas e suas falas, cuja sutileza me colocava não apenas na condição de estranha, mas de aprendiz constante e intensa dos passos dados, dos gestos feitos, das relações estabelecidas. Colocando-me, ainda mais, em atenção com o tanto que temos por aprender com meninos e meninas de tão pouca idade, suas cidades vistas e produzidas também por eles, e suas paixões de conhecer mundos e sapiência, de produzi-los com o tanto que já conhecem. Deixava-me à deriva, ao sabor de suas orientações ou do acaso. Ele, o menino, era o vento e o mapa, a bússola a me guiar.

"Podemos virar naquele lugar? Tem uma floresta e ninguém vai lá..." Estávamos na zona sul de São Paulo, num bairro próximo à chamada favela da Fumaça, num bosque encantador, porém pouquíssimo frequentado, situado atrás do Centro de Educação Unificado (CEU) Alvarenga. Eu me juntava a uma professora de educação infantil, coordenadoras pedagógicas desse CEU e algumas de suas funcionárias. Estávamos junto a uma turma de crianças com idade entre 4 e 6 anos. Na chegada, roda de conversas, fotografias, conversas e mais conversas, risadas, leveza que nos faz tanta falta, caminhadas por morrinhos, pelas regiões mais planas, pelo gramado, vistas às árvores... E, principalmente, descobertas, muitas descobertas por parte das crianças, reconhecimentos daquilo que já visto, mas sem tanta atenção. A enorme floresta está nos olhos de quem a vê. E, de fato, geograficamente tratava-se de um pequeno bosque.

O que interessa, contudo, é que as crianças, moradoras do bairro e estudantes do CEU, não frequentam o espaço do bosque, também avaliado como "zona de perigo", por contar com pouco investimento público, mas cuja beleza nos convida, ensimesmadas, a uma prazerosa caminhada debaixo de suas tantas formas mescladas. Esse passeio é uma maneira de conhecer o mundo que revela paixões, desejos e a própria vida que pulsa e nos faz pulsar com a criançada, e as adultas – que permaneciam e permanecem juntas pelas memórias e experiências.

2. RELATOS TECIDOS COM OS FIOS DA MEMÓRIA

Cara Madalena, ambos os relatos resultaram de diálogos estabelecidos ao longo de caminhadas que compuseram os recursos metodológicos da pesquisa "Olhar sobre a cidade: fotografia e desenho na construção de imagens sobre São Paulo a partir das escolas municipais de educação infantil", entre os anos 2013 e 2015. Andar pelas ruas, fotografar, dialogar, desnaturalizar o cotidiano vivido e produzido por crianças e adultas, adultes e adultos. Desenhar, conversar sobre o visto e percebido constituíam-se recursos metodológicos na pesquisa mencionada, expressão das relações presentes com a professora da turma com a qual eu estava investigando, cujo objetivo era conhecer aspectos da cidade de São Paulo a partir e com as crianças. Afinal, o que é essa cidade segundo os pontos de vista de todas as crianças? Quais palavras – lembro-me daquelas presentes em seus trabalhos e buscadas por você – ou imagens produzem significados e as afetam por esses caminhos percorridos? É preciso conhecer as tantas cidades por elas produzidas e imaginadas para que possamos pensar sobre suas contradições e fazer com elas, e não somente com adultas, adultes e adultos, as "utopias do possível", como escreveu Henri Lefebvre.

A prática de pesquisa envolvia andanças, e os caminhos metodológicos criados passaram a cativar e requerer professoras de educação infantil, além das coordenadoras, desse CEU, ampliando e misturando pesquisas acadêmicas às práticas ordinárias do cotidiano escolar com as crianças em regiões centrais e periféricas de São Paulo.

Mas, Madalena, estou rodeando até aqui e você deve estar pensando em que medida essas práticas de pesquisa, que se misturavam a outras de caráter pedagógico, relacionam-se às suas questões pedagógicas para a educação de crianças. Identifico muito do que li e ouvi nessas investigações com você e por isso elas encontram-se nesta carta. Como já escrevi, essas práticas inscreveram-se em mim e multiplicaram-se ao exigir aprofundamentos e que fossem estabelecidos outros diálogos, mas há algo seminal localizado nesses tempos de leituras e de vida como professora de crianças. Você não estava distante, assoprava-me juntando-se a provocadores ventos de mudanças pedagógicas que exigiam deslocamentos, intensos e absolutamente necessários, diria que até hoje, de profissionais, crianças e familiares. Apesar disso, às vezes ficamos com a sensação de dar passos para trás – atualmente essa sensação me acompanha com frequência –, embora saibamos que a história revela transformações e não retorna.

Décadas atrás, você atuava como professora de crianças em escola privada da cidade de São Paulo, conjugando a essa prática o desafio de cuidar e educar na Vila Helena, no município de Carapicuíba, em proposta pedagógica voltada às crianças e demais familiares, onde, como bem escreveu, temos "crianças exploradas, e não carentes."[3]

---

3 Mello, Sylvia L. de; Freire, Madalena. "Relatos da (con)vivência: crianças e mulheres da Vila Helena nas famílias e na escola." *Cadernos de Pesquisa*, n. 56, pp. 82-105, fev. 1986, p. 99.

Reforço que optei por rememorar para escrever. Enfrentar este desafio não é fácil, não apenas pelo tempo que nos separa, mas pelo tempo que une. Junta práticas, formas de olhar e entender o mundo, revela e reforça aproximações quanto aos modos de produzir mundo *com* e *para* as crianças, especialmente aquelas de bem pouca idade. Ao mesmo tempo, é um processo que exige encarar o passado com suas mudanças e permanências em nós. O que restou de mim, desde aquele tempo em que trabalhei com as crianças do CEU? O que resta a fazer com as crianças? Quais paixões mais a conhecer e a levar a conhecer com elas? Quais as minhas paixões? Você não imagina, Madalena, o quanto todas essas perguntas reverberam ao longo do tempo.

Lembranças do que principiou em mim quando fui professora de educação infantil na gestão Paulo Freire e tive contato com suas produções. Madalena Freire, ou apenas Madalena, como minhas colegas professoras da educação infantil a chamavam há tantas décadas, numa evidência do quanto sua voz, suas reflexões e propostas pedagógicas faziam-se em nós, você era uma entre nós, ainda que distante. Uma entre nós, quando falávamos do quanto seus relatos como professora eram importantes e desafiadores, já que estar com crianças não é tão simples ou tranquilo quanto nossos textos fazem crer.

Entre as suas produções inspiradoras, enfatizo duas, primeiro a rica experiência que foi ler e "querer fazer igual", como professora de educação infantil, o livro *A paixão de conhecer o mundo*, que me encantou sobremaneira, e, em segundo, o artigo "Relatos da (con)vivência: crianças e mulheres da Vila Helena nas famílias e na escola", escrito por você em parceria com Sylvia Leser de Mello. Esse artigo contribuiu fundamentalmente para minha vida profissional e muito além, pois ia ao encontro de propostas e ideias que se mesclavam a realidades sociais e econômicas que desde sempre me tomaram no desejo de ver, conhecer, entender, estar junto e, por que não, transformar estruturalmente. Retomo a ideia que eu, atualmente professora universitária, ainda escrevo com o que se inscreve em mim como professora de educação infantil da prefeitura de São Paulo, aspecto que me constitui e que carrego para as atuações de pesquisa e docência de nível superior, pois são relações presas a mim como visgo, que insistem em ficar e me prender a outros tempos.

3. "MORO NO BURACO QUENTE": PRÁTICAS SOCIAIS COM CRIANÇAS POBRES E PERIFÉRICAS E A EDUCAÇÃO

Nos encontros, rodas e desejos presentes em ambos os textos já citados nesta carta, Madalena, você nos traz crianças, mas crianças com práticas sociais distintas, falas que as colocam em lugares diferentes. Ora são moradoras e sujeitas periféricas com tudo aquilo que as envolve,[4] ora são aquelas cujo alto poder aquisitivo lhes permite frequentar escolas privadas da cidade de São Paulo. Quando fui graduanda em ciências sociais, ao mesmo tempo que exercia minha profissão de professora de crianças na periferia da zona noroeste de São Paulo, via seus textos se misturando aos meus alunos, que passaram a ser objeto de meus estudos e análises, o que favoreceu certa autoanálise.

No segundo relato apresentado nesta carta, situei o local em que moravam as crianças que fizeram parte da minha pesquisa. O Buraco Quente, em Carapicuíba, nome do bairro onde residia Iara, uma das meninas da sua turma, Madalena, na Vila Helena, está distante geograficamente da favela da Fumaça, no extremo da zona sul em São Paulo. Mas são muito próximos quando pensamos nas questões econômicas e sociais vividas pelas crianças nesses e noutros lugares dessa cidade e deste país de brutal miserabilidade. Em "Relatos da (con)vivência", vemos e sentimos facilmente as crianças que chegam exauridas pela vida em constante labuta, trazendo consigo os vínculos ou a inexistência deles em suas vidas. Mas elas não estão apenas no passado, estiveram nesses relatos e seguem hoje a animar e propor questões para pensarmos sobre relações nem sempre problematizadas.

Madalena, as crianças que você trazia em seus textos, produtoras de desenhos e falas tão contundentes e provocantes, tomavam-me de desejo de conhecê-las profundamente, já que eram também as "minhas", lá na Emei, mesmo com todas as singularidades que as tornavam as crianças de determinada Emei e estudantes com a professora Marcia. Como disse, eu queria fazer na prática *A paixão de conhecer o mundo*, queria vivenciar falas e percepções sobre o

---

4 D'Andrea, Tiarajú. P. *A formação dos sujeitos periféricos: cultura e política na periferia de São Paulo*. São Paulo: USP, 2013. (Doutorado em Sociologia).

cotidiano que se tornavam elementos sobre os quais discutir com as turmas. Havia nisso um exercício caro à sociologia, qual seja, o de estranhar, construía-se a imaginação sociológica, fundamental à pesquisa acadêmica e à vida, de modo geral. Ao mesmo tempo que meu cotidiano me colocava diante dos olhos, entranhadas em mim, as crianças cujas vidas eram similares àquelas da Vila Helena, mundo de contradições evidenciadas e que me mostravam cotidianamente, desde aquela época, a inexistência de uma criança universal, vista somente sob as lentes e concepções essencialistas. Aprendi anos depois sobre isso; até então apenas sentia. Pedagoga que não sou, via esse "Outro" criança me provocando, mostrando a vida que transborda nas brechas de tão grandes carências econômicas, e o pulsar de outros lugares, de outras gentes que se faziam presentes num ambiente que as rechaçava e, ainda assim, trazia discursos acolhedores. "Moro no Buraco Quente". "Moro na favela da Fumaça", onde realizei parte da pesquisa. Moro no Jaraguá, região noroeste de São Paulo, onde atuei como professora e onde temos o território indígena Guarani Mbya.

Foi no Jaraguá, quase chegando no distrito de Perus, onde eu vi algumas das cenas mais marcantes em minha vida profissional. Um menino, cujo pai entrava em sala às 7 da manhã, com seu radinho de pilha junto ao ouvido, olhava-me, indagava-me e silenciava, demonstrando um silêncio aprendido eficientemente ao longo de tão poucos anos de idade. Silêncio suplantado pelo cheiro do lixão de Perus que ficava marcado em suas roupas limpas, mas secas ao vento do lixo, que passava a fazer parte das tramas da vida e das linhas que compunham as peças de roupas surradas. A vida, o cheiro de história, o olho a me indagar e, ao mesmo tempo, sendo meu cúmplice, eu, a jovem professora.

Pois é, Madalena, seus textos escritos, cheios de desenhos, faziam-se em mim, junto a esse texto de vida produzido diariamente, no que depois, um tempo à frente, tornou-se pesquisa e também formação de professoras. O que os desenhos das crianças nos trazem como documentos e imaginação que são? O que os desenhos do Altair, esse menino que chegava à Emei acompanhado pelo pai, logo de manhãzinha, e que não deve mais se lembrar de mim, traziam a mim e a várias profissionais que atuavam naquela escola e que quase nunca o viam, embora ele sempre estivesse lá?

Nos relatos, você escrevia que nos primeiros meses junto às crianças seu sentimento era de profunda incompetência. Você não imagina que vivi muitos e muitos meses com esse mesmo sentimento. Alguns relatos e obras de outras professoras eram como colo que acolhiam essas inseguranças e lacunas numa formação profissional de quem está com outras gentes de pouca idade, mas com tantas vidas já vividas, marcadas em suas falas, seus desenhos, seus gestos e suas formas de se relacionarem entre si e comigo. O que pensar? Ao mesmo tempo, sentia algo nem sempre tão bom, pois as práticas de algumas crianças em "Relatos de (con)vivência" pareciam ser mágicas e eu pensava: "Essa Madalena não sabe exatamente o que escreve, colocou algumas maquiagens no que via e não veio até aqui onde trabalho."

Ressalto o quanto precisamos falar, escrever, formar a partir de paixões que nos movem, inclusive aquelas que não fazem brilhar os olhos de alegria. Urge trazer as crianças cujos cotidianos se apresentam como dedos em riste a nos mostrar as contradições, as necessidades de mudanças, não para elas, mas com elas, a partir delas. Para se pensar na totalidade do mundo, cujas ações e vidas específicas nos bairros, ou territórios mencionados, engendram jeitos de ser e expectativas tão diversas e que nós não conhecíamos e ainda tanto desconhecemos, apesar de falas contrárias. O radinho que produzia um som grave, chiado, emblematicamente, trazia a produção de um cotidiano também cheio de chiados, pouco compreensível pelas professoras e seus projetos pedagógicos, suas vidas que, bem ou mal, eram distantes dali ou foram distanciadas. Eu não estudava, ainda, sobre o direito à cidade, mas Altair me trazia a ausência desse direito e a presença da segregação, da espoliação, da falta de saneamento, de lazer, de moradia – ele estava morando ao lado do chamado, à época, lixão de Perus, que não existe mais. Você em seus textos trazia algo fundamental, o cotidiano, e provocava a pensar em estudos do cotidiano escolar e fora dele, mas com as crianças. Algo ainda original e do que carecemos saber mais.

Madalena, em suas reflexões você trazia uma pergunta angustiante: o que vou propor no próximo dia? Pois é, alimentava-me desse questionamento, que nos aproximava e pensava, contigo, a certo modo, sobre o que propor que tirasse essas crianças, suas famílias e a mim dessas condições cruéis de vida. Quais projetos pedagógicos dariam conta disso? O cotidiano dessas crianças – as relatadas por você e as próximas a mim – não cabia num projeto pedagógico, pelo menos não nos moldes já convencionais. E isso tudo, desde aquele tempo, mostra a relação com a educação, com as crianças, com a escola, desde a creche. É uma educação que se faz em fenômenos educativos e educacionais a cada dia e, como escrevi, estavam lá, seminais, no livro de capinha em tons de azul (assim era o meu) e nos relatos que, embora publicados em 1986, chegaram a mim somente nos anos 1990.

4. "AGORA TÔ ENTENDENDO, MADALENA, 'AS CRIANÇA' DESENHA PARA ARRUMAR AS IDEIAS NO PAPEL": LINHAS E PRODUÇÕES DE MUNDOS

Poucas vezes li ou ouvi uma fala tão simples em que se resume brilhantemente algumas produções sobre desenho. Desenha-se, entre outras coisas, para arrumar ideias sobre o papel. Quais ideias, e quais aquelas passíveis de serem vistas, sentidas, percebidas quando não nos aquiescemos com o lugar dos guardados escolares dos desenhos, qual seja, pastas dentro de armários mudos? A fala dessa mãe, que reproduzo no título desta parte, dizia tanto, e os dizeres misturavam-se ao apartar de brigas entre meninas e meninos, tão pequenos, em que preconceitos de gênero encontravam-se arraigados.

A percepção atenta dos desejos, gostos e lacunas repercutia nas faturas e propostas de inúmeras atividades, e eu achava isso ótimo, embora soubesse da existência de tantas dificuldades: minhas, das crianças e das escolas. Sabia também das urgências de produzir algo a partir e com as crianças simplesmente escutando-as. Suas marcas ficavam implícitas nos sons emitidos, nos desenhos produzidos e, ainda mais, no desejo de buscar respostas em tantos lugares, às vezes despercebidos. Expressava-se uma escuta atenta em relação às falas e questões apresentadas pelas crianças ao longo do trabalho pedagógico em sala de aula, a busca por contextos exteriores envolvendo o entorno da escola frequentada em trabalhos de campo e percursos que provocam a desnaturalização do já visto cotidianamente, para aquilo que olharmos sem a devida acuidade.

Nesse sentido, *A paixão de conhecer o mundo* antecipou algumas discussões à frente de um tempo, e que hoje são retomadas em outras bases, como experiência vivida e sentida por mim e na mistura dos necessários aprofundamentos teóricos para entendermos mais e melhor as coisas da vida e suas mesclas com a vida profissional, amalgamadas que sempre estão. Afinal, creio piamente que essa mescla fica em nós porque "todas as lições têm a ver com alguma coisa",[5] e isso não apenas na escola, na creche ou na universidade, mas também nelas. Ter a ver com algo que faz sentido para nós é um bom motivo para continuar, inegavelmente.

Não sei se o filósofo Didi-Huberman compõe suas leituras, mas gosto muitíssimo. Ele afirma a dificuldade de se olhar de cima e o quanto isso compromete o olhar. Sugere um "olhar debruçado", em livro de mesmo nome. Ir junto, debruçar-se sobre o objeto visto não o objetificando, mas estando *com* ele. Isso é possível para o estudo das imagens e incluo os desenhos das crianças e elas mesmas; desenhos que são feitos, desde muito pouca idade. Debruçar-se com elas é um bom começo, meio e fim.

Mas por que citar os desenhos? Cito não apenas por ter me tornado uma apaixonada e pesquisadora dessa criação infantil, mas por vê-los em diálogo constante em ambas as obras escritas e vividas por você, em que a presença dessas manifestações expressivas infantis me mostrava, segundo meu entendimento, nos idos dos anos 1980, o ensaio do debruçar-se. Fundamental modo encontrado de "arrumar as ideias sobre o papel" e deslocá-las, mudar de superfície, dar outros tons, outros formatos.

5. COM A PAIXÃO QUE AINDA RESTA, FINALIZO, POR ORA

Não sei ao certo se o que fiz foi a rigor uma carta. Creio que há aqui um retomar de memórias, como todas, filtradas e apresentadas no que resolvi que fosse contado. Excelente exercício de retomada do tempo e suas transformações que

---

5 Mello e Freire, *op. cit.*, p. 68.

se dão em mim e na educação das crianças nos locais onde sempre trabalhei e pesquisei, e os faço ainda hoje. Talvez, ao escrever esta pretensa carta a você, e neste período, no ano de 2022 em pleno movimento de ascensão da extrema direita e de tamanha inércia pela qual passamos politicamente, eu tenha feito, nada mais, que buscar um frescor na história recente com um passado próximo em que pulsavam desejos entre muitas de nós professoras: contrariar, discutir a ditadura da qual estávamos saindo, do tanto por fazer na construção de processos democráticos e de uma democracia que até hoje demonstra-se tão frágil e em construção.

Talvez, nesta escrita, eu tenha ido buscar as propostas que, tidas como inovadoras à época, cutucavam-nos e traziam inquietações, imprescindíveis ao ser humano e à educação de modo geral. Hoje, Madalena, parece-me que nos contentamos com noções e conceitos que se tornaram jargões proferidos sem o devido cuidado num cotidiano em que as mudanças estruturais são urgentes. Triste modo de se fazer e produzir a vida, em que repetições bastam.

Nos trabalhos de campo com as crianças e adultos com quem ainda saio às ruas em diferentes bairros, inclusive desenhando com todas elas – sim, porque adultos também desenham –, a miséria escarra em nossos rostos e exige muito mais que palavras e teoria. Exige que a indignação se transforme em ato político cotidiano.

Ter reencontrado o livro *A paixão de conhecer o mundo* e o artigo "Relatos de con(vivência)" foi muito importante para mim. Esta é uma carta agradecida, mas também uma carta-convite para descristalizar, não somente práticas pedagógicas ajustadas de modo a reduzir-se somente aos contextos de aulas, arrefecidas por bons resultados ou avaliações externas que nos fazem sucumbir a elas num cotidiano empobrecedor, mas a torná-las práticas políticas de caráter altamente modificador deste nosso mundo.

Debruçar-se pelas ruas, pelas cidades e suas formas de vida tão complexas, singelas, bonitas, cruéis e pensar sobre como chamar as crianças para debater, a seu modo, sobre as agruras e alegrias da vida. Sem selecionar o que ouvir e direcionar para nossos modelos – via de regra, brancos, classe média – que elegemos para intervir, para construir, para mudar e deixar tudo como está, apesar dos discursos dizerem o contrário. O que será que a criançada tem a propor? Conhecemos seus mundos e suas origens? E de seus familiares, o que sabemos para além de afirmar que são ausentes? Quais desenhos produzem e que indicam outros caminhos para nós? Não para nos transformarmos em uma Itália, à la Francesco Tonucci, inegavelmente tão bom e fundamental, mas para sermos nós mesmos, tantos os Brasis diversos. Brasis que estamos perdendo tão rapidamente em fogo que arde nas florestas e nos prédios, mas que também nos faz arder por dentro a cada notícia de jornal, a cada olhar pela janela, ou mesmo a cada vez que abrimos os olhos. Perdemos com mercúrio nos rios, nas águas, que sem seus azuis, se tornam barrentas, sem vida; perdemos em fome que se alastra e nos coloca abaixo da linha da pobreza – essa que mal havíamos saído no início do século.

Tudo isso nos mostra que as desigualdades absurdas de nosso país têm classe social, raça, gênero e também idade, e urge mudar a distância que nos afasta. "Pisar no barro", como digo, pôr os pés nas inúmeras Vilas Helenas que temos, dialogar com as tantas outras vilas, favelas, comunidades, periferias e tirar esse ranço. Derrubar aquelas e aqueles de narizes em pé, como dizia meu pai, que insistem em não olhar e sentir o que há em volta e dentro, ou a afirmar palavras que caem no vazio, o que pouco repercute em mudanças. Debruçar-se apaixonadamente, debruçar-se.

Obrigada pela *paixão* e pelos relatos; estão em mim e ainda pulsam.

Marcia

PARTE II
SOBRE A PAIXÃO DE FORMAR EDUCADORES AUTÔNOMOS, CRÍTICOS E REFLEXIVOS

CARTA 11
TOQUE NA PONTA DOS DEDOS

Mirian Celeste Martins

Madá, querida,

Como é incrível reencontrar uma carta trinta anos depois... Entre meus guardados vejo uma carta sua, escrita para mim há tantos anos. Claro que, à época, a minha resposta deve ter sido imediata, assim como tantas outras, mas, curiosamente, essa mensagem está separada dos guardados do Espaço Pedagógico. Não sei explicar o porquê, mas a encontrava muitas vezes entre meus papéis... Eram momentos em que sua presença chegava como um aroma inspirador.

    Hoje fotografei a antiga carta junto a um vaso de orquídeas, a fim de iniciar esta escrita, e a tornei a fotografar focalizando seus detalhes. Cada elemento lembra-me de você. Na composição carta-orquídeas-enquadramento, criada e recriada muitas vezes, se reflete algo que está em sua carta... Na ponta dos dedos...

> Mirian,
> Sempre buscamos o toque da ponta do dedo do outro... Nossas pontas às vezes se chocam ou se encontram. Mas o fundamental é manter a busca do Ar que, entre os choques e encontros de nossos toques, tem sido meu educador, alimentador de minha cor, forma e textura pedagógica.
>   Beijão
>   Sempre
>   Madalena

Na ponta dos dedos! O toque. Ao tocar também sou tocada. Experiência humana, corpo/mente em estesia, não anestesiados. O tocar e ser tocado nos impele para o ar, no contexto que nos envolve no respeito, no afeto, na confiança, nos ideais comuns. E aprendemos juntas. Muito!

A primeira ponta de dedo que me tocou foi o seu livro *A paixão de conhecer o mundo*. Lembro-me da primeira leitura, ainda no avião de volta para casa, em 1984, vindo de algum congresso no Rio de Janeiro. Entre as palavras e a paisagem, meus olhos se encantavam com um modo de ver a educação e trazer a voz das crianças que era algo muito novo para mim... Devorei o livro à época, e, ainda hoje, ele é uma fonte de prazer e de esperança.

A academia demorou muitos anos para trazer a voz de crianças em suas pesquisas. Em arte, mostravam-se e analisavam-se as produções, mas pouco eram avaliado sobre suas falas. O comum eram reflexões sobre as produções com citações teóricas e pouco se deixavam ver as práticas vividas em sala de aula. Era um falar "sobre" e não um falar "com" em uma reflexão a partir do vivido.

Esse primeiro toque de ponta de dedo a me tocar se reflete em mim (se não for muito dizer isso) na maneira como que escrevo, mesmo em publicações acadêmicas. Exercício também de anos de convívio desde antes do Espaço Pedagógico... Converso com o texto que vejo nascer da prática e do pensamento vivo. Hoje sei que isso pode receber um nome: a/r/tografia. O "a" se refere à arte, ao criador(a); o "r", ao *researcher*, pesquisador(a); e o "t" a teacher, professor(a), onde a mestiçagem soma as três categorias aristotélicas – teoria, prática e *poiesis* –, revistas por Rita Irwin.[1] Madá era e é artógrafa, conecta e cria um amálgama em seus textos que reflete seu modo de ser, de ser docente, de ser pesquisadora, de ser criadora, sensível ao outro e às suas próprias inquietações. Um modo de pensar e escrever que não separa palavras, imagens, vozes.

Um outro toque de ponta de dedo foi introduzido por Marina Célia Moraes Dias, hoje professora aposentada da Faculdade de Educação da

---

[1] Irwin, Rita. "A/r/tografia: uma mestiçagem metonímica". In: Barbosa, Ana M.; Amaral, Lilian. *Interterritorialidade: mídias, contextos e educação*. São Paulo: Senac São Paulo, 2008.

Universidade de São Paulo (FEUSP) e que trabalhou comigo nos tempos da Faculdade Santa Marcelina. Lembro-me de seu telefonema. Contava que nos próximos dias haveria o grupo de formação de Madalena Freire e que eu tinha de me inscrever, pois tinha tudo a ver comigo. Obedeci ao conselho amoroso de Marina e me lembro bem de chegar naquela casinha na Vila Madalena e escrever um texto justificando meu desejo de participar do seu grupo. Fui acolhida e era a única que tinha especialização em arte. Na época, 1992, eu estava no programa de mestrado da Escola de Comunicações e Arte da Universidade de São Paulo (ECA-USP), estudando os desenhos dos adolescentes. E fez total diferença em minha pesquisa conviver de modo mais intenso com escritas, nas chamadas sínteses produzidas por todas e todos, mas lidas só por algumas – ressonâncias que também se esmiuçaram pelas fendas de meu doutorado, em 1999, quando busquei as marcas dos projetos de professores e artistas.

Escrever era tarefa de cada encontro, para estudar o que aconteceu e rever pelas sínteses o que estudamos e debatemos com as falas de todos. E você nos trazia seus textos, seus poemas feitos de carne e osso, suor e lágrimas, afeto e paixão, regados com muita consciência de seu papel pedagógico e humano. Poemas e textos publicados nos livretos que publicamos pelo Espaço Pedagógico e que se ampliaram depois no seu livro *Educador, educa a dor*. Se, como afirma, "ninguém aprende sem modelo", nessas escritas reflexivas você foi modelo como "parâmetro de pensamento" a ser recriado por cada uma e por cada um, docentes buscando formação. E você trabalhava muito nesses textos alimentados também pelas sínteses que revelavam as facetas daquilo sobre o que em grupo nos debruçávamos. Hoje as chamo de "narrativas" e tenho muitas histórias para contar sobre esse reflexo que vem de você, Madá. Assim, é impossível escrever para você sem ver você em mim.

Mais uma ponta a me tocar... Naquela casinha – algo que se perpetuou depois no Espaço Pedagógico –, a sala com as almofadas fechando um quadrado no centro circulador de ideias. Ah, que saudade daquele clima que você sabia instaurar como uma intervenção artística, um *site specific* de afeto para gerar e rodar conhecimento. Cuidar do espaço era um modo de preparar a aula, de abrir um espaço interno de atenção para o que ali iria acontecer. Lembrei-me da saudosa Fanny Abramovich, que cita você em seu livro *Quem educa quem?*: "Se a relação é amorosa, o espaço reflete isso..."[2] Um espaço que começa em branco e vai sendo habitado, pois você diz: "Conhecemos o espaço corporalmente, tatilmente, olfativamente, visualmente etc. etc." Mais do que o espaço da sala em branco, a preparação do espaço era a cada aula/encontro. A instauração de um "clima", do mesmo modo que uma citação, uma imagem, um poema abrem o clima de um texto. Flores na sala, um presentinho como uma bolinha de algodão para nos falar de algo... Você se lembra? Um clima que no encontro com a arte acontecia como uma nutrição estética que se refletiu não só em mim. Com Renata Americano, aprofundamos nossas histórias nas nutrições estéticas em um texto que me fez abrir todo o material guardado amorosamente dos tempos do Espaço Pedagógico e desvelar o que ali se alicerçou.[3]

Na ponta dos dedos, confrontos e concordâncias, choques e encontros porque, em duplas ou trios, já somos grupo! Grupo operativo como Pichon-Rivière nos ensina.[4] Juliana Davini foi parceira nos aprofundamentos da vida em grupo, nas dificuldades de lidar com os papéis grupais que conseguíamos identificar para poder agir, transformar, agitar, aclamar, inquietar o grupo de educadoras e educadores que conosco conviviam naquele espaço que começou no Alto de Pinheiros e depois veio para o Brooklin.[5] Aprendi que a crítica precisa ser percebida não por nós mesmas como pessoas, mas pelo cargo ou função que ocupamos, e assim se consegue responder (ou tentar responder) sem ser com a pele ferida. Ser capaz de se distanciar para se ver na função e de lá perceber o olhar de outros... Difícil aprendizagem, que retomo nas dores de conflitos grupais e, embora ardida, consigo ver as falhas e dores de todos os lados. Muitas aprendizagens!

---

2 Abramovich, Fanny. *Quem educa quem?* São Paulo: Summus, 1985.
3 Martins, Mirian C.; Americano, Renata de Moraes Queiroz. "Nutrição estética: por uma didática poética na formação do professor". In: Guimaraes, Leda M.; Rego, Luzierene (orgs.). *Ações políticas de/para enfrentamentos, resistências e recriações* [recurso eletrônico]. Anais [do] XXVIII Congresso Nacional da Federação de Arte/Educadores do Brasil [e] VI Congresso Internacional dos Arte/Educadores. Brasília, 2018, pp. 2750-2762.
4 Pichon-Rivière, Enrique. *O processo grupal.* São Paulo: Martins Fontes, 1998.
5 Davini, Juliana. *Psicanálise e educação: em busca das tessituras grupais.* São Paulo: Espaço Pedagógico, 1998.

Volto ao seu bilhete para dar a ver a forma, a textura, a cor. O papel de que é feito é nobre. Um papel Fabriano lilás quadrado, dobrado, forma um triângulo. Um pequeno triângulo da mesma qualidade em laranja se complementa com papéis mais leves em amarelo e lilás mais claro. Todos com pontas... Pontas de dedos a se encontrar e se chocar... com leveza e afeto e muito Ar. A relação forma/conteúdo fala de significado/significante, de produção simbólica que se dá a ver pelas formas e palavras criadas. Ressonâncias intensas de nossa paixão comum pela arte, pelos processos de criação, pela inventividade, pelo acreditar que há potência criadora em todos os seres humanos.

A arte sempre fez parte de sua história. Ana Mae Barbosa, nossa querida mestra, tem uma longa história com você desde a Escolinha de Arte de São Paulo, no início de sua carreira, e escreveu belos prefácios nos seus dois livros publicados. Você trazia arte em tudo que fazia e buscou na cerâmica também um modo de falar/pensar.

Talvez você não se lembre das cerâmicas com que me presenteou e que guardo e uso sempre com muito carinho. Nelas as pontas se convertem em linhas onduladas, circulares, espiraladas, como mandalas assinadas no verso. Todas são feitas de barro de cores diferentes que deixam suas marcas. Não perdemos nossas identidades quando formamos um grupo, parecem me dizer...

Cor, forma e textura estavam em seus bilhetes, em suas anotações e sínteses de reuniões, e se estendiam na maneira de organizar tudo a nossa volta.

Não sei se você guarda uma aquarela que dei a você...

Muitas histórias vivemos. Nesta carta, muitas memórias do Espaço Pedagógico. Guardei muito do que lá produzimos. Foi um lugar privilegiado de formação de educadores onde nós duas contracenávamos com Juliana Davini e Fátima Camargo como sócias e éramos acompanhadas por outras parceiras e outros parceiros. Uma escola livre, de formação de educadores e coordenadores, que deixou uma marca singular por todos que por ali passaram entre 1992 e 2005. Um curso livre de três anos com monografia ao final e que não fornecia nenhum documento oficial para creditar horas, mas ali todas e todos eram abnegados ao estudo, à vida de grupo, ao aprender, a se construir docentes cada vez mais cientes de suas responsabilidades. Ajudamos na formação de muitas e muitos que hoje são mestres, doutores, professores universitários, coordenadores, professores, construtores compromissados com suas próprias docências.

Desamarro o laço e abro sobre a mesa muitos cadernos, pastas, folhas soltas, folders, boletins, publicações e crio mais uma cena, convidando os olhos para descobrir pérolas no meio de tantas palavras e imagens. É, certamente, um material que poderia gerar uma grande pesquisa. Está lá guardado em minha casa na serra. Quando escrevi o texto sobre nutrição estética, fui buscar esses guardados e sei que poderia redescobrir outras pérolas nas memórias docentes. Escrevíamos sínteses de nossas reuniões de equipe, sínteses reflexivas depois de cada aula/encontro, textos sobre temas que rondavam nossos estudos.

Uma dinâmica era especial, principalmente nos primeiros anos. As três horas de aula/encontro eram divididas por duas docentes e, enquanto uma era a responsável pelo conteúdo da matéria, a outra observava – isto é, não observava o grupo, mas a professora. Aprendi muito com você me observando, percebendo meus deslizes, minha pouca escuta em relação ao grupo e me cutucando com muitas perguntas para continuar pensando... Queria ter tempo de reler as suas observações, mas sei que aprendi uma das lições mais difíceis: fazer silêncio para que o diálogo aconteça. Parece pouco, mas é crucial!

Entre tantas aprendizagens, relembro os portfólios coletivos no término do ano letivo ou de conceitos estudados. Essa foi outra prática que nunca abandonei. Era e é um modo de juntar, agrupar, selecionar, sintetizar aprendizagens que dá a ver os processos vividos. Sigo com eles porque sistematizar o que aprendemos na prática é produzir teoria!

Do mesmo modo, sigo também as avaliações ao final de cada aula/encontro, inseridas em minha prática desde lá. A arte me levou a usar cada vez mais as avaliações metafóricas, já que a metáfora permite visualizar de um modo muito especial o que cada uma e cada um traz do encontro vivido. Por seu ineditismo e estranheza, já quebra padrões e pode revelar algo inusitado para o próprio aluno, além de ser um exercício de criação. Exige também de mim uma percepção do contexto vivido. Avaliar um encontro como um tipo de sapato, um cabelo, uma comida, uma escola de samba, por exemplo, abre espaço para as surpresas que sempre aparecem e que nos fazem rir e pensar sob pontos de vista muito diversos.

TOQUE NA PONTA DOS DEDOS

Madá, querida, esse convite de Teresa me deixou com o coração aquecido por tantas histórias vividas e que se transformaram em palavras e imagens que apenas apontam algumas das paisagens que ainda poderiam ser descortinadas. E... e... e... Nessa conjunção, proposta por Deleuze e Guattari,[6] rizomas se estenderiam ainda mais ao responder mais uma vez depois de trinta anos à carta escrita em 1992. Há muito mais para refletir e deglutir. Antropologia de você em mim.

Uma cartografia se faz síntese dessas histórias comuns sob o meu olhar afetuoso, encerrando esta carta que aflorou marcos vividos em minha vida de mulher, mãe e professora. Repito aqui suas palavras, pois sei que você continua inundando salas de aula, assim como transborda nas minhas...

> Ando num fogo de vida que não me caibo. Transbordo,
> Inundando salas de aula.[7]

Mirian Celeste

---

[6] Deleuze, Gilles; Guattari, Félix. "Introdução: rizoma". In: *Mil platôs: capitalismo e esquizofrenia*. São Paulo: Editora 34, 1995.

[7] Freire, Madalena. *Educa, educa a dor*. São Paulo: Paz & Terra, 2008, p. 150.

CARTA 12
FIOS QUE NOS UNEM

Cleide do Amaral Terzi

São Paulo, verão de 2022.

Querida Madalena, amiga de muitos tempos,

Os caminhos cruzados em várias circunstâncias de nossas vidas nos reúnem novamente através desta *carta-encontro*.

Há tempos não redigia uma carta quase à moda antiga. Neste momento, coloco-me diante desse desafiante convite, acompanhada da alegria de estar aqui presente, escrevendo para você.

Uma feliz iniciativa a proposta da criação deste livro, ao juntar um grupo de mulheres que, de lugares, tempos e experiências diversas, enlaçam conhecimentos, aprendizagens e afetos com você.

Nesta comunicação escrita há certo arranjo de intenções para reavivar recortes de nossas vidas, traduzir importantes sentidos de aproximações dialogadas com você, cara amiga, tal como nos diz Machado de Assis: "A amizade não é um nome em vão."[1] É a colheita de compreensões significativas em territórios de propósitos formadores, contornados por sentimentos de bem-querer em duradoura amizade.

A provocadora elaboração deste texto me faz repensar e atualizar o ato de escrever cartas. Perdeu-se o tradicional costume de redigi-las; colocá-las em envelopes, cuidadosamente apresentados com belas estampas de selos alusivos

---

1 Assis, Machado de. *Machado de A a X*. São Paulo: Editora 34, 2001, p. 30.

aos símbolos ou datas comemorativas de diversas localidades. Atualmente, causa espanto e até perplexidade escrevê-las, pois é quase raro quem conserve esse hábito de enviá-las ou recebê-las pelo correio. As palavras "remetente" e "endereçado", antes tão frequentes no vocabulário, hoje estão praticamente em desuso.

Madalena, você lembra como em outras épocas aguardávamos, impacientes, a chegada do carteiro? A expectativa e ansiedade provocavam o gesto apressado de abrir o envelope ou até mesmo rasgá-lo para iniciar rapidamente a leitura. Vivenciar esse instante curioso para desvendar e desfrutar o seu conteúdo, ora alegre, ora preocupante, às vezes ocupado de tristezas. Assim eram aquelas cartas portadoras de variadas mensagens, reveladoras de saudades, de notícias, de informações, de pedidos de desculpas e outros tantos assuntos manifestados.

Certamente, em nossas casas, ainda encontramos em gavetas ou caixas de guardados as lembranças de antigas cartas. Do imaginário da memória saltam as cenas daqueles instantes de recebê-las. As emoções dessas leituras se tornam ainda presenças.

Recordações de antigas cartas, portadoras de pessoas e suas histórias, estão retratadas em diversas obras literárias, um exemplo: a poesia "Cartas de meu avô", de Manoel Bandeira:

Ainda hoje, recordo-me da carinhosa carta enviada por você no período de residência com sua família nos Estados Unidos. Com seu jeito próprio de contar e marcar seus comentários, tecia algumas considerações a respeito de sua vivência cotidiana, adaptando-se em outro país. Nessa escrita, manifestava pequenas solicitações próprias de amiga para amiga. Seu pedido era para mim uma responsabilidade, um compromisso rodeado de atenção e afetos. Na mesma correspondência noticiava a perda de uma de suas malas, contendo o acervo de registros elaborados a partir de sua experiência educadora na comunidade da Vila Helena. O projeto era tornar esses relatos uma proposta de livro. Uma perda irrecuperável! Naquele tempo distante, não carregávamos a memória pessoal e profissional em arquivos digitalizados.

Cartas trocadas são partidas e chegadas de histórias, desvelam fragmentos de certas ocorrências da vida, juntam palavras em narrativas, as nossas e as de outros, na singularidade de relatar situações e casos do cotidiano. Ao fazê-lo, traçamos recordações inscritas em sentimentos e atualizamos significados.

Oferecemos indagações, exposição de ideias, comentários amalgamados às nossas subjetividades.

Cada correspondência, enviada ou recebida, desafia-nos em nossas certezas, expressa confirmações de escolhas, provoca novas dúvidas e conexões de ideias. Deixa-nos próximas de imaginários. Permite-nos fantasiar cenas e paisagens em nossos pensamentos. Manifesta o pedido de retorno daquele que se fez leitor.

As mensagens nesse vaivém de escrita e leitura vestem palavras da experiência, conferem sentido ao contar *pedaços da vida*. Atraem e puxam horas de prosear nosso pensar/fazer. São pontes em tempos/lugares de narrativas dialogadas, entre o que somos, o que vamos desejando ser como educadores, como pessoas comprometidas em projetos individuais e coletivos. São nossos respingos de revelações do eu/outro.

Destacados autores da história das ciências e das artes tiveram suas cartas publicadas e transformadas em livros. A divulgação das correspondências oferece aproximações com o cotidiano desses escritores ao revelar sentimentos de dores, de alegrias e até mesmo de situações conflituosas. Em algumas delas partilham conhecimentos, gestos de amizade; em outras, declaram íntimas confissões. Assim, não esquecemos das "Cartas a meu pai", de Franz Kafka, as correspondências entre Van Gogh e seu irmão Theo, as de Mario de Andrade a Carlos Drummond de Andrade. Outras tantas obras retratam as oportunidades de leitura dessas cartas entre autores diversos. Nelas, registram pedidos, tecem comentários corriqueiros ou acentuadas e ácidas críticas. Atualizam memórias guardadas na combinatória de vários assuntos e não deixam de reservar espaços para as emoções.

Fazer parte dessa composição de vozes nas mensagens endereçadas em sua homenagem torna-se para mim um especial e honrado privilégio. Sou grata por essa oportunidade de buscar e trazer dos *fios da memória* os sentidos vividos e construídos diante de sua presença: a inspiradora mestra educadora, a mulher batalhadora, a irrequieta pesquisadora e autora.

Nas recordações revisitadas, as de outros momentos e os atuais, está a inteireza de sua pessoa provocadora na companhia de um belo lenço colorido ou de um xale de lã para os dias mais frios. Gestos largos seguidos de uma boa risada manifestam o seu jeito tão especial de força, de perseverança, de comprometimento social democrático e singular amorosidade acolhedora.

Não deixa escapar a necessária firmeza de consistentes posicionamentos de educadora. A declaração de seus propósitos educacionais integra-se à sua sensível poética formadora. A revelação de ser professora atuante, desassossegada, ao não se deixar ficar na indiferença, traz a sabedoria viva de estar, dialogar e marcar lugar educador no mundo.

Ao falar e escrever você defende encantamentos pela vida na paixão de conhecer o mundo. Seus textos e lições são *fios entrelaçados*, mostram a inteireza de sua pessoa, como você mesma diz: "A matéria-prima a ser forjada, lapidada, somos nós mesmos junto com os outros, nesse processo permanente pela beleza do conhecimento na busca da transformação, mudança viva em vida."[2] Essas palavras me fazem lembrar Raquel de Queiroz ao dizer que a beleza da vida está em sua gastura:

> [...] gastei profundamente o meu viver! Não deixei nenhum pedacinho sem viver! Sou feliz, sou eu mesma – gastei-me.
>
> [...] E eu lhes digo que, pessoalmente, não sinto que perdi nada. Gastei, gastei tempo, emoções, corpo e alma. E gastar não é perder, é usar até consumir.[3]

É ter a vida nos instantes. É ter a vida por inteiro. Como você sempre nos ensina – ver a boniteza da vida!

OS FIOS QUE NOS LIGAM NESSA BONITEZA DA VIDA

Pelas mãos orientadoras de seu pai, fui apresentada a você ao iniciar seu grupo de estudo com educadores. A década era 1980.

---

2 Freire, Madalena. *Educador, educa a dor*. São Paulo: Paz & Terra, 2008, p. 21.
3 Queiroz, Rachel de. "A vela amiga". *O Estado de S. Paulo*, 13 jan. 2001.

Ao procurar o professor Paulo Freire para comentar minhas dúvidas e dificuldades nos encaminhamentos da minha pesquisa de mestrado, bondosamente me acolheu e sugeriu que a procurasse dizendo: "Acho que minha filha e você podem trocar muitas ideias. Madalena está iniciando seu trabalho de professora na comunidade de Vila Helena" (Carapicuíba, São Paulo).

Seguindo essa orientação, fui procurá-la na expectativa de nos aproximarmos, conversarmos e discutirmos nossas experiências.

Na ocasião, o desenvolvimento da minha pesquisa participativa se dava na Vila das Belezas, zona sul de São Paulo, com crianças de educação infantil. Tínhamos em comum a iniciativa de viver experiências educadoras junto àquelas crianças, às quais não era ofertada a oportunidade de frequentar uma escola da infância.

Para realizar nosso trabalho de professoras nos foi oferecido um espaço improvisado, transformado em sala de aula, pertencente à casa paróquia local. Chão de terra batida, alguns bancos e carteiras escolares, recusadas por outras instituições, compunham o cenário de nossas salas de aula.

As crianças eram muitas em suas diferenciadas idades de 3, 4 e 5 anos. As mães depositavam em nós aquela esperança, desejosas de um futuro melhor para seus filhos. Naquelas duas realidades tínhamos, em várias ocasiões, a presença das mães nos olhando através da janela de nossas salas. Em muitas daquelas mulheres, moravam vozes silenciadas nas lembranças de uma infância excluída do direito de frequentar uma escola. Com olhares curiosos, estampavam nas feições a inquietude de se tornar narradoras de suas histórias.

As conversas entre nós surgiam repletas de dúvidas, de fragilidades diante de nosso esforço lutador. Contracenavam com as precariedades presentes naqueles desafiantes contextos da cidade de São Paulo.

No início, parecia que aqueles lugares nos falavam mais de "morte severina" do que de vida!

Trazíamos conosco as experiências de professoras participantes de outras instituições escolares. O repertório nem sempre sustentava nosso enfrentamento das limitações reveladas naquelas comunidades. Muitas vezes, nos despedíamos de nossas salas de aula com certo sentimento de impotência por não conseguir avançar.

Lembra-se, Madalena, de quantas vezes, ao falarmos de nossas fragilidades, nos interrogávamos: "O que está ocorrendo conosco? O que se passa com essas crianças em seus gestos e palavras de dizer a morte? Como tocá-las? Como despertá-las para a curiosidade, o imaginário e o encantamento de aprender?"

Diante dessa parceria indagadora, acolhíamos as nossas angústias, buscávamos saídas e alimentávamos disponibilidades e coragem nas tentativas de superação. Você teve uma ideia maravilhosa: pendurar uma caderneta no pescoço e colocar-se como atenta e minuciosa observadora das crianças. O registro observador, o ato de fotografar cada criança, pouco a pouco nos ofertava preciosas pistas para entender as expressões do dizer e do pensar próprias das crianças daqueles lugares. A partir de nossas escutas, escritas e reflexões dialogadas, começávamos a vislumbrar brechas de oportunidades inventivas. Conceber e sintonizar outras práticas. Constatar e estudar as repercussões manifestadas nos coletivos dos nossos alunos. Cada pequena descoberta era para nós uma alegre conquista.

As crianças foram se tornando mais próximas, dizendo de si mesmas em narrativas de acontecimentos e de curiosidades. Na cuidadosa e delicada coleta desses repertórios a vida ia comparecendo!

Vale a pena o convite para ler ou reler sua "História do enterro da taturana", um retrato de sua experiência em Vila Helena, uma amostragem de sua luta e determinação transformadora daquela realidade.[4] Uma inspiração esperançosa para muitos educadores.

OUTRO FIO SE ANUNCIA ENTRE NÓS

O gosto de ver correr o tempo nos instantes vividos naquele espaço-casa da Vila Madalena. Uma pequena e antiga residência compondo os idos cenários daquele bairro.

---

4 Mello, Sylvia L. de; Freire, Madalena. "Relatos da (con)vivência: crianças e mulheres da Vila Helena nas famílias e na escola". *Cadernos de Pesquisa*, São Paulo, n. 56, pp. 82-105, fev. 1986, pp. 94-96.

Um modesto portão indicava-nos a entrada ao convidativo lugar. Fazia parte da paisagem a intrigante presença de uma antiga banheira transformada em plantio de flores e de temperos diversos. Era assim aquele quintal-jardim. Atiçava curiosidades para conhecer o interior da casa. Logo percebíamos aquela magia. "Aquele espaço convida à ação, e antes da ação a imaginação trabalha. Ela ceifa e lavra."[5] O lado de fora e o de dentro dialogavam entre si. Lavravam e conservavam certa intimidade integradora.

A simplicidade daquele local deixava à vista uma janela de madeira; quando aberta, o soprar do vento sacudia a cortina de crochê. Tudo ali guardava clamores de antigos moradores. Tudo ali guardava seus cantos e encantos para acolher a chegada das novas vozes.

Adentrávamos o interior da casa e, naquela sala, nos reuníamos com você uma vez por semana. Formávamos seu grupo de estudos. Éramos cinco mulheres, e o ano, 1982.

Ainda vejo aquela cena: nós todas sentadas sobre um rústico tapete junto às floridas almofadas. Dávamos início às nossas conversas, vindas de experiências e locais diversos. Ao convocar as lembranças daquele passado tão vivo, tão presente, é possível habitar aquele cenário de outrora. Sentir o perfume de alfazemas e flores secas, graciosamente penduradas em um dos cantos. Os sabores do chá e do café espelhavam o calor daquele aconchego, tão cuidadosamente preparado por você.

O que realçava aquele pitoresco espaço era a beleza de sentimentos de juntar-se umas às outras, de tornar-se parte daquele lugar na expectativa de inaugurar outras aprendizagens, costurar novas abordagens. Pertencer ao grupo nas lições do pensar-fazer-pensar.

A fisionomia daquele lugar nos invadia com desafios provocantes para contracenarmos nossos repertórios e dar a conhecer nossas lacunas, nossos temores e conquistas. Lidar com as nossas idealizações e equívocos. Sair de nossos muros. Escavar nossas concepções.

Sempre atenta às manifestações de nossas vozes, ao relato de nossas práticas, nos oferecia pontuações e necessários esclarecimentos de referenciais

---

5 Bachelard, Gaston. *A poética do espaço*. São Paulo: Martins Fontes, 1993, p. 31.

teórico-práticos. Os comentários, as indicações de leituras, de escritas e as reflexões se tornavam um obrigatório compromisso individual e coletivo.

Os ensinamentos em narrativas diversas nos desafiavam com suas boas perguntas e desenhos de problemas. Acentuava o quanto o exercício do questionamento é próprio daquele que se coloca em caminhos de aprender e de pensar. Essa convocação perguntadora confirma o destino de nosso humano inacabamento.

Você, em suas lições, ressaltava a importância do enfrentamento e da abertura para aquilo que não se conhece, isto é, implicar-se com o não saber. Decifrar emaranhados labirintos manifestados em incógnitas e interrogações. Acolher o que é perturbador nas situações transformadas em problemas, com intrincados conflitos acompanhados da ansiedade própria de quem pretende resolvê-los. Essas ideias não eram só palavras colocadas entre nós. Faziam-nos perambular entre os desafios e torná-los objetos de pesquisa e conquista de conhecimentos.

Em nosso grupo de estudos ficava evidenciado o quanto o *pensar*, o *aprender* e o *conhecer* constituem elementos de íntima conexão. Com esses fundamentos o trabalho do educador é ensinar a pensar; enquanto ensina, organiza o seu percurso de aprendiz e apropria-se do seu próprio pensar.

Quantas vezes naquele coletivo, na troca de nossas práticas de sala de aula, convivíamos com hipóteses, deparávamo-nos com o inusitado. Compartilhávamos o espanto e a perplexidade diante do novo apresentado por nossos alunos ou nossos pares, colegas professoras.

Convidadas por você, discutíamos a importância do ato de planejar, organizar deslocamento de ações. Avaliar os erros e os acertos, ponderar as novas oportunidades. Legitimar o lugar da autonomia no processo de escolhas e decisões. Viver a experiência da descoberta inventiva.

A maestria de sua atuação ainda se fazia presente entre nós na potente observação e na atenta escuta, transformava-as em preciosas devolutivas orais e escritas. Sempre se emprestava em generosidades de ser professora. Inspirava-nos, nos sacudia.

Mostrava-se sempre acompanhada e orgulhosa de seu caderno de registros, portador de sementes de narrativas. Tornava-o um compromisso de todas nós, pois a escrita é o cuidar zeloso para cultivar nossas reflexões. É oportunidade para germinar saberes, afetos e autorias.

Os cadernos têm marcado presença assídua em suas salas de aula. Neles, as inspirações para ir e voltar nas ideias, cirandar memórias e propor atualizações de conhecimentos teórico-práticos.

Cada pessoa tem um jeito especial de desenhar, de escrever e inscrever-se em seus cadernos. São rastros de autobiografias, são roteiros de vida, tal como nos diz Matuck, "cadernos são caminhos registrados sobre a pele do papel. Caminhos são roteiros. Roteiros são destinos. Destinos são traçados de vida, prospecções e prospectivas, visão para a frente, adiante do tempo e do lugar. São antecipações, sementes que contam histórias futuras".[6]

Na riqueza daquele grupo aprendíamos a movimentar pensamentos, a rever o sentido que conferíamos às nossas experiências de sala de aula. Madalena, a força de suas palavras demonstrava a rigorosa exigência de repensar de forma autêntica as atuações e ponderar nossas opções pedagógicas.

O rigor sempre se fez presente na disciplina intelectual defendida por você. Não significava sisudez, ao contrário; significava a presença de contagiante alegria. Nas horas de encontro, o extravasar brincante, de inventar palavras e metáforas, se fazia presente em nosso grupo. Ríamos de nossas inventivas curiosidades transformadas em criativas falas e escritas.

Muitos são os aprendizados e as ternuras na história daquele grupo de estudos. Ainda hoje, constituem matrizes de valor e de princípios conectados à nossa experiência profissional. Conjugam o reconhecimento das marcas de suas influências em nossas trajetórias de educadoras. Cada uma de nós, ao final de cada encontro, retornava ao trabalho nutrida por inquietações e ensinamentos construídos a partir de seus encaminhamentos.

As metáforas criadas em parceria com você eram boas provocações, esquentavam pretextos inaugurais de narrativas. As pesquisas de textos poéticos, de crônicas, de contos, dialogadas com referenciais teóricos, contribuíam para experimentar repertórios e recriar as próprias composições.

---

6 Matuck, Rubens. *Cadernos de viagem*. São Paulo: Terceiro Nome, 2003, p. 14.

Carregávamos nossas afinidades e *tecíamos os fios* de dizer, de pertencer e de nos orgulharmos do nosso grupo orientado por você.

FIOS EM ESCRITAS DIVERSAS

A oportunidade desta carta possibilitou reencontrar-me com você, autora de livros e de outras publicações. Constatar as evidências de concepções, a articulação de conhecimentos e práticas, na cuidadosa rigorosidade manifestada em seus pensamentos pedagógicos.

A escrita sempre esteve presente em sua prática formadora de outros educadores. Uma revelação coerente com as intenções preconizadas em suas atuações e disponibilizadas em autorias ao dizer: "Não formaremos nem bons leitores, nem bons escritores alienados de seus significados, cegos e mudos ao entendimento do seu processo de aprendizagem e desapropriados de seu pensar, de sua reflexão."[7]

Esse momento de reencontro permitiu-me, também, rever um artigo de nossa autoria, publicado pela Associação Brasileira de Psicopedagogia (ABPp), em 1988, cujo título é "Sobre o processo de formação do educador".[8] Chamávamos a atenção dos leitores sobre a temática da gênese do conhecimento no processo de alfabetização. Criticávamos a disseminação dos pacotes de modismos pedagógicos impostos aos docentes. Evidenciávamos que muitas daquelas ideias vinham revestidas de novas roupagens, porém mantinham concepções conservadoras e "encartilhadas". Defendíamos a importância de legitimar a autoridade dos professores na autoria de discussões, escolhas e encaminhamentos formadores.

Seu potente discurso dialoga conosco. Convoca-nos em voos de pensamentos. Credencia nossa condição leitora. Instiga-nos a poetizar arranjos de situações e a transgredir palavras. Sentimo-nos reconhecidas em nossos fazeres

---

7 Bachelard, *op. cit.*, p. 41.
8 Freire, Madalena; Terzi, Cleide do Amaral. "Sobre o processo de formação do educador". *Boletim da Associação Brasileira de Psicopedagogia*, São Paulo, ano VII, n. 15, pp. 45-55, 1988.

e dizeres de cotidianas práticas. Compartilha conosco a sensível generosidade de suas jornadas, de seus apontamentos, transformados em saberes, ofertados em escritas diversas.

A maneira singular de lidar com os acontecimentos, torná-los fontes de investigação curiosa, premia a todos nós com a sua escrita encarnada na existência, na defesa de nossa humanidade.

Entrega-nos narrativas povoadas de coragem, de enfrentamento, na sensível escuta das demandas socioculturais presentes em nossas realidades. O leitor vê-se frente a frente com essências de se tornar educador integrante corresponsável de nossas necessárias lutas.

Forças de autorias diversas, costuradas à autenticidade e às coerências de suas ideias, dialogam especialmente com Paulo Freire. Vigotski, Piaget, Wallon, Dewey, Pichon-Rivière e tantos outros contribuem em suas pesquisas e estudos.

Você escreve, vive e propaga ensinamentos colados ao que acredita.

FIOS TECIDOS

Suas atuações "con-fiam" urdiduras diversas. Tecem influências espalhadas em vários cantos do nosso Brasil, em instituições educadoras públicas e privadas. Deslocam pensamentos, viram ideias do avesso, alimentam pesquisas, entusiasmos e esperanças.

Sabem colocar-se ao lado dos educadores ao reconhecer a função social da escola e o papel formador de nossa profissão. Encorajam-nos a fazer o melhor no compromisso diário de sermos professores, de nos orgulharmos.

Nos *fios* desta *carta-encontro* apalpo vestígios, inventario sentidos ao mexer em gavetas de guardados. Reconheço-me nos significados construídos nessa travessia parceira educadora.

Enquanto escrevo escuto os ecos de muitos dos seus pensamentos nos timbres e marcas de suas palavras, no privilégio de ter você por perto, em várias circunstâncias da minha vida.

Uma carta carrega pedidos e promessas de futuro encontro, rodeado de abraços, caloroso bate-papo com perfume de café, num canto especial agendado em nossas vidas. Um chamado para ouvir, contar, colher palavras e enredar sentimentos de amizade.

Obrigada por fecundar ideias, gestos de amorosidade em meus percursos de aprendizado e de pertencimento.

Parabéns por esta justa e merecida homenagem.

Espero reencontrá-la em breve.

Despeço-me com toda a minha admiração pela sua escuta e esperança de um mundo mais justo, transformado pela educação.

Gratidão! Abraços afetuosos da amiga

Cleide Terzi

CARTA 13

SEMENTES ESPALHADAS: UM SONHO DE MADALENA

Sônia Madi

> "Bendito o fósforo que ardeu e
> acendeu a fogueira!
> Bendita a labareda que ardeu
> no âmago do coração."
>
> Hannah Szenes, *Diários, poesias e cartas*

Querida Madalena,

Fiquei alegre e orgulhosa com o convite para me reunir a outros educadores e enfeixar – em um livro sobre o solo comum que nos une – o que aprendemos com você, Madalena Freire. As palavras que escolhi, de Hannah Szenes, para abrir a cortina dessas luzes, são para bendizer o fogo que recebi de você, minha grande mestra, que me acendeu para um outro jeito de dialogar com professores, refletindo sobre o meu papel formador e afinando minha escuta para as palavras (minhas e dos interlocutores) e seus poderes.

Minha primeira aproximação com suas ideias se deu com a leitura do livro *A paixão de conhecer o mundo*, o relato amoroso e atento de uma professora que observava seus alunos e identificava seus interesses e necessidades, ponto de partida para o desenvolvimento de um projeto. Naquela ocasião, procurávamos ancorar esse *novo* com nossos conhecimentos prévios: "Será centro de interesse? E se não aparecer uma lagarta no pátio? E como cumprimos um planejamento se ficarmos ao sabor do acaso?" Madalena, ao escrever esse livro relatando sua experiência, você era vanguarda e iluminava um novo caminho com princípios, conceitos e didática, que fui entendendo e incorporando aos poucos.

Anos depois, já em 1989, conheci você pessoalmente. Uma mulher intensa, vibrante, amorosa, sabida, consistente nos princípios e com clareza de ideias, que tinha, naquela ocasião, a incumbência de assessorar a Secretaria de Educação do Município de São Paulo em um projeto de desenvolvimento de educadores. Ao expor essa engenharia para nós, educadores da Divisão de Orientação Técnica (DOT), tivemos um estranhamento – era uma supervisão? Havia teorias, mas não daríamos aulas teóricas. Adentrávamos no campo da reflexão/ação. Partiríamos das práticas e construiríamos, coletivamente e ao mesmo tempo, um olhar para o outro e para nós mesmos.

Tínhamos o desafio de desenvolver um projeto de grande alcance: preparar profissionais para exercer seu papel formador e disseminar o trabalho. Eram técnicos da Secretaria de Educação ou coordenadores pedagógicos que precisavam se apropriar de princípios e conteúdos de uma área de conhecimento e incentivar e apoiar os professores a transformá-los em práticas reflexivas. Frequentemente encontramos educadores que não se sentiam capacitados para assumir seu papel de gestores pedagógicos; limitavam-se a passar informações, teorias e orientações prescritivas insuficientes para romper com uma prática cristalizada. Para enfrentar esse enorme desafio de ensinar aquilo que estávamos aprendendo, recebemos o seu colo e a sua direção firme, entendendo qual a importância e necessidade de um grupo ter um coordenador.

Para desenvolver um educador reflexivo, desenhamos, com sua parceria e supervisão, um trabalho em pequenos grupos – que recebeu o nome de "Grupos de formação: um sonho de Madalena que nos erguemos para interpretar" –, com profissionais que exerciam a mesma função (técnicos da Secretaria de Educação, coordenadores, professores alfabetizadores etc.), tendo como princípio a construção do conhecimento pela interação, com foco no estudo da prática e da teoria que a fundamenta. O trabalho desses grupos fazia parte da política de formação da gestão Paulo Freire e está detalhado no documento da DOT, de 1990, com o título *Grupo de formação: uma (re)visão da educação do educador*. Em 1991, os grupos de formação compreendiam 98% dos diretores, 98% dos coordenadores pedagógicos e 48% dos professores de ensino regular, além de 84% dos encarregados de sala de leitura e 38% dos professores de ensino supletivo.

Orientados por você, Madalena, e pertencentes a um grupo sob sua coordenação, fomos compreendendo que a ação repetitiva do educador é decorrente da imersão em um cotidiano solitário, sem a oportunidade de trocar com os colegas o fazer, as dúvidas e as dificuldades, sem poder explicitar suas teorias e conhecer outras que se enquadrem melhor à sua realidade. O que resulta em maior consciência do seu papel profissional, e no exercício com mais competência.

Nós, coordenadores de grupos de formação, tínhamos o desafio de nos desenvolver para entender a prática dos professores como ação humana e sua formação como prática social, tomando as interações nos seus pontos de convergência e nos de conflito. Acreditávamos ser possível emergir o confronto das representações que professoras e professores tinham de seus alunos e deles mesmos, o que favoreceria a tomada de consciência e a ressignificação das relações de ensino, efetivando-se nas práticas alternativas mais produtivas para a aprendizagem.

OS INSTRUMENTOS METODOLÓGICOS

Esse processo reflexivo que pretendíamos seria possível graças a uma metodologia que instalasse uma rotina, que indicasse tarefas, registros contínuos, observação orientada e planejamento contínuo, bem como ritmo de trabalho e tempo para estudo. É com esses instrumentos que um coordenador de grupo apoia, desafia e acompanha cada um dos participantes, e que seria possível alterar o cotidiano porque desenvolveríamos uma percepção mais apurada e sistematizada em estudos acadêmicos.

Em seu texto publicado em 1995, você propõe a *observação* e o *registro* como instrumentos metodológicos a fim de promover a reflexão.[1] A observação

---

1 Freire, Madalena (org.). *Observação, registro, reflexão: instrumentos metodológicos I*. São Paulo: Publicações do Espaço Pedagógico, 1995. (Série Seminários). Mimeo.

é construída através da educação do olhar.[2] Temos, muitas vezes, um olhar paralisado, cristalizado, e só vemos o que sabemos, o que nos agrada. Na ação de nos perguntarmos sobre o que vemos, no confronto com outras formas de ver, podemos romper com o olhar estereotipado e desenvolver um olhar curioso, questionador, pesquisador, *um olhar que escava, fixa, fura*.

A observação é conduzida pelo olhar, pois o olhar sem pauta dispersa-se, e para que ocorra a transformação do olhar, o educador responsável pela formação docente elege, com o grupo, o que nesse mesmo texto você chamou de "pontos de observação",[3] em função do objetivo que o educador tiver se proposto. Esses pontos podem se referir à interação dos participantes do grupo, quando o objetivo for compreender como os papéis são assumidos, e/ou à avaliação, se tal dinâmica tiver sido produtiva. Podem também focalizar como ocorre a aprendizagem individual e/ou coletiva e como se dá o ensino. O educador focaliza pontos e convida os educandos a direcionar o olhar para eles. O desafio do educador é lançar questões que provoquem a reflexão sobre seu próprio processo. Quando os olhares convergem para um ponto, é possível que se atribuam a ele diferentes interpretações e se levantem múltiplas hipóteses. O educador garante o respeito à ideia de cada um no grupo, para que possa ser expressa, e também ilumina o foco com o conhecimento que tem das teorias. Com a circulação dos diferentes olhares, surge a possibilidade de se construir um olhar atualizado sobre o ponto observado, um jeito novo de olhar o já visto.

Outro instrumento metodológico auxiliar do processo reflexivo é o registro. Baseando-se em Vigotski, você considera o registro uma marca humana, através da qual o homem se diferencia do animal, constrói sua memória e sua história.[4] A tarefa de registrar possibilita ao indivíduo dar forma ao seu pensar. No ato de revisitar uma ação é possível comunicar, socializar o que se pensa e, dessa forma, se apropriar do pensamento e transformá-lo, construir um conhecimento antes ignorado. Nesse mesmo texto, é proposto especificamente o registro através da escrita: "...A escrita materializa, dá concretude ao

---

2 *Ibidem.*
3 *Ibidem.*
4 *Ibidem*, p. 42.

pensamento, dando condições assim de voltar ao passado, enquanto se está construindo a marca do presente."[5] Esses registros documentavam a história do grupo, discussão de práticas, produção de textos de reflexão sobre os temas discutidos, planejamentos cooperativos e momentos de avaliação.

O grupo deveria estar sempre centrado numa tarefa. Algo abordado por você, em um texto anterior, de 1993, quando diz: "Conjunto de ações que um grupo desenvolve na busca de atingir seu objetivo."[6]

O EDUCADOR DE UM GRUPO

O instrumento, por si só, não determina as reflexões, mas sim o papel que o educador desempenha no seu uso é o que poderá mobilizá-las. Nesse modelo, embasado no *paradigma do diálogo e da participação*, pretende-se que o educador do grupo crie oportunidades para que os participantes analisem criticamente suas ações através do diálogo e se instale um processo colaborativo.

O processo reflexivo não acontece espontaneamente. Queríamos superar o diálogo de caráter autoritário, que se limitava ao julgamento de valores sobre a produção dos alunos, à solução de dificuldades baseadas em crenças e valores transmitidos pela instituição escolar. Dessa forma, não bastava agrupar professores e propiciar tempo para discussão. Seria fundamental que existisse um educador no grupo, alguém que coordenasse a reflexão, sem ter uma relação simétrica com os participantes, dado que detém mais poder em função do lugar institucional que ocupa, do conhecimento teórico e da relação desse com a prática – e do papel que desempenha no grupo.

Por isso, você considera que o modelo de formação docente – um que tome o conhecimento como sendo construído coletivamente – deve estar configurado em torno de processos grupais.[7] Da mesma forma que a consciência se constitui na relação com os outros, também a reflexão, instrumento da autoconsciência,

---

5 *Ibidem*, p. 44.
6 Freire, Madalena (org.). *Grupo: indivíduo, saber e parceria: malhas do conhecimento*. São Paulo: Publicações do Espaço Pedagógico, 1993. (Série Seminários). Mimeo.
7 *Ibidem*.

só se torna possível com a presença de Outro, quando suas formas de ser/pensar puderem causar uma estranheza no seu modo de ser/pensar. Esse Outro pode ser entendido como o educador de um grupo, seus companheiros de trabalho e os alunos.

Propor a formação de professores através do movimento *ação-reflexão-ação* implica propiciar-lhes momentos sistemáticos, nos quais as ações, intenções e concepções de cada um possam se confrontar com as dos outros. A reflexão, no entanto, não é um ato solitário, motivo pelo qual precisa de um grupo para se desenvolver. A partir de situações que vão sendo tematizadas, os professores, em grupo, opinam sobre elas e tomam consciência do seu pensar. É importante que exista no grupo espaço de liberdade, para que diferentes pensares sejam explicitados, e que se confrontem muitos pontos de vista.

Cada participante exercita sua fala, suas opiniões, defende seus pontos de vista e descobre que tem objetivos em comum, mas que é, ao mesmo tempo, igual e diferente destes. Nesse confronto das diferenças, também introjeta as ideias dos outros, construindo assim sua identidade, onde se misturam ao seu modo de ser os dos outros. Nesse confronto, cada um aprende o que é, acredita, sabe e quer, e, ao mesmo tempo, aprende o que não é, não acredita, não sabe e não quer. Dessa forma, através da linguagem, os professores vão se dar conta do que pensam e, *objetivando-se a si próprios*, explicitando gradativamente suas intenções.

Muitas vezes, as formas de pensar e de agir do indivíduo não abarcam a complexidade da situação a ser enfrentada e estabelece-se uma confusão diante da provisoriedade do seu conhecimento. Para que produza, o grupo precisa enfrentar o medo que o diferente e o novo provocam. Assim, é fundamental que o coordenador faça encaminhamentos e intervenções que auxiliem os participantes a enfrentá-lo. Para isso, deve entender que o novo causa sofrimentos e que será menos ameaçador quanto mais o indivíduo encontrar no *novo conhecimento* pontos de contato com as coisas em que ele acredita, com o que ele é. Ele promoverá esse engate se estiver atento ao que seu aluno sabe, pensa e acredita. E você, Madalena, nos diz que ao educador cabe coordenar os conteúdos do sujeito (seu saber e seus significados – sentimentos, conhecimentos, modos de ser) com os conteúdos da matéria (objeto de conhecimento a ser estudado).

Portanto, é no confronto com o Outro que o professor poderá sair de uma prática mecânica e repetitiva e criar um novo significado para o seu papel. Para que esse confronto seja produtivo e não represente uma ameaça que pode levá-lo ao fechamento em si mesmo, é preciso que o coordenador desempenhe a função de gerenciar e negociar os conflitos, de forma que cada participante não sinta sua identidade ameaçada. Ele precisa desenvolver uma postura de observador participante: estar atento às interações entre as pessoas, buscar uma consciência de aspectos implícitos no grupo, não verbalizados, e procurar apresentar uma visão mais ampla da situação.

Isso significa que o educador precisa ter a preocupação de criar um vínculo com os aprendizes e, simultaneamente, que estes lhe atribuam o poder de *indicar signos*.[8] Ou seja, o educador poderá ocupar o lugar daquele que promove a reflexão, se for reconhecido pelo grupo como alguém que domina um conhecimento teórico-prático diferente ou mais profundo do que o dos participantes.

Momentos interativos, nos quais as pessoas não se sintam ameaçadas, são propícios para que aconteça a reflexão, a explicitação das intenções e das incoerências entre estas e as ações e apareça a "confusão". A manifestação de confusão é de grande valor para o processo reflexivo. É impossível aprender sem passar por momentos de incerteza. Enfrentar essas situações conflituosas é extremamente desconfortável e, para fazê-lo, o aprendiz precisa ser encorajado pelo educador. Isso se dará à medida em que não trabalhe a partir de verdades únicas, dando espaço para a dúvida. Ao convencer-se de que não existe um único procedimento correto, mas alternativas de ação produtivas, o professor pode colocar o seu fazer para ser analisado, pois sua resposta pode ser uma possível e, com isso, conquistar autoconfiança.

A transformação de uma prática de ensino embasada em um novo paradigma conceitual, no entanto, é uma tarefa bastante difícil, pois exige de todos os educadores dessa cadeia modificar as representações que têm de sua própria atuação e do que é ser professor nesse outro paradigma.

---

8 Freire, *op. cit.*, 1995.

Dessa forma, Madalena, você acendeu uma chama em nós. Esse fogo se espalhou durante aqueles anos de um governo progressista e comprometido com todas as escolas municipais e com todos os núcleos de ensino.

Em 2022, passados tantos anos, reunimos muitos dos formadores daquela época, relembramos e registramos o que aprendemos com você e a levamos na mente e no coração, com eterno agradecimento.

Ao finalizar nosso diálogo, que se pretende amoroso e agradecido, peço emprestadas as palavras de Raduan Nassar, ao refletir sobre o tempo: "Brindando ele com sabedoria para receber dele seus favores e não sua ira."[9] Cheguei mais perto de você, Madalena, em 1989, e faz parte desde então, e cada vez mais, da educadora que me tornei. Mais de trinta anos se passaram durante os quais escrevi uma dissertação de mestrado e muitos outros textos, sistematizando minha prática e minhas teorias, hoje tão amalgamadas com o que aprendi com minha grande mestra.

Reli a correspondência que trocamos quando você foi morar nos Estados Unidos e senti um desejo enorme de dar continuidade às nossas cartas-conversas. Aprendi a encontrar o meu desejo, meus sonhos de vida, enquanto lia e relia suas intervenções, sua leitura atenta, seus encaminhamentos e, enquanto ensinava, aprendia a pensar (melhor). Hoje, as palavras alheias – do Outro (Madá) – se transformaram em palavras próprias.

Sinto orgulho da educadora que sou, pois tive uma grande mestra.

Sônia

---

9 Nassar, Raduan. *Lavoura arcaica*. 3. ed. São Paulo: Companhia das Letras, 1989, p. 54.

CARTA 14
O RISCO DA PALAVRA
Maurilane de Souza Biccas

Madalena,

Em junho de 2021, a partir da nossa conversa nos bastidores da entrevista – que gentil e amorosamente nos concedeu, na Faculdade de Educação, mediada pela nossa querida Teresa Rego, como parte das atividades comemorativas do centenário do Paulo Freire –, percebi que deveria ter escrito uma carta para você muitos anos atrás.[1]

Lembra que falamos sobre as nossas experiências? Contei sobre a importância do livro *A paixão para conhecer o mundo*, para mim e para as educadoras populares que atuavam com as crianças das creches comunitárias de Belo Horizonte. Aproveito então esta oportunidade para socializar com você um trabalho lindo que realizamos no âmbito da formação de educadoras, mulheres fortes, destemidas, que acreditavam que era preciso ler e aprender mais, para assim oferecer uma educação de qualidade nas creches.

O resultado desse trabalho resultou em duas publicações produzidas pela Associação Movimento de Educação Popular Paulo Englert (Ameppe),[2] em:

---

[1] A entrevista foi realizada em junho de 2021 e está reproduzida na forma de texto no final deste livro.

[2] A Ameppe era a Fundação Fé e Alegria de Minas Gerais, que em 1987 teve um de seus braços transformado na associação. A vinculação com a fundação continuou, de toda forma. A Ameppe está ligada à Companhia de Jesus e a um grupo de instituições existentes na América Latina, o Movimento de Educação Popular Integral Fé e Alegria. Criada no Brasil em 1981, assumiu um perfil distinto em relação a outros países, pois priorizou a formação não formal, apesar de não excluir a formal. Em 1994, a fundação atuava em oito estados, por intermédio de escritórios regionais nos estados do Espírito Santo, Bahia, Rio de Janeiro, São Paulo, Santa Catarina, Minas Gerais, Mato Grosso e Paraná.

a primeira, *Processos educativos e produção de conhecimento*, organizada por mim e por Luciano Mendes de Faria Filho, em 1994; a segunda publicação, Madalena, foi totalmente inspirada no seu trabalho e no livro *A paixão para conhecer o mundo*, intitulada *O risco da palavra: a escrita de educadoras populares*, de 1993. Escolhemos esse título pelo fato de elas terem se arriscado a escrever e também pelo fato de a escrita ser um tipo de risco. Foram publicados vinte relatórios de educadoras e coordenadoras pedagógicas de três creches comunitárias de Belo Horizonte, Minas Gerais. Este será o conteúdo desta carta: o relato dos processos educativos e a produção do conhecimento advindos da reflexão da prática realizada junto às crianças.

A EXPERIÊNCIA DO PROJETO-PILOTO

Em 1984, a equipe da Ameppe realizou um trabalho de acompanhamento sistemático da experiência de montar e manter creches e centros infantis comunitários para o atendimento de crianças de 0 a 6 anos e, por vezes, atendiam também aquelas de 7 a 14 anos. Eram três "creches" da periferia de Belo Horizonte que faziam parte desse projeto: Creche Centro Infantil Dona Benta e as creches comunitárias Maria Floripes e Vila Piratininga.[3]

O objetivo geral do projeto era o de assessorar e acompanhar os grupos responsáveis por essas experiências, com o intuito de construir, socializar um processo e uma experiência de formação de educadoras, além de estruturação de propostas pedagógicas. Naquele momento, acreditávamos estar contribuindo para a construção de parâmetros de atendimento de qualidade para as crianças das camadas populares.

A assessoria sistemática às "creches" do projeto-piloto iniciou-se priorizando duas linhas de trabalho. A primeira, na elaboração de projetos de financiamento, para assegurar o funcionamento administrativo e financeiro, objetivando o

---

[3] Estas instituições foram legalmente constituídas como creches. Entretanto, somente a Creche Comunitária Vila Piratininga fazia o atendimento de crianças de 0 a 3 anos e em horário integral. As outras duas, desde a sua origem, faziam atendimento pré-escolar, dos 4 aos 6 anos, em meio período. Após 1986, essas três instituições ampliaram o atendimento para as crianças de 7 a 14 anos. Por isso utilizarei a palavra "creche" entre aspas daqui por diante.

pagamento de pessoal e a manutenção das "creches". A segunda, na discussão e construção de uma proposta pedagógica, a fim de contribuir na organização do processo educativo a ser desenvolvido com as crianças. Para realizar esse trabalho de assessoria, utilizávamos como ponto de partida a prática cotidiana das educadoras – que, por ser muita ampla, acabava sendo pouco refletida e sistematizada.

Assim, procuramos de uma forma coletiva construir uma concepção político-pedagógica do trabalho realizado pelas educadoras, respeitando-as enquanto sujeitos que possuem e constroem conhecimento, buscando envolvê-las de maneira conjunta em discussões e reflexões sobre o atendimento, a função político-social da creche, da relação com os movimentos sociais, com a sociedade civil e com o Estado. De forma específica, dávamos ênfase à formação dessas educadoras, ampliando sua concepção sobre as crianças e sobre as relações estabelecidas com elas, com as outras educadoras, com a coordenação, com os pais e consigo.

Também procurávamos fazer com que as educadoras entrassem em contato com informações diversas, levando-as a museus, cinemas etc. A ideia era ampliar a visão de mundo e que também pudessem adquirir conteúdos e metodologias que abordassem de forma geral e específica a educação de crianças de 0 a 6 anos.

Durante os anos de atuação no projeto-piloto, nossa prática junto às "creches" foi se modificando. Inicialmente, ao constatarmos que um grande número de educadoras tinha uma escolaridade formal, com uma experiência de trabalho bastante reduzida, optamos por um acompanhamento semanal, por meio de reuniões com todas as pessoas envolvidas diretamente no trabalho. Nessas reuniões, a prática cotidiana era discutida, planejada e avaliada.

Paralelamente às reuniões semanais, aconteciam bimestralmente encontros pedagógicos, quando se reuniam as educadoras das três "creches", para integrar, trocar experiências e aprofundar diversos temas, tais como: sexualidade, astronomia, cultura popular, alfabetização, ludicidade etc. A escolha e a definição dos temas ocorriam, em primeiro lugar, na "creche", a partir de discussões entre as educadoras e a coordenadora pedagógica, tendo como referência o planejamento pedagógico desenvolvido junto às crianças. A definição acontecia no último encontro pedagógico de cada ano, quando realizávamos a avaliação conjunta das atividades de formação. Cada "creche" apresentava sugestões de temas, e os mais votados eram incorporados ao planejamento pedagógico do ano seguinte.

Essas "creches" possuíam um acúmulo significativo de experiências socializadas com outras instituições do Movimento de Luta Pró-Creches,[4] de Belo Horizonte. Dessa forma, avaliávamos que o projeto-piloto conseguira avançar na compreensão de que a creche era um espaço educativo, direito da criança e dos pais, e um dever do Estado. Isso só foi possível porque souberam organizar a instituição do ponto de vista administrativo e pedagógico.

Outro avanço fundamental se deu a partir da elaboração coletiva de um estatuto e regimento interno, o que possibilitou definir as funções e atribuições da coordenação administrativa e pedagógica, das educadoras, dos outros funcionários e das famílias. Essa experiência ajudou a construir alguns parâmetros de funcionamento para outras creches comunitárias de Belo Horizonte, no que se refere à organização e ao funcionamento, à proposta pedagógica e à qualidade do atendimento oferecido às crianças.

No trabalho realizado nesses centros educativos, as educadoras desempenhavam um papel fundamental. Além de atividades ligadas diretamente ao atendimento às crianças, elas desenvolviam uma série de outras, conforme explicita Roseli Pereira Silva, da Creche Centro Infantil Dona Benta, quando reflete em seu relatório "O que é ser educadora de creche comunitária", de 1994.

> A creche trabalha com um grupo de onze pessoas, que participam diretamente das atividades do dia a dia, sendo seis educadoras, uma coordenadora pedagógica, uma coordenadora administrativa, duas

---

[4] O movimento é uma organização social sem fins lucrativos, sem distinção de credo ou de raça, cor, sexo ou religião, que congrega 198 creches e centros infantis comunitários, filantrópicos e/ou confessionais do município de Belo Horizonte. Foi criado em 1979, quando as mulheres entraram para o mercado de trabalho, a fim de complementar a renda familiar. É uma luta de mais de quarenta anos em prol dos direitos básicos de crianças e adolescentes e famílias, em geral, mais empobrecidas. Nas décadas de 1980 e 1990, havia uma ausência de políticas públicas voltadas para o atendimento às crianças de 0 a 6 anos no campo educacional, além da precária rede de assistência social, o que provocou a criação de dezenas de novas creches e centros infantis comunitários e filantrópicos.

cozinheiras e uma faxineira. Contamos também com uma diretoria formada por pais. É com esses grupos que, de forma coletiva, formulamos o estatuto, os regimentos internos, os planejamentos globais e os de atividades com as crianças. A creche não funciona sem esse grupo e é com ele que buscamos criar propostas para mais bem atender as crianças, os pais e a comunidade.

Roseli ainda relata que a educadora tinha que se desdobrar para realizar atividades como eventuais compras; limpeza das salas quando terminam as atividades; atender o portão, em "rodízio" entre elas, para receber e entregar as crianças aos pais no início e no fim do dia; fazer planejamentos e relatórios; participar de reuniões de estudo e encontros sistemáticos para a formação.

As condições em que as educadoras trabalhavam eram bastante precárias: a infraestrutura era pouco adequada para realizar as atividades com as crianças; faltava material didático; os salários eram baixos; a carga horária quase sempre superior a oito horas diárias. Havia, ainda, a baixa escolaridade, aspecto que priorizo na escrita desta carta, porque se refere tanto a uma maior ou menor possibilidade de sistematização da prática por meio da escrita, quanto à qualidade do trabalho realizado junto às crianças.

INÍCIO DE UMA EXPERIÊNCIA DE SISTEMATIZAÇÃO

Madalena, a gente já observava, no final da década de 1990, que as creches começavam a ter mais clareza sobre seu papel educativo (desenvolvimento psicológico, cognitivo e afetivo), enquanto direito das crianças, dos pais e dever do Estado, o que contribuiu de forma definitiva no debate e na construção de propostas pedagógicas para creches e pré-escolas.

Ao se assumirem como espaço educativo e pedagógico, passaram a reivindicar cursos de formação para as educadoras que já estavam em serviço havia muito tempo. No processo de contratação de novas educadoras, o critério da escolarização passou a figurar como um pré-requisito. Percebíamos que o "nível de escolarização" passou a exercer uma influência fundamental na organização e na divisão do trabalho nas creches, privilegiando aquelas pessoas com algum "saber escolar" para o trabalho considerado mais "intelectual" e importante para as creches. Quem possuía menor escolaridade acabava ficando com os trabalhos ditos "manuais".

A assessoria que realizávamos junto às "creches" caracterizava-se, como disse antes, pela prioridade dada à reflexão da prática e ao exercício de escrita como momentos privilegiados de intervenção no cotidiano desses centros educativos. Nas reuniões de formação semanais dávamos ênfase à elaboração dos relatórios como momentos em que ocorriam, de forma mais sistemática, a reflexão, a troca de experiências e o exercício da leitura e da escrita.

Essas reuniões semanais foram incorporadas à rotina das "creches" como um espaço de encontro para planejar, discutir e avaliar a prática. Era nesses momentos que aparecia de forma privilegiada a questão da escrita atrelada à necessidade de se registrar a prática para que, posteriormente, pudesse ser socializada e refletida.

Realizávamos, ainda, encontros de formação com a coordenação pedagógica e as educadoras para estudar conteúdos de matemática, leitura, escrita e artes. Outras dimensões do trabalho também eram priorizadas nos estudos e nos debates, tais como: jogos e brincadeiras; relação creche e família/creche e comunidade; o Estatuto da Criança e do Adolescente (ECA); sexualidade etc.

Madalena, uma das preocupações da equipe de assessores da Ameppe era buscar referenciais teóricos e metodológicos que nos ajudassem na reflexão coletiva do trabalho de maneira mais prazerosa, valorizando os conhecimentos prévios das equipes das "creches", bem como a prática, a linguagem oral e escrita, a representação e a expressão corporal.

A memória e a análise da prática eram sempre nosso ponto de partida. Passávamos a problematizar de forma individual e coletiva, na tentativa de avançar para uma melhor compreensão e conscientização sobre a realidade, buscando perceber os limites e as possibilidades da nossa ação. Autores como você e Paulo Freire foram uma grande inspiração para a produção da formação.

L. S. Vigotski também ajudou na compreensão de que um conhecimento real é investido num conhecimento potencial que a educadora já possui, uma vez que a reconstrução e a reelaboração, por parte do indivíduo, dos significados (saberes e práticas) são transmitidas pelo grupo cultural.

Outro aspecto bastante enfatizado era a valorização da linguagem oral e escrita. Nosso pressuposto básico contemplava a abertura de espaços para que as pessoas pudessem falar de si e do trabalho, expondo dúvidas e reflexões na forma oral e/ou escrita. Observávamos que, a partir do momento em que isso acontecia, as pessoas perdiam o medo de se expressar – conseguiam se "abrir" e se posicionar diante dos demais e do mundo. De certa forma, procurávamos operar com concepções e comportamentos diferentes, em que a língua escrita deveria se colocar de fato como um instrumento de socialização do poder.

No decorrer do tempo, pudemos verificar que, nas relações estabelecidas nas "creches", o domínio da escrita não se colocava necessariamente vinculado àquelas pessoas que estavam, por exemplo, desempenhando funções de coordenação. As educadoras passaram também a fazer uso desse instrumento.

Por último, aliadas ao exercício de elaboração e reelaboração dos relatórios, buscávamos trabalhar os diversos níveis de "representação" das educadoras, por meio de vivências de dramatização, pintura, modelagem, desenho, música, história e escrita. A ideia era criar situações para que, no cotidiano das "creches", a gravação, a fotografia, o vídeo, o poema e a música adquirissem um sentido e servissem como ponto de partida para discussão e rememoração, tendo como perspectiva a formação e a produção de conhecimentos

O PROCESSO DE PRODUÇÃO ESCRITA DAS EDUCADORAS

O registro escrito foi introduzido como uma das tarefas que as educadoras deveriam desenvolver e passaria a ser incorporado como parte do trabalho nas "creches". Foi um momento muito difícil, tenso e angustiante para muitas delas, pois era uma atividade inteiramente nova e ameaçadora.

Se, por um lado, o relatório passou a ser mais uma atividade, entre tantas outras, que exigia tempo e concentração, ainda mais para quem estava iniciando, por outro lado, para muitas educadoras, esse registro de escrita foi talvez a primeira necessidade e/ou possibilidade de exercitar o uso da escrita, mesmo que ainda restrito ao espaço da "creche".

No decorrer do tempo, percebemos que as primeiras dificuldades foram superadas. As educadoras que inicialmente demonstravam resistência para escrever e mostrar os cadernos de relatórios para a assessoria e as próprias colegas passaram a fazê-lo de maneira mais tranquila. Isso ocorria, a princípio, por "vergonha" dos "erros" de ortografia, por considerar a própria letra feia, pelos textos muito pequenos, pela baixa escolaridade de modo geral. Trabalhamos sobre todas essas questões sistematicamente, valorizando os registros escritos, criando espaços seguros e de confiança para discutir e refletir sobre a temática apresentada. Posteriormente, fazíamos a releitura em voz alta e iniciávamos o processo de reescrita.

A prática da escrita exige planejamento, reflexão e organização das ideias de forma coerente. É uma atividade complexa e complicada para a maioria das pessoas. No caso específico das educadoras populares, essa dificuldade era bastante real, por não terem, por exemplo, passado pela escola ou porque foram por ela excluídas. Muitas vezes as educadoras tinham uma experiência muito negativa com a escrita, pois a elas foi negada a possibilidade de se apropriar dessa "tecnologia", dominando-a como um importante instrumento de poder.

Compreendíamos a produção do relatório como uma prática sintetizadora de diversos aspectos da prática social e pedagógica das educadoras. Elas eram sujeitos de um processo de construção coletiva, de um conhecimento gerado pela reflexão de práticas sociais e pedagógicas concretas, sistematizadas pela ótica daquelas que vivenciavam o processo.

Dessa forma, as educadoras foram descobrindo e percebendo outros sentidos para uma prática que anteriormente era vista como repetitiva, cansativa e mecânica. Quando iniciamos esse trabalho tínhamos vários objetivos. O primeiro era fazer com que as educadoras incorporassem em sua vida pessoal e no trabalho o hábito de ler e escrever. O segundo era fazer com que os registros escritos ajudassem a pensar, a refletir, a avaliar a prática pedagógica e, ao mesmo tempo, como uma autoavaliação. Por último, pretendíamos que o resultado pudesse ser socializado com outras educadoras, com outras creches, contribuindo assim para o debate sobre a educação em creches, pré-escolas e centros infantis de Belo Horizonte.

Observávamos que os textos das educadoras apresentavam forte marca da oralidade, como frases corridas, emendadas, sem pontuação e sem parágrafos, além do uso excessivo de interrogações, como uma maneira de estabelecer diálogo com o leitor.

O excelente relatório produzido por Eni Rodrigues de Oliveira, intitulado "Saúde na creche: uma questão urgente", da Creche Comunitária Vila Piratininga, pode ser considerado exemplar para compreender essa questão. Na primeira versão do registro escrito, Eni entregou duas páginas de papel almaço; não havia parágrafos, pontuação, e vários eram os "erros" ortográficos. No entanto, o texto tinha coerência e coesão. Investimos em uma leitura em voz alta, e Eni ia indicando onde deveria ter vírgula, ponto, onde começaria e terminaria um parágrafo. Trechos em que as ideias poderiam ser expandidas foram reescritos várias vezes até que ficassem da maneira desejada por ela.

A reescrita permitiu uma maior abstração e, consequentemente, uma formulação mais objetiva e inteligível para outros leitores que não ela mesma. Quando se escreve, é necessário explicar satisfatoriamente o tema para que se torne inteligível.

Nos relatórios, mesmo naqueles com temáticas mais específicas, havia a utilização da forma escrita como expressão, como afirmação de um fazer humano, de um fazer feminino junto às crianças. Esse fazer e "fazer-se" figuravam nos relatórios das mais distintas formas, conforme aponta a educadora Deise de Paula Torquato, da Creche Centro Infantil Dona Benta:

> A criança necessita de atenção, dedicação, carinho o tempo todo, pois ela deposita uma confiança muito grande na educadora. Percebo isso quando as crianças menores, no momento da roda, permitem que entremos no seu mundo, contando algo sobre as brincadeiras preferidas, sobre a família, colegas e vizinhos. Elas têm uma abertura para brincar e se mostram com muita facilidade, isso se a educadora permite que tenham espaço.

Utilizávamos, em vários momentos, os registros escritos como uma estratégia de intervenção mais do que o exercício da escrita em si; outras vezes, acontecia o inverso.

Querida Madalena, vou finalizando esta carta feliz por poder compartilhar uma linda experiência de produção de conhecimentos vivenciada há mais de 25 anos. Eu e as equipes das "creches" aprendemos muito com você e saboreamos o livro *A paixão de conhecer o mundo*. No entanto, muitos dos projetos realizados e apresentados no livro foram recebidos com desconfiança, pois as educadoras acreditavam que só foram possíveis porque você é filha de Paulo Freire; porque as condições de trabalho na escola eram boas ou porque as crianças e as famílias tinham recursos financeiros e culturais. Contudo, quando a resistência das educadoras foi trabalhada, começamos a arriscar, elaborando projetos didáticos a partir da realidade de cada uma das "creches", das crianças, das famílias e da comunidade.

Muitas histórias e experiências foram produzidas inspiradas por você e pela leitura do seu livro!

Maurilane

CARTA 15
MADALENA, UMA TORRE SÓLIDA, UM FAROL DE AFETO, UMA MULHER DE VALOR

Ana Cristina Bortoletto Dunker, Lêda Nascimento,
Pnina E. Friedlander e Stela Brandão Cury

"O nome Madalena vem de Magdala, nome de uma aldeia junto ao mar da Galileia, que significa 'torre'."

"Carta à Madalena
Que pessoa é essa que nos acolhe,
Nos instiga, nos demole?
Que lugar é esse de onde vêm risadas,
Sugestões e ordens?

Caminhos que nos levam a nós mesmos,
Ao nosso melhor que não conhecemos,
Que nos autorizam a chorar, a sentir, a mudar,
A falar, a falar... A escutar.

Que pessoa é essa que anuncia sua saída?
Que como mãe nos coloca em liberdade.
Mostra-nos um modelo e depois parte
Parte mostrando a melhor parte."

Ana Cristina Dunker, texto escrito ao final do curso de formação de educadores no Espaço Pedagógico em 2002.

Querida Madalena Freire,

Estamos muito felizes por mais uma vez poder homenageá-la. Nunca será demais. "Homenagem" é uma palavra que vem do latim e nos remete à ideia de "homem", no sentido de humanidade... E é disto que se trata: falar do que há de mais humano em nossa relação, na relação que se estabelece entre professora e alunas, entre companheiras de luta por uma educação cada vez mais humanizada, feita com o cérebro e com o coração do educador. Ou seria do EducAdor? Essa é uma questão que nos acompanha há muito tempo. Como você sempre afirmou, e registrou no seu livro *Educador*, "somos movidos pelo desejo de crescer, de aprender, e nós, educadores, também de ensinar".[1] E esse ensinar não se faz apenas através de ações prazerosas. Ele se faz atravessado por sentimentos diversos, muitos deles frustrantes e doloridos, tanto para quem ensina quanto para quem aprende. Aliás, esse é um processo que se alimenta continuamente e que vemos acontecer na prática do cotidiano. Ao ensinar, muito aprendemos; ao aprender, muito ensinamos. Como "seres inacabados"[2] que somos, precisamos do outro para crescer.

Mas, voltando ao ponto de partida, e motivo desta carta, toda vez que tivermos oportunidade de homenageá-la, nós o faremos, e com muito prazer. Assim, atendemos também ao pedido da Teresa Cristina, contando um pouco do tanto que você nos ensinou e como marcou nossas vidas. Falar de você, falar *com* você, sempre foi muito importante para nós. É rever nossa trajetória na educação, o modo como nos educamos e passamos a vida a educar.

Quando recebemos o convite, de imediato nos sentimos muito honradas, mas, ao mesmo tempo, tivemos uma reação de paralisia ante a responsabilidade da tarefa. É aquele "apagão" que surge quando não sabemos o que fazer. Nessas ocasiões, a melhor coisa é marcar um encontro para conversar e trocar ideias, e essa primeira "reunião de pauta" já foi, por si só, uma delícia, um alimento para a alma! É incrível como você, mesmo não estando presente fisicamente, continua nos unindo e fazendo nos sentir vivas, através da retomada de tantas memórias. E dizemos "vivas" porque nos sentimos ativas – é que ao seu lado nunca foi possível permanecer como plateia. Você sempre nos instigou a encarar os desafios, a enfrentar nossos fantasmas, a colocar a mão na massa com a esperança de transformar a educação deste país.

---

1 Freire, Madalena. *Educador, educa a dor.* São Paulo: Paz & Terra, 2008.
2 Freire, Paulo. *Pedagogia da autonomia.* São Paulo: Paz & Terra, 2020.

Cada uma de nós expôs o que mais marcou nos encontros daquela época com você. Depois de certo tempo, de muitas lembranças compartilhadas, de consultas aos nossos registros guardados nas gavetas dos afetos, uma de nós parou e recordou: "o lanche!". Todas tivemos o mesmo pensamento. Rimos muito, muito mesmo, movidas pela saudade. Lanche em união é você inteira. Nos nossos encontros, desde 1988, ainda na rua Turi – quando Stela começou a estudar com você –, até 2002 – quando Cris teve esse privilégio –, já no primeiro dia você explicava como seria o lanche, do qual participava também, levando bebidas e flores.

Esse era um ritual importante do qual faziam parte não só o alimento, mas também a estética e o cuidado em sua oferta. Cada uma de nós, geralmente as responsáveis pela *síntese* do encontro anterior, compartilhava gostosuras feitas e/ou pensadas com muito carinho, de maneira que até um livro de receitas produzimos. Assim como dávamos o melhor de nós para cumprir as tarefas que você nos pedia, também não medíamos esforços para oferecer aos colegas um prato recheado de surpresas inusitadas, sempre coberto de afeto. Não é à toa que esse trecho escrito por você para falar sobre "grupo" é um dos mais citados nos documentos produzidos pelos professores e professoras de nossa Escola Carandá:

> É comendo junto que os afetos são simbolizados, expressos, representados, socializados. Pois comer junto também é uma forma de conhecer o outro e a si próprio. A comida é uma atividade altamente socializadora num grupo, porque permite a vivência de um ritual de ofertas. Exercício de generosidade. Espaço onde cada um recebe e oferece ao outro seu gosto, seu cheiro, sua textura, seu sabor. Momento de cuidados, atenção. O embelezamento da travessa em que vai o pão, a "forma de coração" do bolo, a renda bordada no prato... Frio ou quente? Que perfume falará de minhas emoções? Doce ou salgado? Todos esses aspectos compõem o ritual do comer junto, que é um dos ingredientes facilitadores da construção do grupo.[3]

---

3 Freire. "A construção do grupo", *op. cit*, 2008.

Com você, aprendemos que o lanche, o intervalo, o recreio são espaços de tempo muito ricos para se fazer a *observação* de alunos e alunas. São momentos descontraídos, em que a conversa, a brincadeira e a troca de energias acontecem com mais leveza e com menos desgaste.

E foi também ao redor de uma mesa que nos alimentamos, e alimentamos uns aos outros, construindo nossa escola. Assim, as memórias, as importâncias da vida são melhor compartilhadas. Os sonhos e as dificuldades do nosso fazer cotidiano se transformam em planos colocados em prática através de soluções discutidas coletivamente para seguir em frente com segurança.

Mesa, suporte de alimento para o corpo e também objeto que suporta livros, cadernos, imagens, fotos, desenhos que sempre fizeram parte de nossas aulas e que iam compondo o espaço do encontro. Mesa, cadeiras, sair do chão e sentar com conforto é também uma memória significativa para nós. Um dia, ao chegarmos ao Espaço Pedagógico, vimos que as almofadas cederam lugar às cadeiras. Reconhecemos que o tempo passa para todos e que o espaço externo contribui para um ganho interno, o que provavelmente nos proporcionou um salto em nossas reflexões.

Mas uma questão se faz presente nesse lugar de tanta ebulição... bastava registrar o que se passava? Claro que não, era preciso refletir por escrito, guardando os diferentes pensamentos que se materializavam, para que os registros se transformassem em estudos, que eram compartilhados, discutidos, remodelados. Esse caminho nos levou a uma melhor qualidade na *reflexão*.

Sendo alunas no Espaço Pedagógico, praticamos a construção de uma escola pensante. Foi na prática de nos tornarmos *escola* que todos os *instrumentos metodológicos* mostraram a sua potência.

Como sabemos, viver produz desafios, mudanças, questionamentos, curiosidades. Nada fica no mesmo lugar; temos que estar alertas para respeitar a história vivida e receber o novo, o que nem sempre é fácil, pois nos tira da zona de conforto. Mas, como sempre falamos, a aprendizagem é diária, caso contrário a vida fica sem sentido. E vivemos essa fase com você nos estimulando a escrever a nossa história, reconhecendo a sua potência.

Lembra de nossas tardes em sua casa de Granja Viana? Esse era um espaço que refletia seu jeito de ser e viver a vida, em meio à natureza e aos animais (tinha até vaca!), quando mergulhávamos em nosso fazer, organizando a trajetória da escola. Você acreditava em nós, reconhecia nossa prática e nossa autoria, e com isso nos sentíamos fortalecidas para ousar. Aliás, o livro *Medo e ousadia*, de Paulo Freire e Ira Shor, foi muito estudado; afinal, vivíamos tempos sombrios e sabíamos que o caminho seria através de uma educação libertadora. Foi nesse cenário que elaboramos o nosso famoso "Caderno Azul", o primeiro de muitos documentos registrados a partir desse momento. E é por isso também que reconhecemos e agradecemos publicamente o seu papel de guia, o que vem fazendo com maestria desde os primeiros anos da nossa existência profissional.

Mas voltando ainda mais no tempo...

Nosso primeiríssimo encontro aconteceu quando deixamos de ser recreação para nos tornamos escola. Estávamos focadas em atender as necessidades das crianças. Não apenas as necessidades de cuidado ou seus desejos imediatos, mas o que identificamos como desafios que as deslocariam. É dessa necessidade do educando (de ser o foco de nossas reflexões e intervenções para identificarmos os próximos desafios que levam cada um a avançar na construção do conhecimento) que, pela homologia dos processos, buscávamos nosso próprio caminho de aprendizado. Sabíamos que deveríamos investir na nossa formação e na dos educadores e educadoras da escola, de forma similar ao modo como gostaríamos que planejassem as intervenções com as crianças.

Nessa procura, uma de nós foi a uma palestra de Paulo Freire na Escola da Vila. No final da reunião, as pessoas dividiam-se em grupos e iam para salas com um educador da escola para discussões mais aprofundadas. Não foi à toa que o destino direcionou à sua. Mal sabíamos o que representava aquele encontro para nossas vidas!

Queríamos uma escola alegre, em que as crianças fossem respeitadas. Nessa fase elas se desenvolvem no coletivo, brincando, ouvindo histórias e se perguntando sobre o mundo e sobre si – era quando nos perguntávamos quais teorias iluminavam essa prática. Contrapondo o ensino tradicional, vimos em sua concepção democrática esse caminho. Sempre nos marcou muito sua fala de que as crianças nos fazem as grandes perguntas da Humanidade, aquelas que estamos, ao longo de toda a história, tentando responder: sobre as origens, vida e morte, sobre o presente e o futuro.

Olhar e ver, ouvir e escutar, ver e observar, desejar e necessitar.

Lugar e espaço, poder e querer, rir e chorar, viver e morrer.

Quantas perguntas fizemos, quantas teorias inventamos, quantas diferenças questionamos, quantas broncas levamos... Lembra que foi a partir de uma de nossas aulas que você escreveu o texto "Que diabo tem este grupo?".[4]

Quantas lágrimas choramos, quantas dores compartilhamos, quantas alegrias vivemos, quantas camadas desnudamos. Aprendemos a assumir a nossa responsabilidade perante o outro e perante nós mesmas.

Muitas transformações aconteceram. *Planejar* os passos a serem dados e *avaliar*. Pausas avaliativas e avaliação final que nos possibilitavam um planejamento embasado nos instrumentos metodológicos que passaram a fazer parte de nossa prática. Os cadernos nos acompanhavam por todos os lugares, anotações do cotidiano, relatórios, reflexões, sínteses.

Sínteses que mereceriam uma nova carta, tal a riqueza desse instrumento. Não tinham uma forma única, pelo contrário; eram inúmeras as formas possíveis de relatar e refletir sobre a vivência dos encontros. Além do registro convencional, escrevíamos cartas, telegramas, receitas, textos jornalísticos, bulas, todos acompanhados, na maior parte das vezes, de uma linguagem estética. Abordávamos vários aspectos da reunião, como a dinâmica, o conteúdo e a própria coordenação. Essa tarefa geralmente era executada por todas, mas a leitura era escolhida na hora. E "desgraçada" de quem não fizesse!

Para entender bem o papel de cada um dos componentes do universo escolar, você nos pedia que relatássemos alguns conteúdos como se fôssemos a aluna, a professora, a coordenadora ou sua mãe. Escutar as diferentes versões de uma mesma situação funcionava como um psicodrama pedagógico!

Suas devolutivas e provocações nos moviam a cada vez atuar com mais intencionalidade. O rigor do estudo tinha que ter relação direta com a delicadeza do encontro com as crianças. E quando teve que se afastar, para morar fora do Brasil, você montou outros grupos que deram continuidade à nossa formação. Continuamos a viver os papéis grupais, ora representando o

---

4 Freire, Madalena. "Que diabo tem este grupo". In: *O grupo: seminários*. São Paulo: Publicações Espaço Pedagógico [s.n.], 1993. (Série Seminários). Mimeo.

grupo do qual fazíamos parte, ora nos diferenciando para nos formar como indivíduos gregários que não perdem suas características individuais.

Sentimos sua falta, mas seguimos conversando. Temos conosco muitas dessas conversas por escrito. Devolutivas organizadas a respeito dos relatórios, cartas e cartões, post-its com suas intervenções. Mesmo longe de nosso convívio, seguiu em diálogo com suas alunas. Foi também nesse trabalho de formação que escrevemos capítulos dos cadernos de reflexão do Espaço Pedagógico... E tivemos a honra de ver nossas reflexões compartilhadas com muitos outros educadores.

Ao longo desta carta, fomos marcando os instrumentos metodológicos que você tão bem sistematizou e que compõem a essência do trabalho pedagógico de nossa escola. O respeito a esses instrumentos dá aos professores e professoras uma estrutura saudável para conhecer seus alunos e alunas. E isso também tem tudo a ver com você, Madalena! É algo que levamos não só para o profissional, mas também para a vida.

Foi assim que aprendemos que temos uma responsabilidade com a formação. O que se produz na escola é conhecimento. Não só os alunos estão em constante construção de seu saber. A escola e seus professores produzem cotidianamente conhecimento que precisa ser compartilhado, que precisa circular para além dos seus muros, pois dizem do conhecimento construído por um coletivo. Como você também sempre diz: podemos estudar sozinhos, mas aprendemos sempre com o outro.

Foi nesse momento que pensamos em criar, vinculado à escola, um centro de estudos. Lugar simbólico em que poderíamos fazer circular nossas reflexões, de nossos professores e de outros educadores, exercitando a partilha do saber para além de nossos muros. À época, escrevíamos o projeto político-pedagógico de uma das fases de nossa escola, com Maria Cristina Viganó, que também trilhou um caminho parecido com o nosso, de aprendizado, a partir de suas aulas e reflexões. E nosso projeto nos chamava a essa responsabilidade.

Porém, nosso centro de estudos tinha que contar nossa trajetória, tinha que ter, em seu nome, a história de nossa formação. Foi quando, em 2004, pedimos sua autorização para batizá-lo de Centro de Estudos Madalena Freire. Por conta do tanto que isso tudo nos definiu, imaginamos que o melhor modo de marcar sua força em nossa formação seria carregar seu nome "colado" ao nosso, dizendo diariamente para todos que se aproximam de nossa escola da potência de seu pensamento sobre a formação dos educadores.

Atualmente, o centro é responsável pela formação de professores e a formação ampliada de professores de fora da escola. Um dos nossos grandes orgulhos é saber que o centro abarca também o 26 LETRAS, espaço de acolhida e reconhecimento do direito à educação de jovens e adultos que não puderam permanecer na escola durante os primeiros anos de suas vidas. E mais, o projeto de formação de estagiários é uma oportunidade de contribuir na formação de estudantes que atuam no cotidiano da escola, no enfrentamento dos desafios da docência. É dessa forma que exercemos uma de nossas maiores responsabilidades com o fazer da educação. Ter você conosco, propondo intervenções formativas e dando a eles o feedback de sua atuação, é uma de nossas maiores realizações como escola que educa meninos e meninas, mas também que forma novos educadores implicados com o olhar para o bem comum e para a formação humanista e integral de cada um, no coletivo.

Foi através do centro de estudos que pudemos levar suas ideias para além de nossa escola. Foi assim que fizemos a ponte entre você e os educadores de comuna Reggio Emilia, na Itália, em 2011. Foi assim que vimos Simoneta Citadini (L'Atelier School) levando seu nome e seu trabalho para a Flórida. E é assim que, dia após dia, nossos educadores e familiares sabem das origens do pensamento de nossa escola. Também foi um prazer recebê-la para dialogar com Debora Vaz, Cleide Terzi e Christian Dunker, entre tantos, abordando temas ligados à educação e à psicanálise, ampliando os olhares neste tempo de mudanças tão rápidas.

Hoje somos uma escola que pode se dizer participativa, que procura envolver todos os seus atores no cotidiano e, mais uma vez, temos você como inspiração para pensar as relações entre autoridade e autoritarismo, no exercício de escuta das diferenças, diferenças identitárias e diferentes modos de circulação do poder. Para nós, o lugar da autoridade tem a ver com nossa responsabilidade com a humanização. Humanização das relações entre educador e educando, das relações de trabalho, das relações com as famílias, do ser e viver a escola.

> A democracia que eu sonho na escola é que um dia cada um na sua função, no seu papel, possa exercer o poder: que o educador, o educando, os funcionários, a coordenação e o diretor tenham sua autoridade e seu poder. Mas que isso se dê no enfrentamento das diferenças que cada exercício deste poder demanda.[5]

É isso, Madá, seguimos juntas, lutando pela educação democrática em nossa escola, em nossa cidade e em nosso país. Não é uma luta fácil, mas a única que vale a pena ser lutada! E você e sua obra são inspirações, para nós e para cada educador que se propuser a educar o humano, as pessoas em suas inteirezas...

Você é uma mulher que nos inspira, nos instiga e nos acolhe, ainda que a pandemia da covid-19 tenha nos imposto a distância. Saiba que nos sentimos cuidadas em todos os sentidos.

Nesse bom tempo que juntas passamos, tomamos muitos cafés, comemos bolos gostosos, ouvimos suas risadas, fomos presenteadas com suas cerâmicas e suas palavras.

Caminhos trilhamos, segredos trocamos, muito aprendemos.

Recebemos o melhor, demos o que temos de mais verdadeiro. Fomos ouvidas, escutamos, mudamos, crescemos.

Obrigada por tudo. Obrigada por tanto!

Um beijo com todo nosso bem-querer,

Ana Cristina, Lêda, Pnina e Stela

---

5 Freire, Madalena. "Escola, grupo e democracia". In: Grossi, Esther Pillar; Bordin, Jussara (orgs.). *Paixão de aprender*. Petrópolis: Vozes, 1992.

CARTA 16

MADALENA E O PRÓ-SABER:
A FERTILIZAÇÃO DA SUA METODOLOGIA
EM DIFERENTES TERRITÓRIOS

Maria Cecília Lins, Clara Araujo, Maria Cecilia Almeida e Silva

Querida Madá,

Que feliz encontro no Espaço Pedagógico em 2002, vinte anos atrás. Nunca tinha estudado sobre Paulo Freire nem no magistério nem na faculdade. Nunca tinha sentido na pele uma pedagogia que atravessasse minha humanidade. Razão e afeto moravam em mim em compartimentos diferentes, incomunicáveis.

Nas aulas, ao longo de 2002, sentindo-me desamparada por ter me mudado de cidade com três filhos pequenos, eu carregava em mim um desejo enorme de aprender e de querer ser uma professora melhor. Uma colega de um curso de alfabetização me falou de suas aulas, falou-me sobre você. Ouvi um chamado e segui minha intuição. Encontrei na sua formação aquilo que eu buscava. Queria ser como aquela educadora que estava na minha frente, apaixonada pela sua prática, sabidíssima e, acima de tudo, leve, engraçada, transbordando afeto e chamamento por cada um de nós, alunos aprendizes.

Foi durante esse ano que vivenciei sua metodologia: observando, fazendo registro reflexivo sobre a prática/teoria, avaliando e planejando minha aula. A soma de todos esses métodos me transformou e está marcada na minha pele e no meu modo de (re)existir hoje.

Foi nos nossos encontros que ressignifiquei meus cinco sentidos. O meu olhar, a minha escuta, o meu abraço... A observação ganhou para mim o centro do palco e aprendi a fazer a leitura de mundo com mais sensibilidade, com mais franqueza e com mais perguntas reflexivas e certeiras sobre o mundo...

Os registros reflexivos me fizeram tomar consciência de quem eu era, da minha potência, da minha grande potência, e fui, na forma de uma espiral, (re)construindo minha casa interna, aprendendo a ver não só o todo, mas também cada detalhe de minha ação pedagógica.

Fazer avaliação, alimentar-me do planejamento de um novo recomeço, diário, fez-me compreender a beleza da caminhada da vida, onde a cada dia, a cada aula, nasce a nossa chance de *ouro* para sermos melhores.

Por meio de suas intervenções tomei consciência do meu privilégio. Aprendi a ver o mundo por uma nova lente. Aprendi a enxergar o Outro e tantos Outros na sua complexidade.

E, ancorada em instrumentos tão potentes, aprendi a ser rigorosa com a minha prática, buscando diariamente as respostas para: "O que seu aluno aprendeu hoje?" e "O que você ensinou?". Seu rigor também me atravessou: a cada aula, a cada encontro, eu me desafiava a escrever uma síntese melhor.

Vivi na pele a delícia do encontro da hora do lanche, da mesa partilhada. O café e as esfirras mediavam debates de tantas subjetividades que se reconhecem na troca, na ampliação de um ponto de vista, na partilha de visões de mundo.

Foi você quem me ensinou sobre *inteireza*. Ensinou-me como pegar agulha e linha e ir me costurando enquanto pessoa em todas as dimensões da minha humanidade. E nessa costura aprendi que sou a Maria, mãe de três, mulher do Augusto, professora, empreendedora social, irmã, filha, neta – tantas Marias encarnadas em um corpo cheio de energia e paixão para conhecer o mundo e as pessoas.

Madá, nada mais transformador do que experimentar tudo o que vivemos juntas. Eu no grupo, nos grupos, eu com você e eu sozinha.

Você me levou em uma viagem de conhecimento não só com a sua teoria, mas também convidando outros autores para o curso. Aprendemos com Larrosa, Wallon, Paulo Freire, Vigotski e tantos outros. Foi graças a sua metodologia que aprendi a pensar com todos eles e não através deles, "Onde está a Maria neste texto?", você me provocava... Foi por meio de tantas devolutivas de registro que aprendi tanto a reconhecer a minha voz quanto a comunicar aquilo que penso e sinto na minha prática de educadora e ser humano.

Foi nos nossos encontros que me senti convocada a trabalhar sistematicamente por um Brasil mais justo. Para isso, sigo no constante desafio de entrelaçar conhecimento e paixão nas diferentes Marias que me constituem.

Esse encontro, providencial naquele ano de formação no Espaço Pedagógico, fez dos meus vinte anos seguintes a beleza e a grandeza de tudo que ainda vivo hoje.

E você foi assim para mim... Como uma doula, deu-me as mãos na hora de fazer força, deu-me colo quando eu queria desistir. Você me ajudou a partejar o Pró-Saber em São Paulo e a cuidar para que ele nascesse em um berço democrático, ancorado em valores inegociáveis de amor e reconhecimento a cada ser humano que por ele passa.

Por fim, feliz foi o dia em que, na hora do lanche, mostrei o livro que minha mãe havia escrito sobre a fundamentação teórica da psicopedagogia. Sentia que você precisava conhecer o Pró-Saber do Rio. A arte que minha mãe e minha irmã estavam criando... Eu intuía que o encontro de vocês daria samba.

Feliz o dia em que você aceitou ir para o Rio e lá no Hotel Marina sentiu a brisa que vinha do mar, trazendo um novo canto...

Um abraço apertado do jeito que você gosta,

Maria Cecília Lins

* * *

"Para onde você vai?" Essa foi a primeira interrogação feita por Madalena a mim, há quase vinte anos, quando nos encontramos no Pró-Saber Rio.

Estávamos numa reunião com toda a equipe docente e eu me levantei para ir ao banheiro. Não imaginava que estava sendo notada, até uma voz forte ecoar pela sala: "Para onde você vai?" Me lembro que senti como se um vulcão fosse entrar em erupção dentro de mim.

O encontro começou ali, tímido. Na época, Maria Cecilia Almeida e Silva, minha mãe, estava gestando, no Pró-Saber, o curso normal superior em educação infantil.

Sou filha e irmã de educadoras. Desde pequena a educação habitou a minha casa. Aos 3 anos, acompanhava minha mãe à faculdade. Maria, minha irmã, psicóloga de formação, atuou como professora desde os 17 anos. Ela nos alimentava com o seu entusiasmo de uma prática diferenciada que derrubava os muros da sala de aula.

O Pró-Saber Rio foi fundado por Maria Cecilia Almeida e Silva e Heloísa Protasio em 1987. Duas psicopedagogas, apaixonadas pelo seu ofício, se depararam com o fato de que os ditos problemas de aprendizagem das crianças das escolas públicas eram um efeito de todo um sistema escolar paralisado.

A partir dessa constatação, "pisando nesse chão devagarinho", Cecilia e Heloísa começaram o projeto Heróis da Resistência no Centro Integrado de Educação Pública (Ciep) Agostinho Neto, Rio de Janeiro, com o intuito de trabalhar e formar toda a equipe escolar da instituição. Foi a partir desse projeto que nasceu o Pró-Saber, em 2001, com a frase de Marilena, faxineira da escola: "Não sou mais uma mulher atrás de uma vassoura."

A boa-nova se espalhou e começamos a trabalhar, no mesmo modelo de supervisão, em creches comunitárias. Nesse momento, o desejo de ter uma faculdade de excelência voltada para a classe popular urgiu quando percebemos que as supervisões nas creches e escolas eram insuficientes. Maria Cecilia, sonhando o sonho quase impossível, fez acontecer.

A primeira turma do Instituto Superior de Educação Pró-Saber foi em 2005. Madalena Freire voltara ao Pró-Saber para mais um encontro de formação da nossa equipe, quando foi convidada por Cecilia para coordenar a faculdade. Sem hesitar nem um segundo, Madalena disse sim.

Esse *sim* transformou a minha vida.

De quinze em quinze dias, Madalena vinha para o Rio de Janeiro para passar a semana. Começamos a partir de então a experimentar uma coordenação pedagógica diferente.

Ainda sinto o frio na barriga que me invadia em cada reunião de formação – que, aliás persiste até hoje com os planejamentos, as sínteses, os pontos de observação e as avaliações. O que significava aquilo tudo? No começo, não entendia muito. Talvez porque ainda não tinha também me entendido.

A busca pelas minhas palavras silenciadas iniciou na convocação de fazer a síntese do nosso comitê acadêmico. Lembro-me de ter feito em forma de poesia e acabava assim: "Muito prazer, Clara." Já tinha um nome.

E este é o primeiro conteúdo que Madalena trabalha nas suas formações: a história do nome. Um conteúdo que desvela a identidade, a história, a existência. Uma certeza de que fomos desejados.

Entendendo que fomos desejados, somos chamados por Madalena a encontrar o nosso desejo com incansáveis intervenções: "Qual é a sua opção?"; "O que move você?". Tudo olho no olho... Um penetrante olho no olho. Ela não se cansa de olhar, ver, ver além, como ela própria diz.

Madalena me viu além.

Com esse olhar, Madalena desnuda quem encontra com seu amor, sua generosidade, sua alegria, sua força, sua humanidade e seu rigor.

Madalena me desnudou.

Rigor e amor que nos mostram seu comprometimento com a vida, a sua vida e a do outro. "Para ser educador é preciso gostar de gente", diz Madalena. Sou testemunha: como ela ama gente!

É um amor tão grande que emerge também nas suas fragilidades, nos seus medos, nas suas frustrações. Não é à toa que muitas vezes achamos que sua poesia foi "feita para mim". Um generoso compartilhamento da sua humanidade.

Madalena me mostrou a minha humanidade.

Somos "pessoas humanas" repletas de experiências e histórias. Com essa afirmação, Madalena nos faz experimentar que não somos repartidos. Somos professores humanos que nos encontramos a cada aula, com os nossos alunos, humanos. Cada aula é um encontro de cada um com todos, em que o conhecimento é partilhado e construído no grupo.

Esse grupo é imprescindível, porque através dele (re)conhecemos o ainda desconhecido que reside em nós. Ela me mostrou esse caminho para me encontrar, e eu desejei percorrê-lo.

Os instrumentos metodológicos (planejamento, pontos de observação, síntese, avaliação) são ferramentas que alicerçam a construção de nossa autoria e autonomia. Através deles, ensaiei e ensaio pensamentos, palavras e ações. Com essa metodologia, afirmo: não conseguimos nos esconder de nós mesmos porque nascemos, existimos a cada vez que nos transbordamos em nossas palavras.

Não é fácil existir nessa concepção democrática que entende que tanto o educador quanto o educando são eternos estudantes, sujeitos reflexivos e por isso construtores do próprio pensamento.

Não é fácil entrar em contato com a nossa subjetividade e valorizá-la como tal buscando incessantemente nos construir como seres autores e autônomos.

Madalena me mostrou que sou única.

Mas foi e é possível. Sou espectadora atuante da metodologia que Madalena criou. Nunca imaginei que fosse embarcar nessa viagem interna tão intensa, a partir daquele *sim* de Madalena.

Uma viagem de dor e de prazer, de medo e de coragem, de arrogância e de humildade, de amor e de ódio. Uma viagem ao encontro de mim mesma. Eu, Clara, professora, humana.

Uma viagem que me fez enxergar o meu mundo e o mundo lá fora.

Fui para muitos lugares, desbravei terras desconhecidas, revisitei com novos olhos as mesmas terras e ainda me pergunto: "Para onde eu vou?"

Obrigada, Madá, por me mostrar que a vida é um presente e que deve ser honrada todos os dias através do exercício comprometido com a nossa existência.

Com todo o meu amor,

Clara Araujo

* * *

> "Tinhas a alma de sonhos povoada.
> E a alma de sonhos povoada, eu tinha..."
>
> Olavo Bilac, "Nel mezzo del camin..."

Querida Madá,

Foi voando de São Paulo para o Rio – você se lembra? –, uma ao lado da outra, que nos encontramos povoadas de sonhos e de inspirações. Muitos realizados, outros sendo gestados, ainda por vir.

O tempo de voo foi curto, mas o suficiente para identificar ideias e desafios na convicção de que a educação ou é libertadora, ou não existe.

Ficou clara a nossa adesão ao "Princípio da Esperança", uma utopia concreta formulada por Ernst Bloch.[1]

A esperança, como parcela ativa do futuro, confere movimento e frescor às realizações concretas do presente, antecipando outra realidade possível.

Os agentes de uma educação libertadora são os professores, numa arquitetura educacional que os liberta do fatalismo, do utilitarismo, do imediatismo, da inércia.

A força moral para a construção dessa nova arquitetura educacional é a ousadia de acreditar que o inédito é viável ao considerar a educação uma obra de arte.[2]

Arte não como um acréscimo, um enfeite, mas como fundamento, como elemento constitutivo do fazer educacional.

A educação como obra de arte é ainda um processo de subjetivação que leva em consideração as singularidades, os implícitos, os não ditos, o que está por trás do pensamento.

O conhecimento é gestado no grupo, mas elaborado na singularidade de cada um, cada ator, cada autor.

A educação como obra de arte é também uma busca do extraordinário do momento que considera o ser humano um ser que se ultrapassa, que busca a transcendência.

Considera o conhecimento e a imaginação alicerces de um novo humanismo dentro de um romantismo revolucionário.

A educação como tal busca uma outra margem para ir além do senso comum educacional, formando professores, capazes de formular um novo "Eu penso".

A força desse novo pensar constrói a autonomia, que é a condição primeira para a liberdade...

Pousamos!

Fundamos, então, o Instituto Superior de Educação Pró-Saber, sob a sua direção pedagógica.

---

[1] Bloch, Ernst. *O princípio esperança*. Trad. Nélio Schneider, Werner Fucks. Rio de Janeiro: Contraponto, 2005.
[2] Freire, Paulo. *Pedagogia da solidariedade*. São Paulo: Paz & Terra, 2014.

O Pró-Saber é uma faculdade particular gratuita a serviço da educação pública. Os alunos, em sua maioria, são professores que atuam em creches comunitárias, conveniadas e públicas, nas favelas, comunidades e periferias do Rio de Janeiro.

Esses professores se tornam agentes de transformação em seus territórios, formando uma rede de troca de experiências que compõe o programa Constelação.

O programa Constelação conjuga o verbo *constelar*, que significa dar brilho à vida do outro.

Madalena, o que mais me encanta na sua transmissão de conhecimento é o uso da metáfora. A metáfora como caminho para chegar aos conhecimentos, e, também a metáfora como suporte para a expressão da subjetividade.

Você estabelece com os alunos uma relação amorosa, libertadora, intersubjetiva, singular.

Essa relação amorosa estimula, incentiva, provoca a criatividade e a alegria.
Vamos voando e cantando enquanto resistirem as nossas asas.

Maria Cecilia

CARTA 17
DO "PRÉ DA MADÁ" ÀS RODAS NAS ORGANIZAÇÕES: SEMEANDO O CAMPO QUE RECEBI
Cecília Warschauer

Querida Madalena,

É uma alegria enorme escrever esta carta para você! Ao receber o convite fui invadida por uma grande emoção, e imediatamente um filme iniciou dentro de mim: um retrospecto de minha vida, lembrando de cenas, valores e aprendizados com você, sobretudo daqueles anos de nossa convivência semanal no Grupo das Quintas da rua Turi, mas também de nossa intensa troca de cartas no período em você vivia nos Estados Unidos. As cenas do filme avançam e me levam para os muitos contextos profissionais e pessoais de minha vida, alguns bem distantes do universo escolar, que era o palco principal das práticas que discutíamos. Mas facilmente identifico a matriz de tantas realizações nos aprendizados daqueles primeiros anos com você. Vamos ao começo do filme, e da história.

Quando nos conhecemos, em 1982 (há exatos quarenta anos!), eu estava em "crise vocacional". Tinha 20 anos e acabado de largar o curso de administração pública na Fundação Getulio Vargas pela segunda vez. Já havia também iniciado e trancado o curso de biologia na Universidade de São Paulo. Fui parar na sua sala do "pré" um tanto por acaso. Na época, como parte da pesquisa vocacional, fazia cursos e estudos variados, terapia e escrevia um diário, uma evolução do que fizera na adolescência, mas nesse momento com um propósito mais claro: analisar as várias experiências que vivia em busca do que poderia indicar um caminho profissional. Registrava ali também os sonhos, que serviam de material para as sessões de terapia junguiana.

Foi nesse contexto que me inscrevi no centro de estudos da escola em que você trabalhava, que era uma cooperativa naquela época, "com uma pedagogia diferenciada", como disse uma amiga. Lá encontrei também uma gestão realmente diferente: não havia professores contratados, todos ali eram proprietários e se dividiam em todas as funções, das salas de aula com as crianças – de 2 a 6 anos – à administração e condução do centro de estudos – que recebia quem queria conhecer a escola e sua pedagogia. Fazer estágio nas várias classes era parte das nossas atividades de estudo. Ali se abriu um novo mundo para mim. Dava para sentir o estilo próprio de cada educador, assim como a integração dessa diversidade numa proposta pedagógica coerente e encantadora.

A PAIXÃO NA SUA SALA DO "PRÉ"

Naquela época, chamávamos a educação infantil de pré-escola, o último ano era conhecido como o "pré", e tinha grande foco na alfabetização. Hoje, a turma equivale ao 1º ano do ensino fundamental.

Fazer estágio no "pré da Madá" foi de uma emoção indizível, não só pelo que via e sentia, mas também pela ferramenta que você usava para refletir: um diário! Sim, a mesma ferramenta que eu usava para meu autoconhecimento e minha pesquisa vocacional! Foram vários dias ali, sentadinha num canto, só observando e anotando. Eu fazia perguntas no meio das minhas anotações, entregava-as a você e recebia suas respostas em nosso encontro seguinte. Você também me deixava, num ato de imensa generosidade, ler o seu diário, onde registrava metodicamente suas observações de cada criança e as interações entre elas, inclusive na hora do recreio, destacando de que brincavam, o que conversavam; havia ali também suas reflexões a partir dessas observações. Era a partir dessas reflexões que você identificava possíveis "temas geradores" e criava o seu planejamento para as atividades. Era uma escola viva, muito diferente de meus referenciais de escola até então. Sempre fui boa aluna, gostava de estudar e de ir à escola, mas, ao mergulhar na sua pedagogia, percebi que faltaram ingredientes fundamentais em minha experiência escolar, e que sentia estarem presentes na sua sala de aula. Eu não sabia verbalizar, mas a emoção dizia ser esse o caminho. E minha decisão foi seguir seus passos para aprender o que era aquilo. E quem eu era. Sentia que aquele era um "caminho com coração", como dissera Don Juan. E era isso que eu buscava desde que li *A erva do diabo*, de Carlos Castañeda. A sua pedagogia, Madá, fazia os olhos das crianças brilharem e os meus também. Para não falar dos seus – quanta intensidade e paixão!

Lembro-me do dia em que você trouxe uma *jaca* para a roda – se não me engano, veio de seu quintal – e ali repartiu com as crianças. Depois de muito conversarem sobre a jaca e a vida, e se lambuzarem, a carcaça foi para a parede, em forma de registro da experiência, assim como as sílabas JA–JE–JI–JO–JU. Pouco depois, surgiu na carcaça algo esquisito. "O que era aquilo?" "*Mofo!*" E ele se tornou um novo projeto de pesquisa. E novas sílabas foram para a parede: MA–ME–MI–MO–MU, FA–FE–FI–FO–FU. E assim se ampliava o universo de possibilidades de formação de palavras e frases a alimentar o projeto de aprender a ler e escrever. Tudo era pesquisa. Tudo era afeto. Tudo era significado ligado ao ato de aprender. Tudo era ocasião para alimentar a sede de conhecer e criar sentidos novos para o desconhecido. Muitas conversas na roda e paredes cheia de registros, dos mais diferentes tipos.

Aqueles primeiros contatos com sua prática na classe do "pré" foram decisivos: eu seria educadora de crianças. E decidi prestar vestibular para pedagogia. Na época, não poderia imaginar que a carreira me levaria a trabalhar com adultos, inicialmente professores e coordenadores, e depois com profissionais de diferentes setores, inclusive em empresas de tecnologia. Entretanto, percebo que a matriz é a mesma: continuo trabalhando com as "crianças que existem dentro dos adultos" (a começar pela que mora dentro de mim). A "pesquisa do sentido" por trás dos comportamentos, como você fazia com as crianças do "pré", permanece em minhas práticas até hoje, assim como a disciplina de estudar teorias e metodologias que possam contribuir com essa pesquisa. Para mim, o título de seu livro *A paixão de conhecer o mundo* fala não só das crianças em seus processos de aprendizagem, mas evidencia sua própria maneira de se relacionar consigo e com o mundo. Você concorda comigo?

À medida que nos conhecíamos mais profundamente, sua paixão por conhecer e estudar de maneira autodidata me encantava. Sua curiosidade por diversas áreas também era uma marca da "sua pedagogia" e da sua pessoa. Como separar essas duas dimensões? Em você, Madá, havia essa forte coerência. E seria um ótimo exemplo do que o pesquisador português António Nóvoa escreveu: as opções que cada um de nós tem que escolher como professor cruzam nossa maneira de ser com a nossa maneira de ensinar, e desvendam na nossa maneira de ensinar nossa maneira de ser.[1]

Nessas últimas quatro décadas, prossegui com práticas de pesquisa nos diferentes âmbitos da vida. Pesquisas de autoconhecimento e "pesquisa dos sentidos" como partes integrantes das práticas profissionais. Segui e ampliei seu método, Madá! Em *A paixão de conhecer o mundo*, você conta a história detalhada de uma classe do "pré", permeada por suas reflexões, que partilhava bimestralmente com os pais daquelas crianças. Tenho feito registros de várias histórias que vivo, algumas com partilhas em formato de livros. O primeiro foi *A roda e o registro*,[2] apresentado inicialmente como dissertação de mestrado, na qual conto histórias vividas com três classes de 4ª série,[3] e a reflexão sobre elas. Ali destaquei dois instrumentos metodológicos centrais, a roda e o registro, evidenciando seu poder não só para crianças pequenas, mas para as mais velhas. Depois, no *Rodas em rede*,[4] que foi também tese de doutorado, conto a história de uma escola, que acompanhei por sete anos, destacando que a formação de professores pode interagir com a dos alunos, em um projeto de escola que inclui rodas e registros como práticas de formação.

Anos depois, no *Entre na roda!*,[5] conto a história de uma empresa, na qual trabalhei por cinco anos, evidenciando os movimentos de constituição

---

1 Nóvoa, António. "Diz-me como ensinas, dir-te-ei quem és e vice-versa". In: Ivani, Fazenda. *A pesquisa em educação e as transformações do conhecimento*. Campinas: Papirus, 1995, p. 39.
2 Warschauer, Cecília. *A roda e o registro: uma parceria entre professores, alunos e conhecimento*. 5. ed. rev. e ampl. São Paulo: Paz & Terra, 2017. Esse livro foi publicado originalmente em 1993, mas revisto e atualizado para a quinta edição, em 2017a.
3 Atualmente, equivalente ao 5º ano do ensino fundamental.
4 Warschauer, Cecília. *Rodas em rede: oportunidades formativas na escola e fora dela*. 2. ed. rev. e ampl. Rio de Janeiro: Paz & Terra, 2017. Esse livro foi publicado originalmente em 2001, mas revisto e atualizado para a segunda edição, em 2017c.
5 Warschauer, Cecília. *Entre na roda! A formação humana nas escolas e nas organizações*. Rio de Janeiro: Paz & Terra, 2017b.

de uma cultura organizacional que criava condições para a formação não só das dimensões técnicas, mas também humanas. Além da análise dessa história empresarial, trago nesse livro outros contextos de aplicação do que passei a chamar de "metodologia roda & registro", como a dos últimos sete anos de vida do meu pai, quando a demência se manifestava progressivamente e vários recursos da metodologia foram úteis na estruturação de seu cotidiano, na manutenção de sua autoestima (como quando lia sua história de vida registrada a partir de seus flashes de memória ou folheava seu álbum de fotos legendadas), ou na nossa rotina de "rodas de conversa" para refletir sobre a vida, naquele momento de tanta desorientação. Tenho bem claro que a metodologia roda & registro não teria sido criada se não fosse aquela magia da sua "roda do 'pré'". Por isso, Madá, muito obrigada!

UM CÍRCULO CERIMONIAL

No ano seguinte ao encantamento com o seu "pré", iniciei o curso de pedagogia e fui trabalhar em uma escola com crianças de 4 anos. Foi lá que vi um pequeno cartaz anunciando um grupo de formação de educadores com você! E lá fui eu. Era numa casa alugada na rua Turi, na Vila Madalena, em São Paulo. Eram encontros semanais às quintas-feiras. Não me lembro se eram de duas ou três horas de duração. Almofadas no chão e um tablado no centro. No início éramos só duas, depois o grupo foi aumentando. Acho que chegamos a oito ou nove. Vou contar minhas lembranças, que certamente não seriam as mesmas das outras participantes. As experiências são únicas, sempre, marcando de maneira diferente quem as viveu, devido às suas situações específicas, de trabalho e de vida.

A sua proposta era clara: deveríamos manter um diário da prática pedagógica que tínhamos nas escolas, pois a reflexão sobre a prática era o alicerce da formação que você nos propunha. Além desse diário, cada uma deveria produzir um texto reflexivo semanalmente, a partir das discussões do grupo, podendo relacioná-las com sua própria prática pedagógica. Esse texto seria lido e discutido no encontro seguinte e se tornaria tema de novas discussões. Assim, a cada semana, tínhamos novos textos individuais, novas discussões, e íamos aprofundando as temáticas, geralmente permeadas por teorias que estudávamos em paralelo. Você também trazia seu texto, que eu adorava ouvir, com uma síntese, aprofundamentos e teorizações.

Posso destacar que permaneci por duas décadas encantada com essa dinâmica de formação, praticando-a e pesquisando-a teoricamente, buscando autores que podiam enriquecer minha compreensão e, assim, aprimorar essa prática. Esse processo culminou em alguns textos, partes da tese de doutorado, como "A escrita como oportunidade reflexiva"[6] e "A reflexão sobre a prática como prática de formação".[7]

Mas, voltando ao nosso "Grupo das Quintas", lembro-me de que quando entrava ou saía alguém – o que era bem esporádico –, e você identificava algum incômodo entre nós, criava espaço para falarmos sobre isso e transformava a ocasião em oportunidade de reflexão, que poderia culminar em estudo sobre a vida e a dinâmica de grupos. Tudo era motivo para a reflexão. E a teorização. Que por sua vez transformava a prática, isto é, na próxima vez que entrasse ou saísse uma participante, nossa compreensão já seria outra: um grupo é vivo, "perdas" fazem parte, assim como da vida.

Lembro-me de meu incômodo quando o grupo aumentou e o espaço para a minha fala diminuiu, e de termos falado sobre isso. Fui aos poucos evoluindo, não necessitando mais de muito espaço para ser escutada, pois já conseguia ser alimentada ao escutar as práticas dos outros, lembra disso, Madá? Hoje, ao estudar comunicação não violenta – uma das metodologias incorporadas à "roda & registro", e praticá-la com grupos, essa memória é ativada. É muito frequente encontrar pessoas com necessidades enormes de ser escutadas, de ser vistas. E por vezes monopolizam a fala. Sei que elas podem evoluir, assim como consegui em seu grupo, pelas suas intervenções. Hoje, sou reconhecida como uma grande "escutadora".

Analisando minhas lembranças de nosso grupo, identifico uma abordagem existencial e humanista permeando nossas discussões. Não era um grupo com

---

6 Warschauer, *op. cit.*, 2017b, pp. 223-234.
7 *Ibidem*, pp. 235-246.

fins terapêuticos, mas era uma prática que nos transformava. Falávamos de emoções, sentimentos e ansiedades que acompanhavam o enfrentamento do novo. Lemos trechos do livro *A coragem de criar*, de Rollo May, o que foi muito importante para entender que a ansiedade faz parte do processo criativo. E isso me ajudava a enfrentá-la toda vez que me deparava com um papel em branco, tanto para escrever os textos semanais para nossos encontros quanto os relatórios bimestrais do que vivia com as crianças, para não falar dos textos acadêmicos.

Participei do Grupo das Quintas por três anos e meio, de 1983 até meados de 1986. Era com um sentimento de cerimonial que eu vivenciava nossos encontros. Ali eu me sentia inteira, respeitada e ouvida, enquanto aprendia a ouvir as experiências de outras mulheres em suas trajetórias e buscas particulares. Mas era na singularidade de cada uma, alimentada pelas diferenças, pelas partilhas de reflexões e pelos pontos de vista que desenvolvíamos o sentimento do que é fazer parte de um grupo, sem anular a individualidade. E você sempre pontuando com teorizações e até poesia, como esta:

> Eu não sou você,
> Você não é eu,
> Mas sei muito de mim
> Vivendo com você.
> E você, sabe muito de você vivendo comigo?
> Eu não sou você,
> Você não é eu.
> Mas encontrei comigo e me vi
> Enquanto olhava para você
> [...]
> E você se encontrou e se viu, enquanto
> Olhava para mim?
>
> Eu não sou você,
> Você não é eu.
> Mas somos um grupo enquanto
> Somos capazes de, diferenciadamente,

> Eu ser eu, vivendo com você e
> Você ser mais você, vivendo comigo.[8]

Essas estrofes se tornaram mantras, acompanhando minhas reflexões sobre a dinâmica dos grupos com que eu trabalhava. No seu *Educador, educa a dor* reencontrei esse poema, ali ampliado, junto a novas teorizações tecidas em seu percurso. Pude ver nessa rede de textos – seus, meus e das mulheres dos seus grupos – o desenrolar de uma interformação que incorporava e transformava a dor, tecida pela paixão de aprender e ensinar.

Eu sentia nossos encontros de quinta como algo sagrado. Um ritual, no qual circulava muito afeto, na prática e na teoria. Um trecho dos *Seis estudos de psicologia* de Piaget foi emblemático. E tornou-se outro mantra para mim (que repito até hoje nas empresas): "É sempre a afetividade que constitui a mola das ações das quais resulta, a cada nova etapa, essa ascensão progressiva, pois é a afetividade que atribui valor às atividades e lhes regula a energia."[9] Eu sentia a afetividade circulando entre nós, e procurava levá-la adiante, para as crianças com quem eu trabalhava.

Também circulava entre nós autores da literatura, como Machado de Assis. Lemos *Um apólogo*, lembra, Madalena? Como me marcou aquela discussão entre a agulha e a linha! Enquanto a agulha abria os caminhos, era a linha que ia ao baile no vestido, quantas reflexões a respeito... Poesias, textos e teorias, que costurávamos a partir das reflexões partilhadas sobre nossas práticas.

Havia muito de emoção, de prazer, e de dor também, pois olhar para si, para as próprias dificuldades e impotências não era fácil. Mas não estávamos sozinhas. Aquele "círculo de mulheres" nos apoiava, dava coragem. Você na coordenação firme, puxando a disciplina da reflexão, trazendo a cada encontro um novo texto, dando o exemplo. E ensinando, pela prática, o que é ser uma "autoridade não autoritária". Uma autoridade libertadora, necessária para uma "concepção democrática de educação", como você denominava.

Quando conheci o trabalho da psicanalista Jean Shinoda Bolen, em seu *O milionésimo círculo*, senti vibrar em mim o que vivi com você, em nosso "Grupo das Quintas".

---

8 Freire, Madalena. *Educador, educa a dor*. São Paulo: Paz & Terra, 2008, pp. 95-96.
9 Piaget, Jean. *Seis estudos de psicologia*. Rio de Janeiro: Forense Universitária, 1989, pp. 69-70.

> Um Círculo de Mulheres tem um centro visível, que é o espaço do altar. Ele pode ser vazio ou de uma simplicidade Zen ou pode conter objetos simbólicos de valor pessoal. Como a mesa posta para uma refeição cerimonial, o altar é recriado a cada encontro. Para isso é um círculo cerimonial, um ritual sagrado, uma reunião de mulheres envolvidas numa forma de arte que pode transformar a nós e ao nosso mundo.[10]

Para o tablado no centro de nosso círculo, trazíamos a cada novo encontro quitutes para partilhar. Algumas vezes, levei bolo de chocolate em forma de coração, simbolizando o afeto que circulava. Certamente que saí dali transformada.

Foi somente anos depois que conheci os textos de António Nóvoa e reconheci elementos da pedagogia que vivenciávamos nas almofadas da rua Turi, agora expressos por uma voz masculina e acadêmica.

> A formação deve estimular uma perspectiva crítico-reflexiva, que forneça aos professores os meios de um pensamento autônomo e que facilite as "dinâmicas de autoformação participada". Estar em formação implica um investimento pessoal, um trabalho livre e criativo sobre os percursos e os projetos próprios, com vista à construção de uma identidade, que é também uma identidade profissional.

O professor é uma pessoa. Uma parte importante da pessoa é o professor.[11] Urge por isso "(re)encontrar espaços de interação entre as dimensões pessoais e profissionais, permitindo aos professores apropriar-se dos seus processos de formação e dar-lhes um sentido no quadro das suas histórias de vida".[12]

---

10 Bolen, Jean Shinoda. *O milionésimo círculo: como transformar a nós mesmas e ao mundo, um guia para o círculo de mulheres*. São Paulo: Triom, 2003, p. 98.
11 Nias, Jennifer. "Changing times, changing identities: grieving for a lost self". In: Burguess, R. (org.). *Educational research and evaluation*. Londres: The Farmer Press, 1991.
12 Nóvoa, António. "Formação de professores e profissão docente". In: *Os professores e sua formação*. Lisboa: Dom Quixote, 1992, p. 25.

Reconheci no pensamento do António Nóvoa a continuidade do "caminho com coração"! E o segui. Fui conhecer o autor, que por sua vez me apresentou a outros pesquisadores e suas obras, que poderiam me ajudar a avançar. Foi assim que conheci Gaston Pineau[13] e Marie-Christine Josso[14] e a *Metodologia das histórias de vida na formação*,[15] uma vertente existencial da autoformação. O estudo dessa metodologia ofereceu subsídios para o programa "Roda das histórias de vida" que ofereci para os professores em uma escola, cujo relato está no *Rodas em rede*.[16] Agora, ao escrever esta carta para você, fica ainda mais claro que eu estava dando continuidade, e criando desdobramentos da prática formativa iniciada naquelas almofadas, naquele círculo sagrado da rua Turi.

AUTORITARISMO × ESPONTANEÍSMO

Meus primeiros anos como professora, 1983 e 1984, coincidiam com os primeiros anos do Grupo das Quintas. Eram classes de crianças de 4 anos, em uma "escola alternativa", como nos referíamos na época, em oposição às escolas com uma pedagogia tradicional. Não vejo como coincidência o fato de serem os mesmos dois anos de articulação do movimento pelas Diretas Já, para colocar fim à ditadura militar no Brasil, o que ocorreu em 1985, com a eleição de Tancredo Neves. Lembro-me do alvoroço nos noticiários e pelas ruas, e das conversas na escola, marcando ali, no dia 25 de janeiro de 1984, um ponto de encontro para nos juntarmos ao movimento no vale do Anhangabaú. Um dia histórico para o Brasil. E por que conto essa história? Porque esse pano de fundo dá um contexto às dificuldades que enfrentávamos naquele ano, incluindo aqueles que estavam trabalhando em "escolas alternativas", como eu. Em oposição às práticas autoritárias, presentes nas escolas por duas décadas, víamos nascer práticas que evitavam dar direcionamentos às crianças,

---

13 Pineau, Gaston; Michèle-Marie. *Produire sa vie: autoformation et autobiographie*. Paris: Edilig, 1983.
14 Josso, Marie-Christine. *Cheminer vers soi*. Lausanne: L'Âge d'homme, 1991.
15 Idem. *Experiências de vida e formação*. São Paulo: Cortez, 2004.
16 Warschauer, *op. cit.*, 2017b, pp. 385-390.

pois elas deveriam tomar as próprias decisões e os educadores não deveriam influenciá-las. Tão marcados pelo autoritarismo, muitos educadores caíam no extremo oposto, anulando sua autoridade para escapar das práticas autoritárias que os tinham formado. Essa temática era recorrente nas nossas discussões no Grupo das Quintas.

Nas nossas almofadas, levávamos as cenas do cotidiano nas escolas. Eu, por exemplo, ouvia da coordenação pedagógica, constantemente: "Não decida, pergunte para as crianças! E siga o que vier delas!" Mas você nos falava da necessidade de as crianças terem modelos! E da importância de o educador assumir sua autoridade, o que é diferente de ser autoritário. A prática de esperar que as crianças pequenas se organizassem, com a mínima interferência do educador, era um "espontaneísmo", um abandono, e não as ajudava na construção da autonomia. Lembro-me de suas reflexões, de que "autoritarismo" e "espontaneísmo" são "primos irmãos". O processo de construção da autonomia passa pela etapa de heteronomia.

Posso dizer que nossas discussões me ajudaram muito na época. E até hoje fazem muito sentido. Eu me peguei outro dia dizendo para adultos numa empresa, após uma reunião improdutiva, sobre a importância de haver alguém que conduza claramente a reunião, no lugar de ficarem esperando que "se organizem, porque são adultos". Lembrei do que você falava da "autoridade vacante", que para mim foi a causa da improdutividade. A autonomia é uma construção, mesmo em grupos de adultos.

E, por falar em autonomia, tivemos um movimento no nosso grupo de exercício de autonomia: resolvemos nos reunir algumas vezes sem a sua presença, Madá, lembra disso? Nosso projeto era selecionar alguns dos textos individuais que havíamos lido nos encontros do grupo e montar uma compilação, organizada tematicamente. Fizemos a nossa "publicação", batizada de "5ªFEIRA". Textos selecionados, datilografia e diagramação contratados, tudo orquestrado pela Anete. (Nunca mais encontrei a Anete, e fiquei muito feliz ao receber o projeto deste livro de cartas e ver que também a Anete escreveria para você! Será que ela guardou o nosso "5ªFEIRA"? O meu sobreviveu, apesar dos quase quarenta anos e das tantas aventuras na vida, com faxinas nos papéis de casas e apartamentos por onde passei.) Alguns temas do nosso "5ªFEIRA": o ato de educar-se, razão *vs.* coração, reflexão, indivíduo/grupo, heterogeneidade do grupo, identidade e forma *vs.* conteúdo.

Naqueles três anos e meio, pude trabalhar meu próprio autoritarismo e espontaneísmo naquelas partilhas de coração aberto e ambiente seguro. Sei que isso foi possível graças à sua condução firme, fundamentação e seu afeto, Madá! Obrigada! Acho que você vai se lembrar de nossas discussões – e de meu desespero naquela "escola espontaneísta", na qual eu não conseguia ser eu mesma, e optei por fazer dois diários, um com a versão a ser mostrada à coordenação da escola, com observações mais superficiais, e outro para mim, com as reflexões mais profundas críticas. Você não aprovava minha "esquizofrenia". Só consegui parar com essa prática doentia quando decidi sair daquela escola. Mas nunca mais esqueci do episódio, com seu posicionamento firme. E de meu desespero no processo. Muita coisa mudou de lá para cá. Mas precisei de muitos anos ainda, muitas páginas escritas, muitas partilhas e anos de terapia. E muita coragem. Lembro disso ao ler os livros da Brené Brown:[17] "O alicerce da coragem é a vulnerabilidade – a capacidade de enfrentar a incerteza, o risco e a exposição emocional."[18] Sua condução do grupo, Madá, assumindo sua autoridade, nos libertava ao propiciar um ambiente seguro. Ali pude expor minha vulnerabilidade. "A liberdade precisa de autoridade para ser livre", como disse certa vez seu pai.[19]

NENHUM A MENOS

Hoje fala-se bastante em pedagogia inclusiva e diversidade. A pedagogia que aprendi com você, Madá, sempre foi inclusiva. Desde o que vi em seu "pré" até a forma como você lidava conosco, no grupo de formação de educadores, com

---

17 Brené Brown é uma pesquisadora norte-americana que ficou muito conhecida pela TED Talk *O poder da vulnerabilidade* e por seus livros: *A coragem de ser imperfeito* e *A coragem de ser você mesmo*.
18 Brown, Brené. *A coragem de ser você mesmo: como conquistar o verdadeiro pertencimento sem abrir mão do que você acredita*. Rio de Janeiro: BestSeller, 2021, p. 113.
19 Freire, Paulo; Shor, Ira. *Medo e ousadia*. São Paulo: Paz & Terra, 1983, p. 131.

profissionais de origens distintas e atuando em diferentes funções e tipos de instituição. Não estive na Vila Helena, em Carapicuíba, onde você desenvolvia um trabalho com 35 crianças, de idades de 3 a 6 anos – todas juntas! Mas eu ouvia seus relatos fresquinhos, pois foi na mesma época de nosso grupo de formação. Foram especialmente marcantes os episódios com o Tom-Tom: uma criança de 5 anos que "chega desesperado todos os dias. Bate num, chuta outro, empurra a mesa, chora desamparado quando por fim recebe um soco – de algum maior – de volta". Eram histórias de vida ou morte de fato. Por exemplo, quando você o flagrou com um caco de vidro, prestes a atirá-lo em uma criança. Ou quando ele se atirou do topo de uma escada, diante das outras crianças. Uma delas fez a narrativa do que viu: "Eu vi. Ele tava lá em cima da escada, daí eu falei: desce, Tom, q'eu num quero ver morte. Daí ele falou: pois tu vai ver agorinha e... pulou!" Suas intervenções eram também marcantes, Madá. Vejo ainda hoje o filme do que você narrava. Felizmente você registrou essas histórias. Eu estava relendo agora os seus relatórios[20] daquelas vivências e, novamente, a emoção me pegou: sua criatividade, determinação e... amor (não sei que outra palavra usar).

Na Vila Helena, a roda também tinha uma importância muito grande. Lembro-me do desenho de uma criança de 5 anos, que você publicou em seu relatório.[21] No final de *A roda e o registro*, eu o reproduzo, pois ficou como símbolo de que a "rodona" – como a pequena Beth a batizou – é possível em diferentes contextos. Seja em classes pequenas de uma escola particular, como no seu "pré", em grupos maiores de classes populares, como na Vila Helena ou em outros, bem diversos, pois é uma matriz arquetípica, diriam os junguianos. Essas imagens fortes da Vila Helena, assim como das experiências que vivi com você em nosso grupo, estavam comigo durante os desafios com as classes de 4ª série. Algumas crianças eram repetentes, outras não se adaptaram nas escolas anteriores, por seus desempenhos acadêmicos, pela grande agitação e/ou agressividade, que colocava grandes desafios aos educadores e à instituição escolar.

---

20 Mello, Sylvia Leser de; Freire, Madalena. "Relatos da (con)vivência: crianças e mulheres da Vila Helena nas famílias e na escola". *Cadernos de Pesquisa*, São Paulo, n. 56, pp. 82-105, fev. 1986, p. 93.

21 *Ibidem*, p. 89.

Com as turmas de 4ª série, e nos anos que se seguiram, nas diferentes experiências profissionais, eu buscava levar aquela "pedagogia inclusiva e amorosa". Nem sempre consegui, mas a consciência de buscar "caminhos com coração" estava presente. Ao assistir ao belo filme chinês *Nenhum a menos*,[22] observando a jovem protagonista, lembrei muito de sua paixão e determinação de incluir o Tom-Tom.

A roda é inclusiva! As vivências e reflexões naqueles três anos e meio na sua "Roda das Quintas" estão na base de "um paradigma de formação", que me orienta até hoje, seja em escolas, seja em outros tipos de organização. Um exemplo foi a "Roda dos professores de roda", que fez parte do projeto de formação de professores em seu local de trabalho, cuja narrativa está no *Rodas em rede*.[23]

O processo de autoformação se desenvolve durante toda a vida, em progressivas tomadas de consciência. Os registros no diário e os relatórios reflexivos das práticas podem favorecer muito esse processo, por colocar luz não só no mundo exterior, pelas narrativas do vivido, como no universo interior, dando asas à imaginação, criando cenários e personagens novos, que podem nos habitar.

Não sei o que inspirou você a criar o boneco Fom-Fom na Vila Helena, como estratégia de inclusão. Você conta que, quando "encangava" o Tom-Tom na sua cintura e o chamava de "boneco Fom-Fom", ele incorporava um outro lado, ajudante e amoroso. No nosso grupo de formação, me deparei com a espontaneísta em mim, que tinha dificuldade de colocar limites nas crianças, e a autoritária, que por vezes queria tudo do meu jeito, um tanto alemão e bem-organizado. Nas turmas de 4ª série precisei criar uma personagem, a Cedibra, uma professora substituta brincalhona para temperar a seriedade da Cecília. Essa história está no *A roda e o registro*. Outras vão sendo escritas com os adultos que acompanho atualmente nas empresas. A Frau e a Cedibra tornaram-se famosas e estão ajudando líderes de equipes a olhar para dentro de si e temperar suas "bravezas" e "molezas".

Resgatar partes de nós, rejeitadas no passado, geralmente por influência da escola ou da família, nos ajuda a avançar nesse processo de integração e

---

22 *Nenhum a menos*. Direção de Yimou Zhang, 106 min, 1999.
23 Warschauer, *op. cit.*, 2017b, pp. 325-329.

autoformação, assim como excluir menos as pessoas que nos remetem a essas partes em nós rejeitadas. Tanto Rubem Alves, em seu belo texto "Quem sou?",[24] quanto a israelense Arnina Kashtan,[25] Brené Brown e Carl Jung trazem contribuições, que incorporei nos processos de "roda & registro" que conduzo atualmente. Quanto mais pessoas num ambiente de trabalho "entram na roda", mais conseguimos influenciar a cultura organizacional. E quanto mais os ambientes se tornam seguros, mais as pessoas têm condições de evoluir. Veja quantos desdobramentos do que vivenciei em seu grupo, Madá! Procuro semear e alargar o campo que recebi.

Na sua apresentação para a primeira edição do livro *A roda e o registro*, você falou de seu sentimento de "avó, que se emociona com o nascimento do neto".[26] Espero que hoje, ao ler esta carta, você esteja com a alegria da bisavó, que constata quantos desdobramentos a partir do que você me ensinou, e quanta gente das novas gerações aprenderam a partir das sementes que você plantou.

Com muito carinho

Cecília

---

24 Alves, Rubem. "Quem sou?. In *Concerto para corpo e alma*. Campinas: Papirus, 1998, pp. 29-34.
25 Arnina Kashtan elaborou um processo "integrativo em direção à liberação pessoal, familiar e coletiva, a que chama de 'A Bússola'". Fiz parte de seu grupo de formação em 2020 e 2021.
26 Freire "Apresentação à 1ª edição". Warschauer, *op. cit.*, 2017a, p.17.

CARTA 18

CARTA PARA LER COM MÚSICA

Maria Paula Zurawski

Abril de 2022.

Querida Madalena,

É comum, quando escrevo para você, que venha surgindo uma trilha musical. Você sabe disso, porque em vários dos meus registros de nossas aulas e encontros, acabo acrescentando a letra ou colocando o link para a canção "da hora" – assim você pode ouvi-la também. Lembra?

Desde o início deste ano, quando Teresa nos acenou com o convite para compor um livro de cartas, tenho conversado mentalmente com você, diariamente. Por conta da carta, tenho te visitado, relido tuas coisas e minhas anotações de tantos anos. Reencontro você em mim, fazendo uma síntese viva e diária que movimenta a minha profundeza... E as músicas surgem e embalam essa conversa.

Tenho guardados os meus cadernos do Espaço Pedagógico[1] até hoje. E guardo na memória meu primeiro encontro com você, Madalena Freire. Eu pouco te conhecia. Sabia apenas que você era a autora de *A paixão de conhecer o mundo*. Eu iniciava no mundo da educação, especificamente da educação infantil. E recebi a notícia de que você, Fátima, Miriam e Juliana[2] estavam abrindo

---

[1] O Espaço Pedagógico foi um centro de formação de educadores que funcionou de 1992 a 2005, coordenado por Madalena Freire.
[2] Fátima Camargo, Mirian Celeste Ferreira Dias Martins e Juliana Davini, que trabalharam com Madalena Freire na formação de professoras e professores no Espaço Pedagógico.

os primeiros grupos de formação no novo Espaço Pedagógico. Para fazer parte, a gente tinha que passar por uma entrevista com você.

Eu me lembro! Tão bem!

Era 1992. Cheguei ao sobrado no Alto de Pinheiros e alguém me disse para esperar. E logo você me chamou. Sinto essa lembrança em cada célula do corpo: subindo as escadas, iluminadas pelo sol de uma janela, e chegando até uma salinha, onde você estava sentada a uma pequena mesa. Ali nos apresentamos, te conheci, você me conheceu.

> Quando você entrou em mim
> Como o sol no quintal.[3]

Fui tua aluna de 1992 a 1994 no Espaço Pedagógico. Ali entrei em contato pela primeira vez com a tua metodologia, que passou a ser parte de mim. O bom, e de certa forma o inacreditável, é que em 1992 tínhamos *tempo*: os encontros com você, Fátima, Miriam e Juliana eram semanais. Semanais! Estudo, leituras e sínteses – sim, as tão temidas sínteses, que davam tanto medo de errar, eram semanais. Lembro-me de que às vezes ficávamos em silêncio ao final dos encontros, sem coragem de nos voluntariar para a escrita da semana. Mas alguém sempre assumia a responsabilidade de registrar o encontro, que se tornava alimento para a continuidade do nosso percurso, da nossa aprendizagem, na engrenagem formativa construída por educadora e educandas – e isso tantos anos antes de falarmos em documentação pedagógica como se fala hoje...

O grupo: também tema das tuas aulas. No grupo de 1992 fiz amigas-irmãs, que ainda hoje encontro. E naqueles três anos vivi os movimentos da aluna que imita, da aluna que nega, da aluna que quer se diferenciar a todo custo da mestra. Foi ali, em nossa vida de grupo, que houve um momento em que me opus violentamente a você. Há um texto teu que nunca mais tive coragem de reler, porque me coloca frente a frente com aquele momento. É aquele em que

---

3 Belchior. "Divina comédia humana". Comp. Belchior. In: *Divina comédia humana*. Movieplay, 1991. (5 min 25 s).

você diz "fui atingida".[4] Penso que às vezes é preciso que se passe muito tempo para que as coisas façam sentido. Aprendi, e ainda estou aprendendo, a ser educadora sendo tua aluna. Me afastei, neguei, voltei para os teus grupos. E estamos juntas até hoje.

Além da música, que sempre vem, esta carta também nasceu como uma síntese, tomando como referências os momentos que sempre pautam os nossos encontros de estudo, a partir da tua metodologia. Eu quis pensar no *ponto de observação*, na *chamada*, na *exposição da educadora*, na *escuta dos educandos*, na *avaliação* e no *planejamento* como balizadores, mas acho que não são balizadores apenas para a escrita desta carta. Eles me posicionam diante de você.

PONTO DE OBSERVAÇÃO

Com você aprendi que o aluno participa da aula, que não é apenas um receptáculo do que a professora emite. A professora pode até pensar que está "dando" a mesma aula; mas ali com ela há uma porção de luzinhas, de foguinhos (como no poema do Eduardo Galeano,[5] que foi você quem me mostrou pela primeira vez), um diferente do outro, percebendo a aula de muitos jeitos diferentes.

Eu me lembro de quando você trouxe pela primeira vez a ideia de um ponto de observação para o grupo do Espaço Pedagógico. Você nos dividia e cada uma de nós ficava responsável por um foco: a própria aprendizagem, a dinâmica do encontro ou o teu ensinar.

> O que, de mais importante, aprendi hoje?
> O que me desestabilizou diante dos conteúdos trabalhados?
> Com quais perguntas com relação à minha prática saio deste encontro?

---

4 Freire, Madalena. "Fui atingida: cenas de um educador humano". In: *Educador: educa a dor*. São Paulo: Paz & Terra, 2014, pp. 106-108.

5 Galeano, Eduardo. *O livro dos abraços*. Trad. Eric Nepomuceno. 9. ed. Porto Alegre: L&PM, 2002.

O que escutei ou pensei hoje que nunca havia escutado ou pensado antes?

Quando, na dinâmica do encontro, houve centralização na voz da professora e no compartilhamento do grupo?

Quando, na dinâmica do encontro, me expus, me opus, me impus? Como avalio a coordenação quanto à administração dos conflitos surgidos ao longo da aula?

Esses eram alguns pontos, sempre retomados ao final da aula, na avaliação.

Iniciar uma aula com a responsabilidade de se autoavaliar ou avaliar a própria aula e a professora transforma completamente o compromisso dos educandos com a situação pedagógica. "Mas o que eu acho, o que eu penso desta aula, importa?" "Nomear o que fui capaz de aprender nesta aula vai fazer diferença para a professora? Vai mudar seu planejamento?" Eu pensava isso, sabe? E às vezes, mesmo hoje, ainda penso. Autoritários que somos, ficamos sempre surpresos, às vezes incomodados, com esse convite à avaliação e com o descobrimento de que a resposta é: "Sim, o que eu penso importa, vai fazer diferença para a professora, pode mudar o seu planejamento".

Ao longo de tanto tempo participando de grupos com você, Madalena, aprendi que franquear o encontro ao olhar de seus participantes não é uma concessão ou um mero jogo. É o que nos torna realmente participantes daquela situação.

As relações são complexas e delicadas. Hoje, professora de futuros professores, sempre que tenho vontade de dizer "Ah, deixa pra lá, cada um que cuide de si, que resolva seus problemas, que encontre seu caminho, não posso ensinar quem não quer aprender!", penso em você e no quanto você *não* faria isso. É difícil ultrapassar a reatividade e ter como objetivo encontrar aquilo que você chama "o ouro" de cada um, mesmo que esse ouro esteja escondido em águas às vezes turvas ou profundas demais.

Na vida, hoje, talvez o *meu* ponto de observação, ao escrever esta carta, esteja no teu ensinar; mas no teu ensinar também está a minha aprendizagem...

CARTA PARA LER COM MÚSICA

CHAMADA

Você pronuncia o nome de cada uma – dizer nosso nome nos desperta. A aluna, o aluno, não é "fulana" ou "menino": é Paula, Virgínia, Débora, Marisa, Marizinha, Márcia Angélica, Marly, Vera, Leda, Cris, Neidinha, Tema. Todas ouvem seus nomes pronunciados pela professora, e isso as reafirma individual e coletivamente na composição do grupo. Chamar pelo nome! Sou alguém.
    Tenho saudade de minhas colegas de grupo – por onde andarão?

> Gente, espelho da vida,
> Doce mistério[6]

Saber o nome, chamar o nome, é reconhecer. Quando se nomeia, não se está chamando todas as mães de "mãe" ou todas as professoras de "tia", como em algumas escolas e creches – "mãe" e "tia" nos separando por funções. Quando você sabe o nome, não apenas está reconhecendo a pessoa, mas se comprometendo com ela... Trabalhei em muitos contextos em que as pessoas não sabiam o nome umas das outras. Certa vez, uma professora de creche veio me contar que havia presenciado a seguinte situação numa festa do bairro. Duas mulheres conversavam, e aos poucos a conversa foi chamando a atenção de outras pessoas:

— Então, *mãe*, ele me disse assim...
— Verdade, *tia*? Que coisa...

Como uma podia ser mãe e a outra tia? O que estaria acontecendo? Não é difícil de descobrir: uma era a mãe, e a outra, a professora de uma mesma criança, na escola. Tratavam-se assim havia anos, sem saber o nome uma da outra... E somente fora da escola a situação pareceu estranha.

---

6 Veloso, Caetano. "Gente". Comp. de Caetano Veloso. In: *Bicho*. Philips, 1977. (3 min 32 s).

EXPOSIÇÃO DA EDUCADORA

O encontro tem um pulso, que ora centraliza a educadora, ora descentraliza no grupo, em cada um de nós, educandos. Uma vez te escrevi, Madalena, que esse movimento de centralizar e descentralizar parecia tecer uma trama, uma rede: você segura e joga o novelo, nós devolvemos de outra forma, porque jogamos uns para os outros. E esse jogo vai criando uma teia que nos conecta e abriga.

No momento da tua exposição, você segura o novelo. É o teu solo. Pode ler um texto, pode comentar um registro, pode controlar o clima do grupo perguntando: "Estou indo rápido demais? Estou falando grego?"

> Escutamos atentos, em silêncio. Diante do nosso silêncio, Madalena pergunta se o texto está difícil e por que estamos quietas. Pergunta ao grupo se está "muito exagerada". Todos dizem que não. Eu me questiono por que Madalena nos pergunta isso às vezes. Vai levar isso com ela? Vai se lembrar dessa sua impressão sobre nossa reação para replanejar as próximas aulas?
>
> A teia se estende para além do nosso encontro mensal. Vai ficando ampla, larga, comprida...[7]

Madá, eu quero te falar sobre o que sinto quando você fala. É uma fala que me movimenta, que não consigo ouvir tranquila. Então, não é uma fala que traga concordância total, não é como quando se ouve um sermão, não é algo que eu escute embasbacada, com a boca aberta. É uma fala humana, que vai fazendo brotar pensamentos dos quais às vezes não dou conta, viu? Nem sempre é fácil. Já ouvi coisas duras e nem sempre você foi clara. É comum, ao te ouvir, que eu divida a folha do caderno em duas colunas: numa delas escrevo o que você vai dizendo, na outra, vai o meu diálogo com você — as janelas que se abrem, outras vozes de que me lembro. Já te falei em diversas ocasiões que algumas vezes fico cansada de tanto pensar.

---

[7] Arquivo Pessoal Maria Paula Zurawski. Anotações "Encontro Pedagógico, tardes pedagógicas" – Escola Carandá. São Paulo, abril de 2019.

Madalena às vezes me lembra aquela personagem do conto de Perrault, que, por ter ajudado a velhinha da fonte, ganha como recompensa derramar pedras preciosas pra fora da boca quando fala, mesmo que sejam coisas simples. Não dou conta de anotar as pérolas de Madalena. São preciosas. Escrevo, escrevo, escrevo. Fazia tempo que não escrevia assim.[8]

DESCENTRALIZAÇÃO: OUVIR OS EDUCANDOS

> "Mas é hora de jogar o novelo novamente. Duas colegas distribuem as sínteses da aula passada. Há um certo relaxamento. Quando recebemos a síntese, o novelo "bate" em cada um. Linhas se cruzam no espaço. Momento de descentralização: agora é com a gente. Mais ainda quando Madalena pede que escolhamos um trecho da própria síntese para ler em voz alta. Para mim, o crochê passa a ter cor: a escolha do trecho vai definir a cor da aula."
>
> Maria Paula Zurawski, Anotações
> "Encontro Pedagógico", março de 2019.

Nossa vez. A vez do grupo. A teia vai se formando no jogo do novelo.

Quando oferecemos nossa reflexão ao grupo, estamos criando uma materialidade, uma substância, que por sua vez deverá ser tratada pelo educador. Assim, o saber construído pelo educando se integra ao corpo da aula. Quando nos expomos, a rede vai envolvendo a todos com sua materialidade. Os educandos pensam, trazem hipóteses, falam de mais ou de menos, escutam uns aos outros, constroem a aula. Eu sei que você não nos dá voz à toa.

---

8 Arquivo Pessoal Maria Paula Zurawski. Anotações "Encontro Pedagógico, tardes pedagógicas" – Escola Carandá. São Paulo, março de 2019.

Vive a trançar
Fio por fio
E a desfiar[9]

Mas... Na minha educação autoritária, não aprendi a compartilhar ideias nem saberes, não aprendi a cooperar – isso era "dar de bandeja", socializar o conhecimento era arriscar perder o posto de "melhor aluna". Você tem ideia do quanto é difícil para mim chegar até aqui nesta carta, para dizer que até hoje não consegui arrancar esse autoritarismo da minha experiência de educanda – e, consequentemente, de educadora? Lembra que eu te disse recentemente que queria "apenas escutar"? Como se fosse possível algo como "apenas escutar"... Quando voltei, criei a fantasia de me transformar numa silenciosa. Mas você a desconstruiu rapidamente – ainda bem...

AVALIAÇÃO

Retomo o ponto de observação, aquele que me implica, como educanda, na avaliação da minha própria aprendizagem, da aula, da professora. O que dizer sobre o que aprendi, Madalena? Levo para a vida essa metodologia, e o desejo de poder expandi-la, de mostrar a minhas alunas e alunos que "aula não se dá", que cada uma, cada um ali, tem responsabilidade e participação no percurso educativo, próprio e do grupo... Aprendi também que a busca do educador envolve frustração e enfrentamento de desafios, mas principalmente que ela ou ele se mantenha interessado e "curioso de seu próprio ensinar".

Na dinâmica do nosso encontro, percebo esse "pulso" do acolhimento, do desejo de estar perto, e o afastamento necessário para acomodar e entender, para construir a própria prática.

E, por fim, quanto ao teu ensinar, eu me vejo como privilegiada por ser parte desta rede que vamos tecendo, sempre surpreendida pelo franqueamento

---

9 Ozzetti, Ná. "A velha fiando". Comp. Dante Ozzetti e Luiz Tatit. In: *Meu quintal*. Borandá, 2011. (4 min 46 s).

da tua pedagogia democrática, humana e possível a quem te reconhece como educadora e chega até você, em algum momento, como eu cheguei.

PLANEJAMENTO

E agora, Madalena, o que vai ser? Para onde vamos, o que fazer na aula de amanhã? No Brasil de amanhã?

> E o menino brasileiro
> Com os olhos duas contas
> Atravessa o imenso véu
> De brilhos e escuridões.[10]

Querida Madalena, mexo e remexo a escrita, risco, aumento, recheio, corto, modifico. Termino a carta. Mas ainda há algo que quero te dizer, que não sei o que é. E é então que tenho um sonho. Escuta:

> Tenho um sonho, estou num ônibus
> Numa estrada de terra seca
> Um teatro de bonecos no meio de uma praça pequena
> A criançada ri.
> Abro a janela
> Pó do caminho
> Chego suja, empoeirada.
> O sonho prossegue.
> Não sei como, chego a um açude onde tem um menino nadando.
> Sai daí, menino, venha para a escola. Madalena te espera!
> Começa a chover.
> Tenho sede.

---

10 Nascimento, Milton. "As várias pontas de uma estrela." Comp. Caetano Veloso e Milton Nascimento. In: *Ânima*. Ariola, 1982 (3 min 27 s).

> Sei que o menino nadando no açude é brasileiro.
> O menino zomba de mim, que chamo da beira do açude, que falo pra ele ir pra escola.
> Mas ele mergulha e espirra água.
> A água brilha ao sol.
> Eu penso: "Será que esse menino achou ouro?"
> Mas pensar no ouro me dá vontade de chorar.
> Eu lembro da devastação e dessa pobreza de espírito que vivemos hoje
> E me lembro de você, lá na escola…

Acordo. Tento entender o que é que tem nesse sonho que tem você, que tem menino, que tem escola, que tem Brasil, que tem ouro. Mas demoro muito! Ao longo dos dias, vão surgindo ideias, lembranças, e eu começo a arriscar.

No sonho, vou a lugares em que nunca estive de verdade. Consigo perceber que são lugares produzidos pelas marcas que você deixou em mim, pelas minhas memórias, brotando de espaços em que você habita e floresce aqui dentro.

Então eu escrevo para você pensando no menino brasileiro, que está em tantos lugares deste país, na sua potência, na sua curiosidade e na sua avidez por aprender.

Desejo que o menino brasileiro tenha uma educadora capaz de enxergar seu ouro, onde quer que seja. Que a gente encontre formas de educar que não sejam copiadas, mas que digam respeito ao Brasil. Você, Madalena, me faz ter certeza de que o ouro está mesmo escondido. Não só nos mais distantes rincões, mas na pequena creche, na escola urbana, pública, na comunidade, na fronteira, no meio do Brasil… Onde houver educadoras enxergando esse ouro, que está dentro de cada um, haverá esperança de que cada menino brasileiro o descubra brilhando dentro de si.

Madá, meu sonho prossegue comigo acordada. Então escrevo um pouco mais. No prefácio do livro *Educador*, você fala do desenvolvimento de uma sinfonia… Abertura, partes que se repetem, tema que volta. Então acho que estou escrevendo como se escreve música. Coloque esta música para ouvir.

* * *

CARTA PARA LER COM MÚSICA

Minha professora amada, quem poderia imaginar que, tantos anos depois, eu esteja aqui te escrevendo. Quem poderia imaginar que minhas crianças, que tinham 5 anos em 1992, hoje têm quase 40? E são elas, agora, que têm filhas e filhos de 5 anos? Faz tanto tempo!

Como fui rebelde, como percorri direitinho o caminho da aluna que quer se descolar – a aluna "descolada" – da educadora. De você, Madá. Como briguei com você, concreta e simbolicamente. Como te adorei e te invejei! E me afastei, rompi e viajei para longe. É tão engraçado que a gente não perceba. É tão engraçado que a gente ache realmente que está fazendo um caminho original. Mas você sempre dialogou comigo, mesmo no meu afastamento.

Mas também como fugir do papel tão tentador de apenas te seguir e estar junto de você, como se apenas estar perto me trouxesse a segurança de que tudo pode ser melhor? O jeito é encontrar minha própria autoria e espalhar a tua semente, da minha maneira, em outros lugares.

Como poderei te orgulhar, Madá? Porque quando escrevo eu só consigo pensar em uma carta de amor, da imensidão do Brasil. Você, com teus abraços apertados, tua intensidade, reinventou o "educa-dor" brasileiro e está nos oferecendo uma pedagogia brasileira, a pedagogia do menino brasileiro, esse mesmo da "estrela de cinco pontas, cinco estrelas do cruzeiro", como na música. Como é possível que tanta gente ainda não te conheça? Como eu, ao subir as escadas iluminadas pelo raio de sol que entrava pela pequena vidraça no sobrado da casa em Alto de Pinheiros, quando estava a um minuto de te conhecer?

Escrever, escrever, escrever.

Fui concertando a carta.

Minha carta é um concerto.

Paula

MADALENA FREIRE: TRAVESSIA DE UMA EDUCADORA

Entrevista concedida a Teresa Cristina Rego

O texto a seguir é uma transcrição editada da entrevista concedida pela educadora Madalena Freire à professora Teresa Cristina Rego em junho de 2021.[1] O evento (transmitido online para uma grande plateia) fez parte da programação das comemorações do centenário do nascimento de Paulo Freire promovidas pela Faculdade de Educação da Universidade de São Paulo (FEUSP). Além de celebrar a data, a entrevista teve o propósito de possibilitar o contato de um público mais amplo com o pensamento crítico, pioneiro e vigoroso dessa grande educadora.

Geralmente, Madalena é logo identificada como filha mais velha de Paulo Freire e, também, uma das principais defensoras de seu legado. Paulo Freire, além de patrono da educação brasileira, é um intelectual que goza de enorme

---

1 O encontro "Ano 100 com Paulo Freire na Faculdade de Educação – Entrevista com Madalena Freire", pode ser assistido no seguinte endereço: <www.youtube.com/watch?v=ZazvCI2FBwQ>. Mais informações sobre o evento podem ser obtidas no site da Faculdade de Educação da Universidade de São Paulo (Feusp): <www4.fe.usp.br/ano-100-paulo-freire/ano-100-com-paulo-freire-na-feusp>.

A transcrição desta entrevista foi publicada originalmente sob o título "O pensamento crítico, pioneiro e vigoroso da educadora Madalena Freire", na *Revista Educação em Questão*, v. 60, n. 64, ago. 2022. Disponível em: <www.periodicos.ufrn.br/educacaoemquestao/article/view/29872>.

prestígio e desperta a admiração de todos aqueles que levam a educação a sério, no Brasil e no mundo.

O fato de ser filha de um grande educador como Paulo Freire gera muitas implicações. No entanto, devemos sempre lembrar que, para além da responsabilidade e do valor de levar consigo o nome, Madalena construiu para si um caminho próprio e muito relevante nos estudos de pedagogia no Brasil, em especial na educação.

Madalena Freire nasceu em Recife, em 1946. É arte-educadora e pedagoga, formada primeiramente no magistério e depois pela Faculdade de Educação da Universidade de São Paulo (FEUSP). Além de consultora pedagógica de diversas instituições, ela exerce, desde 2005, a função de diretora pedagógica do Curso de Especialização em Educação Infantil do Instituto Superior de Educação Pró-Saber, cuja sede é no Rio de Janeiro.

É também autora de importantes livros, artigos e textos publicados em diferentes meios. Inspirada nos pressupostos da pedagogia freireana e em algumas outras importantes referências (como Jean Piaget, Henri Wallon, Lev Vigotski, Célestin Freinet, Jacques Lacan, Pichon-Rivière, Ana Mae Barbosa entre tantos outros), Madalena tem realizado, ao longo de sua trajetória profissional, projetos, reflexões e trabalhos autorais, trazendo contribuições fecundas, primeiramente para a educação infantil e, nas últimas décadas, para a formação docente.

Como veremos a seguir, sua iniciação na educação aconteceu nos anos 1960 por meio de participações, ainda quando menina, nas pioneiras e revolucionárias experiências de alfabetização de adultos no Nordeste brasileiro (como a de Angicos, no Rio Grande do Norte), lideradas por Paulo Freire, ponto de partida das propostas pedagógicas que levariam o educador a ser conhecido em grande parte do mundo.

Embora sua obra seja incontestavelmente relevante, suas ideias e proposições ainda não foram suficientemente divulgadas e conhecidas, especialmente entre as gerações de educadores mais jovens. Esta entrevista, de certo modo, pretende preencher parte dessa lacuna.

TERESA CRISTINA REGO – Madalena, primeiramente quero agradecer por aceitar participar desta entrevista. Estou muito feliz porque sei o quanto é raro aceitar convites como este. Você não gosta de muita exposição, de grandes plateias; prefere encontros menores, rodas de conversa, que possibilitem o diálogo e o encontro mais próximo. Obrigada por ter aberto essa exceção. É uma honra – depois de quarenta anos de amizade – conduzir esta entrevista. E você, está feliz de participar desta conversa?

MADALENA FREIRE – Pois é, quarenta anos, vida de professora e aluna. Eu estou feliz, mas, ao mesmo tempo, numa agonia terrível. Isso acontece sempre em qualquer aula que dou. E mais ainda neste encontro de hoje, que provoca tantas lembranças do vivido, do experienciado, com tanta gente. Você é representante desse todo. Estou muito emocionada, mas muito nervosa. Só começo a me sentir à vontade da metade para o fim. Então, vamos embora logo!

TCR – Sim, vamos transformar essa emoção em trabalho! Você é filha do primeiro casamento de Paulo Freire com Elza Maria Costa Oliveira, com quem ele foi casado por 42 anos. Você é a mais velha de uma família constituída de cinco filhos (três mulheres e dois homens). Todos professores, aliás. Seu pai é um dos autores da área da educação mais citados no mundo, goza de enorme prestígio nacional e internacional, acumulou, ao longo de sua vida profissional, inúmeros títulos e honrarias (por exemplo mais de 41 títulos de doutor *honoris causa*). Uma vez li uma entrevista concedida pelo seu irmão mais novo, Lutgardes Freire, em que ele afirma que considera muita sorte ser filho de Paulo Freire, mas também muito sacrifício. Ele se referia principalmente ao fato de seu pai ser uma figura pública, sempre muito requisitada e que dividia a atenção entre a família e o compromisso em transformar a educação e o mundo. Você concorda com ele? É difícil ser filha do Paulo Freire?

MF – Sim, concordo. A carga das projeções é muito pesada; às vezes, sufocantes. E a gente teve, eu pelo menos tive, que aprender a administrar e, ao mesmo tempo, lançar de volta as projeções, devolver aquilo que não é meu. Mas, mesmo com a minha idade, essas coisas ainda me afetam. Em certas ocasiões eu digo assim: "Estou com 75 anos e ainda levo essas besteiras a sério? Quando é que não vou dar a menor importância?"

Meu pai foi um visionário. E muito do que ele assinalou, praticou, chamou atenção, escreveu, mostrou hoje ainda é uma atualidade, não é? Tenho consciência de que o seu legado não é pouca coisa. O que me salva – e o que acho que salvou a todos os filhos – é que ele era uma pessoa extremamente simples, comum. Tinha todas as qualidades de escuta de homem simples, sempre muito amoroso e interessado pelo outro. Mas é importante lembrar que esse ser foi gestado duplamente com a minha mãe, Elza. Ela foi a grande incentivadora, inspiradora de todo o trabalho dele, de toda a filosofia dele. Nunca se pode dizer o trabalho, a filosofia de Paulo Freire, sem dizer também a filosofia de Elza, porque os dois, Paulo e Elza, é que forjaram, em parceria, essa filosofia.

Mas voltando à sua questão, no início da minha vida profissional foi dificílimo. Mas aprendi rapidamente a me preservar e a me esconder. Porque quando voltei para o Brasil, em 1968, em plena ditadura, os livros de meu pai precisavam ser encapados para ninguém saber que estavam sendo lidos. Logo tive que aprender a me preservar, a me esconder, como os livros que se encapavam na época para não ser denunciados. Mas fazia isso também para poder sonhar e praticar o meu próprio sonho. Era como se falasse: "Não me atrapalhe! Não quero holofotes! Me deixa trabalhar!" Enfim, foi difícil, mas eu fui aprendendo a administrar essa dificuldade. Os meus pais também me ajudaram muito. Eles eram os primeiros a dizer: "Vai! Se lance, o voo é seu. Vamos embora. Assuma isso!"

Ser filha de Paulo Freire foi – e ainda é – certa responsabilidade, mas também foi o que me ensinou a ser eu mesma. Foi o que iluminou o caminho para a construção da minha identidade.

TCR – Seu pai foi uma pessoa que inspirou e incentivou muito você. Mas uma das coisas que me impressionam na sua trajetória, na pedagogia apaixonada a que você acabou dando forma, é o fato de conseguir entretecer, com tanta competência, pressupostos da filosofia de seu pai com ideias originais, sempre com grande autonomia de pensamento, com a liberdade de quem explora o novo e a disposição de conversar com autores diversos. Como você consegue, sendo filha de quem é, ser tão autoral? Como consegue ser fiel e, ao mesmo tempo, transgressora – no sentido freireano, positivo – do trabalho de Paulo Freire? Isso tem a ver com o estilo de educar de seus pais?

MF – É verdade. Essa é a vantagem de ser filha não somente de Paulo Freire, mas também da minha mãe Elza. Um detalhe importante: no início, quem influenciou a minha decisão de ser professora não foi meu pai, foi minha mãe. Ela era uma grande educadora, uma alfabetizadora ímpar! Os dois me ensinaram a ser autora de minhas ideias. Tudo o que acontecia, das mais simples às mais complexas situações dentro de casa, eles se sentavam e diziam: "Por que você está falando isso? Por que que você pensa assim? Fundamente, defenda seu ponto de vista." Isso na adolescência! Você pode imaginar os conflitos, as brigas, o bater a porta...

Há outro fator que pode estar relacionado ao caminho que acabei trilhando. No início da minha carreira, quando voltei para o Brasil em 1968 e comecei a minha vida profissional em São Paulo, meus pais não estavam comigo. Como comentei anteriormente, o clima no país era de perseguição de Paulo Freire e suas ideias. A partir dessas primeiras experiências fui construindo meu próprio caminho. Quando eles voltaram de vez do exílio, em 1980, eu já tinha o meu terreno minimamente construído. Nessa época, as discussões com meu pai e com a minha mãe eram frequentes. A gente formalmente se reunia (sobretudo com o meu pai) para discutir a prática que eu estava realizando, as ideias que estava formulando etc. E ele foi sempre um ouvinte e, ao mesmo tempo, um provocador. Ele dizia: "Para, volta, pense melhor sobre isso; mas isso aqui é genial etc."

TCR – Gostaria que você começasse contando um pouco da sua história, da gênese de seu interesse pelo campo da educação. Quando jovem, com 16 anos, entre 1962 e 1963, você acompanhou e até participou da Campanha de Alfabetização que seu pai (e sua mãe) coordenaram no Serviço de Extensão Cultural da Universidade do Recife (SEC) e da famosa experiência de Angicos no Rio Grande do Norte, quando um grupo de professores, sob a liderança de seu pai, ensinou a ler e escrever, um em menos de quarenta horas, 380 trabalhadores. No seu livro *Educador: educa a dor*, você diz que foi assim que começou seu aprendizado sobre a importância do registro, da observação, da escuta, do enfrentamento dos conflitos, do diálogo no grupo. De que modo essas experiências a impactaram? Foi a partir disso que você resolveu cursar o magistério?

MF – De fato, desde muito cedo, vivi experiências muito impactantes. Na minha casa, com meus pais, se respirava educação. Eu era adolescente quando participei dos cursos do Serviço de Extensão Cultural da Universidade do Recife. Estudava pela manhã no ginásio e à tarde eu me metia nos cursos que estavam sendo gestados. Eu chegava e dizia: "Paizinho, eu quero participar disso aqui." E ele: "Pense bem se é o que você quer." Mesmo assim, eu me juntei com um amigo que estava coordenando os círculos de cultura, me meti e entrei. Depois dessa experiência é que começou a campanha de alfabetização em Angicos. Meu pai disse: "Eu estou pensando que você vai. Você vai?" Eu falei: "Vou."

Foi muito importante ter vivido esse sonho naquela época. Foi precioso ter essa vertente de construção, de rebeldia, ver meu pai atuando na coordenação dos grupos. Então imagina, com a cabeça adolescente, a minha explosão, meu vulcão de querer fazer e de, ao mesmo tempo, me rebelar contra ele! Foi um momento crucial na minha trajetória ter participado dessa formação. E, depois de Angicos, estourou o golpe [militar]. Aí a vida ficou de pernas para o ar. Foi terrível...

TCR – Em 1964, com o golpe militar, depois de 75 dias preso num quartel do exército, seu pai partiu para o exílio com toda a família. Depois de uma passagem rápida pela Bolívia, Paulo Freire foi para o Chile, onde permaneceu, por cinco anos (de 1964 a 1969). Findo esse período transferiu-se para os Estados Unidos, onde lecionou como professor convidado em Harvard até fevereiro de 1970. No final desse ano mudou-se para a Suíça, vinculando-se, entre outras instituições, à Universidade de Genebra. Foram dezesseis anos antes de voltar definitivamente ao Brasil, em junho de 1980. Nesse longo período, Paulo Freire escreveu muito, publicou seus mais importantes trabalhos e iniciou uma profícua sequência de viagens, realizando trabalhos e conferências pela África, Ásia, Oceania e América. Ajudava, principalmente, os países que tinham conquistado sua independência política a sistematizar seus planos de educação, como os países de língua portuguesa: Cabo Verde, Angola e, sobretudo, Guiné-Bissau.[2] Creio que seja importante recuperarmos essa história porque me parece que boa parte dos ataques que a obra de Paulo Freire recebe hoje tem a ver com ignorância, com o desconhecimento de uma trajetória de luta de extrema importância. Minhas perguntas são as seguintes. Onde você estava durante esse período? Quando vocês partiram você era muito nova. Quanto tempo ficou no exílio? O que fez enquanto esteve fora do Brasil? Sei que dois de seus irmãos moram na Suíça até hoje. Por que você resolveu voltar ao Brasil?

MF – Eu fiquei com eles no Chile, que foi o primeiro país a que a gente chegou ao sair do Brasil. Eu tinha 17 anos. Sai de lá com 19 e alguns meses. Vivi praticamente dois anos e meio lá. No final desse período me casei com um paulista e, na sequência, voltei para o Brasil.

A experiencia do exílio é muito dura. Você não imagina o que causa de sofrimento perder sua raiz. A impossibilidade da volta, a perda de referenciais, a necessidade de se comunicar em outra língua, as saudades dos amigos… É como viver num estado de choque, com muita dor e sofrimento. Como filha mais velha, tenho a impressão de que sofri muito.

Apesar desse sofrimento, enquanto estive no Chile precisei me adaptar e retomar os estudos. Entrei primeiramente no liceu. Depois passei para o curso de magistério. Mas o meu sonho era voltar para o Brasil. Quando voltei, minha família ainda ficou em Santiago. Eu já não fui para os Estados Unidos nem para Genebra.

TRC – Quais foram suas experiências quando retornou ao Brasil? Foi nesse período que fez a faculdade de pedagogia? Quais foram suas primeiras

---

[2] Haddad, Sérgio. *O educador: um perfil de Paulo Freire*. São Paulo: Todavia, 2019.

atividades profissionais? Foi nessa fase que você começou a se interessar de modo mais sistemático pela arte-educação?

MF – Sim. Quando voltei ao Brasil fiz exames de madureza, prestei e passei no vestibular e, em seguida, comecei a cursar pedagogia na Faculdade de Educação da Universidade de São Paulo. Mas a universidade, você sabe, nunca me fascinou. Não sei se isso é uma qualidade ou um defeito. Na faculdade me sentia morta. Eu queria acabar logo, sair daquilo e ter a liberdade de fazer as coisas que tinha em mente, que era trabalhar com crianças, entrar numa escola. E a faculdade é disciplina, não é? E eu não tinha. Isso de maneira nenhuma é uma crítica à universidade. Mas a minha escolha foi ficar fora da universidade para viver uma vida de mergulho na profissão. Concordo com o António Nóvoa quando afirma que a formação dos educadores tem que estar na escola, com os professores, com os profissionais. Foi isso que aconteceu comigo. Aprendi muito na prática.

TCR – De certo modo seu pai também tinha esse compromisso radical com a práxis, não é? Embora tenha sido professor em tantas universidades, ele não foi um acadêmico típico. Quer dizer que, no seu caso, você achou que as práticas na universidade a cerceavam, eram limitadoras?

MF – Sim, representavam uma "camisa de força" para minha criação. Não estou dizendo que isso é a regra. Não, não é isso. O que eu estou dizendo é que cada um precisa mergulhar em si mesmo e se perguntar "onde sou mais eu criando, sonhando, fazendo?". E eu me vi sempre dentro da escola, com as crianças, especialmente no meu início de carreira, é claro. Depois os anos foram chegando e eu não aguentava mais correr atrás de menino.

TCR – Você lançou o livro *A paixão de conhecer o mundo* em 1982, logo depois de sair da Escola da Vila, que ajudou a fundar. Esse livro, que relata sua experiência como professora de uma turma de crianças, marcou toda uma geração de educadores que atuavam na educação infantil e que lutavam para a criação de uma prática alternativa às conservadoras pré-escolas que existiam até então. O livro também trouxe contribuições para o tema da formação docente, na medida em que mostrou a importância dos registros e da reflexão sobre a prática. Por que você resolveu escrever o livro? Tinha alguma ideia de que essa publicação teria tanta repercussão?

MF – Não, nem imaginava. Eu duvidava de tudo. Foi meu pai que me estimulou a publicar esse primeiro livro. Se não fosse por ele, talvez eu não o tivesse publicado. Ou quem sabe teria publicado em outra hora. O meu pai me dizia: "Não, você não está vendo como isso é importante. Isso tem que ser divulgado." A gente se sentava duas vezes na semana. Ele relia tudo e dizia: *"Reescreva isso. Isso aqui não está bom. Volta, apaga."* Foi um trabalho de aproximadamente seis meses. Ele sempre me encorajando, me fazendo propostas para melhorar o texto.

E ele tinha razão. Depois da publicação do livro comecei a receber muitos convites para realizar palestras em diversas escolas e em diferentes tipos de encontros. Foi somente aí que comecei a ter consciência e, ao mesmo tempo, me acalmar no sentido de reconhecer que escolhi o caminho certo. E aí foi bom.

O que eu fui tomar consciência depois é que *A paixão de conhecer o mundo* mostrou que o vital da formação de um educador é a reflexão sobre a prática e a teoria que ele pratica. O livro talvez tenha deixado claro que a chave da formação está com cada professor. Porque o processo de formação é assumido antes de tudo, né? Pela autoria, pela reflexão. E a reflexão é a arma de luta, porque é ela que acorda a consciência teórica e política da sua prática. É ela que dá o chão dessa autoria.

TCR – Em 1986, você publicou um artigo em parceria com Sylvia Leser, também muito importante. Nesse texto você relata uma experiência marcante desenvolvida na Vila Helena, um bairro periférico do município de Carapicuíba, no estado de São Paulo. Como você mesma escreveu, depois de quase vinte anos trabalhando com crianças de 2 a 8 anos de classe média, aceitou o desafio de trabalhar com crianças de outra realidade social. Esse trabalho trouxe contribuições cruciais para a transformação do forte ranço assistencialista das creches que vigorava no Brasil da época (e que, de certo modo, ainda permanece) e para as importantes lutas travadas naquele período histórico, como a luta para a criação de uma Constituição capaz de assegurar o direito das crianças, a luta por creches e pelo direito de inserção das mulheres no mercado de trabalho. O que motivou você a realizar tal experiência? Quais foram os seus principais aprendizados do trabalho desenvolvido?

MF — Nas palestras e falas que passei a fazer depois da publicação do livro *A paixão de conhecer o mundo*, com frequência me jogavam na cara no final da conversa "você só conseguiu fazer todo esse incrível trabalho porque estava com filhos de pais liberais, com a classe média, você lidava com alunos privilegiados de uma escola particular, de elite. Queria ver você com os meninos pobres". Em certo momento aceitei o desafio e falei "então eu vou trabalhar com esses meninos". Estava disposta a provar, para os outros e para mim mesma, que era possível realizar o mesmo trabalho com as crianças moradoras de regiões periféricas.

Na época, morava perto do bairro Vila Helena, Carapicuíba. Consegui reunir crianças de diferentes idades e trabalhar com elas diariamente, num galpão improvisado, cedido pela igreja. Fui para lá e mergulhei totalmente naquele universo. Foram muitos os aprendizados. Como descrevo no artigo a que você se referiu, levei cada pedrada! Porque meus vinte e tantos anos de experiência profissional (esse era o tempo de atuação como professoras de crianças que eu tinha naquela época) ruíram. Num primeiro momento, tudo o que eu lançava para as crianças não dava certo. Os meninos não estavam nem aí para o que eu falava. Tudo dava errado! Você não imagina o meu desespero, o meu pânico! Pensava "meu Deus como é que pode!". Até que um dia descobri. Eu estava imitando o meu próprio modelo de atuação com crianças da classe média. Então só podia dar errado. Aquela era outra realidade.

TCR — Apesar de ter constatado diferenças abissais entre as duas realidades, os seus princípios pedagógicos permaneceram os mesmos. Você não renunciou ao seu papel mediador e educador. Ao contrário, se preocupou em adaptar suas práticas e buscou entender a história de cada criança, suas necessidades e seus interesses. Eu me lembro muito da história do Tom-Tom, que você relata no artigo, aquele cujo pai dizia "pode sentar a mão nele porque ele é terrível". Nesse caso, você fez um impressionante trabalho de acolhimento e de integração do moleque "endiabrado". Uma experiência exemplar.

MF – Pois é. Foram tempos de grandes aprendizados. Hoje avalio que essas experiências confirmaram a minha escolha pela prática pedagógica, pelo enfrentamento dos desafios que a realidade nos coloca a cada dia. Penso que essas experiências me diziam "você está viva, fica aí mesmo, não vai para lá". E tenho impressão de que talvez, se tivesse ficado na universidade, não teria feito tudo o que já fiz.

TCR – E que bom que você enveredou por outro caminho. Nada contra a universidade; sou professora da universidade há muitos anos e sei a importância que ela tem. Mas acho que o caminho alternativo que você trilhou acabou trazendo grandes contribuições para todos nós. A socialização de seus registros sobre a prática, suas reflexões sobre o que é fazer um diário, o que é fazer um relatório, o que é planejar e, sobretudo, o que é colocar o afeto, de fato, no centro do ato pedagógico, tudo isso nos ensinou tanto. E sei que essa não é uma opinião individual. Muita gente pensa como eu.

MF – Eu também não tenho nada contra a universidade, contra a vida acadêmica. Ao contrário. Agora, tudo isso que você salienta está relacionado à possibilidade dessa construção, desse caminho que acho que assumi, escolhi e de certa forma mostrei, não é? O que eu penso de mais importante é que todo mundo pode e é capaz de seguir ou ser essa professora. Todo mundo é capaz de ter a sua prática, a sua autoria e sua história pedagógica na mão. Todo mundo pode. Isso não é atributo de alguém que lá em cima teoriza e tem três livros, e isso e aquilo. Talvez a mensagem principal que fique seja a seguinte: assuma o seu mundinho, seu pequenininho, o seu possível e o seu sonho que está sendo partejado e criado diariamente. Sua experiência tem valor.

TCR – Sua posição tem uma importância inestimável. Você propõe uma valorização radical da prática e, ao fazer isso, acaba estimulando a autonomia, a autoria e a autoridade docente.

MF – Nenhum educador é autor ou tem a sua autoria na mão se renunciar à reflexão cotidiana da prática. A reflexão cotidiana da prática é teoria e prática que se assume no dia a dia. E é nesse movimento, nesse caminho, que você vai assumindo o que pensa, o que faz, o que diz e o que mostra, não é? Que é muito diferente daquele educador alienado que teoriza e blá-blá-blá, não tem língua própria, tem citações, não é? E está apenas se nutrindo de modas pedagógicas. Agora é Vigotski, jogue fora Piaget. Agora é Reggio Emilia, agora é a tal... Como é que é o negócio agora? Documentação, metodologia ativa... E eu penso "meu Deus do céu, como é que ficam a autonomia e a autoria do professor? Como é que pode existir essas propostas sem reflexão?". Então, eu vejo que o livro *A paixão de conhecer o mundo* funcionou como uma amostra, um exemplo, "olha aqui, a força está com cada professor". Por isso que digo: cada professor pode. Agora, reconheço que é trabalhoso.

TCR – Além de chamar a atenção para a força de cada professor, você também dá muita importância para a reflexão em grupo, entendido como espaço de troca que possibilita o intercâmbio, o apoio e a solidariedade. Além de destacar o papel mediador dos coordenadores e diretores, você insiste na necessidade de que haja espaço no cotidiano das escolas para que essas reflexões em grupo ocorram, não é?

MF – Sim, isso é muito importante. Costumo dizer que estudar a gente pode sozinho. Mas conhecer, só no grupo. Porque conhecimento se constrói com sujeito que assume o que pensa. Mas você não conhece fora do grupo, você copia. Me apoiando em Vigotski, afirmo: conhecimento se constrói na interação, na diferença, na semelhança, nas divergências e nas concordâncias do grupo. É por isso que defendo que a formação do educador tem que estar na mão dos educadores, como diz o António Nóvoa, entre os profissionais e dentro da escola. Isso é uma verdadeira revolução porque quem é o professor dos professores? Creio que os coordenadores e diretores têm um papel muito importante nesse processo. Eles são os "professores dos professores", são os mediadores. Portanto, precisam assumir sua classe, ter o registro sobre o processo de formação de cada professor e do grupo de professores. Mais do que isso, ensinar os professores a pensar, a refletir sobre suas práticas e também a socializar essas reflexões com o grupo de educadores da escola. Se esse papel não for exercido, os professores ficarão abandonados. Abandonados no seu pensar, no seu processo de construção de conhecimentos.

Enfim, o pensar é uma construção que só é possível a partir da reflexão sobre a prática, do estudo conjunto. Esses exercícios devem ser aprendidos. E isso não deve ser confundido com as temerárias propostas de reciclagem, treinamento, capacitação, que muitas vezes consistem em assistir a palestras e participar de eventos. A palavra já diz: *é vento*.

TCR — E qual é a importância do registro da prática e das reflexões sobre ela?

MF — A grande arma de luta é o registro da reflexão, é o registro reflexivo. Hoje, já com dezesseis anos no curso de formação de professores do Pró-Saber, esse é um ponto pacífico para mim e para toda a equipe que trabalha comigo.

É interessante observar que, na experiência de Vila Helena, quando comecei a formar as duas professoras da comunidade, elas não valorizavam a escrita, a reflexão sobre a prática, sobre o que aconteceu no dia. Elas diziam "não precisa escrever, não. Eu guardo tudo na cabeça. Não preciso registrar nada". Elas diziam que não queriam escrever porque não sabiam, porque não tinham tempo etc. Diante disso eu propus: "Bom, então que tal você vai falar, porque falar você sabe, não é?" A partir daí comecei a funcionar como escriba, anotando o que falavam. Me esforçava para que entendessem que, para além da função comunicativa, quando a pessoa fala, ela se posiciona, defende um ponto de vista. Tais registros eram socializados com todos os educadores envolvidos e explorados no início de cada reunião sobre a prática pedagógica. Não importa que fosse por meio da oralidade, o importante é que começavam a reconhecer o quanto esse registro era crucial, porque provava que cada uma era capaz de pensar, refletir e teorizar. É por isso que defendo que o germe da teoria está no registro da reflexão sobre a prática realizada.

TCR — Claro, toda prática enseja uma teoria. Assim como toda teoria traz implicações para a prática. A posição que você defende é revolucionária demais até mesmo para os problemáticos dias de hoje. Tenho a impressão que, cada vez mais, o que se promove é a negação total da autoria, já que os professores são frequentemente obrigados a executar programas feitos por outrem. São pacotes prontos, apostilas, plataformas online, cursos rasos (ministrados até por WhatsApp!) que determinam que o papel do professor é apenas o de reproduzir o que já está predeterminado e definido.

MF – Mas Teresa, acho que sempre foi assim. Talvez esse quadro tenha se agravado, mas o roubo do desejo, da capacidade de pensar, da possibilidade de autoria do educador sempre existiu.

TCR – Sim, é verdade. Vamos explorar mais essa sua metodologia de trabalho com os docentes. A longo do tempo, você vem construindo um modelo de formação pedagógica audacioso, com o potencial de fazer com que cada educador viva seu processo com autoria, autonomia e autenticidade. Além de valorizar o papel da arte e da emoção no processo educativo, você reconhece que o educador (seja ele um professor, coordenador ou diretor) é um profissional do conhecimento, um estudioso, um intelectual que necessita de ferramentas, recursos apropriados para realizar sua tarefa. Quais são esses instrumentos?

MF – Entendo que são necessários quatro instrumentos metodológicos. São eles: a observação, a reflexão da prática/teoria, a avaliação e o planejamento. Creio que possibilitam o exercício sistemático da reflexão para a construção e apropriação da disciplina intelectual. Para mim esses instrumentos metodológicos sempre foram e vêm sendo, cada vez mais, as armas de lutas cruciais do processo de formação e para a gestão desse autor.

O educador, em qualquer função na escola (professor, coordenador, diretor), é um profissional do conhecimento, um estudioso, um intelectual – seu compromisso está em promover que seus alunos entrem em contato com seu próprio processo de conhecimento. Para isso, a disciplina intelectual é a ferramenta básica. Assim como um pedreiro necessita de ferramenta para levantar uma casa, o educador necessita de instrumentos metodológicos para a construção permanente da disciplina intelectual, para o estudo permanente que alicerça sua autoria e autonomia.

TCR – Então vamos falar do primeiro instrumento metodológico: a observação. Qual é a sua importância?

MF – A observação demanda, envolve atenção e escuta na reflexão de quem admira, contempla a realidade. O ato de observar exige estar por inteiro, encarnado na presença. O ato de estudar começa na observação que demanda atenção, escuta, presença e reflexão. Estar presente, no presente, como presente da vida... O que me exige exposição, para ser visto, por esse olhar do presente. Simone Weil afirma que toda atenção deveria ser o único objeto da educação. A atenção é um ato de generosidade e abertura para acolher o mundo.

A atividade da observação é o planejamento da avaliação. A observação focada é um ato de metacognição: processo mental, interno, pelo qual o sujeito toma consciência dos diferentes aspectos e movimentos de sua atividade cognitiva. Por meio desse processo, o sujeito toma distância reflexiva, e por isso mesmo é uma atividade do seu processo de aprendizagem. É um movimento constitutivo para o desenvolvimento da autonomia, por ser um instrumento de regulação, conduzido por aquele que aprende.

É na socialização das observações de cada um que se opera um diálogo interno, alimentado pela linguagem do outro, favorecendo assim o conhecimento de si. A observação envolve o ver, o olhar e o enxergar. Podemos ter a visão, mas isso não significa que olhamos, enxergamos. Olhar, enxergar, isso vai além do "ver". Olhar é mais do que ver – é enxergar, decifrar o sentido; é ler, ir além do visto, além da vista, da visão...

Recorrerei às categorias do filósofo Charles Pierce para explicar a dinâmica do processo. Ao vermos, na visão primeira, de "primeiridade", ficamos nas aparências, na superficialidade, na primeira impressão, colados às situações, sem distanciamento reflexivo. O desafio é conquistar um olhar de "secundidade", em que superamos as aparências, apuramos uma reflexão, um distanciamento, e, por isso mesmo, tecemos uma interpretação, leitura dos sentidos, significados, do que conseguimos enxergar, interpretar. A ação de observar é sempre diagnóstico-avaliativa.

Esse exercício de aprender a olhar, enxergar, exige concentração e foco, escuta e recolhimento, e silêncio – para poder escutar o externo e comunicar-se internamente, o que exige tranquilidade na intranquilidade. E, para isso, serenidade e paciência. Exige também escrita: registro do que o educador escuta, interpreta, pensa e dúvida.

É por isso que digo que a observação exige foco. A observação focada é estudo, reflexão sobre os sentidos e significados. Desse modo, ela é sempre diagnóstica, avaliação da realidade. Os focos são chamados por mim de "pontos de observação". Seus focos estão direcionados para os elementos de toda aula, de todo ensinar, que são: a própria aprendizagem do educando; a dinâmica com a qual o grupo constrói a aula; e o ensinar do educador (coordenador).

TCR – Por favor, explique melhor o que você está chamando de "pontos de observação".

MF – Observar é focar o olhar, a escuta e o próprio silêncio numa ação reflexiva, avaliativa, sobre elementos da prática que se quer pesquisar, estudar. Os focos da observação estão centrados no próprio processo de aprendizagem, na dinâmica do grupo e no ensinar do educador. O ponto de observação é uma atividade essencialmente avaliativa, mas também é o planejamento da avaliação, a ser desenvolvida no final da aula, quando cada participante socializa o que observou sobre os focos determinados.

O ponto de observação direciona o exercício da autoavaliação, entendida como autorregulação, ou seja, aquela atividade em que o educando tem como desafio refletir sobre seu processo de aprendizagem, buscando um olhar distanciado, crítico, sobre o que vive enquanto participa da aula.

A observação, com seus focos, delimita o que queremos pesquisar, refletir, estudar. Por isso mesmo ela traz o germe da avaliação. Ela diagnostica o que cada um e o que o grupo sabe – zona real do conhecimento – e o que ainda não se conhece – zona proximal do conhecimento, na perspectiva de Vigotski. O desafio, portanto, é que o educando seja levado a uma tomada de consciência sobre o seu próprio processo de aprendizagem, podendo assim romper comportamentos estereotipados, viciados, como numa repetição de hábitos, mecanicamente.

Todo processo de tomada de consciência opera num diálogo interno com nós mesmos e, ao mesmo tempo, alimentado pela linguagem dos outros. Por tudo isso, é fundamental que na avaliação, no final da aula, cada participante posicione-se, socializando sua observação (avaliação) trabalhada durante o decorrer da aula.

São situações distintas aquelas em que o educador faz devoluções para seu educando sobre os desafios a enfrentar em seu processo de aprendizagem, daquela onde o próprio educando expõe, assumindo-se diante do grupo, socializando seus desafios e impasses em relação ao seu processo de aprendizagem.

O ponto de observação busca, assim, que cada educando assuma sua própria aprendizagem, enquanto autores do processo, e, por isso mesmo, vá dependendo cada vez menos da regulação externa do educador. É uma atividade que alicerça o exercício permanente da construção da autonomia.

TCR – Agora peço que explique o segundo instrumento metodológico: o "registro reflexivo".

MF – Pensar é marca humana. Não cessamos de pensar, mas pensar é uma coisa; outra, muito diferente, é refletir. Refletir é o apuramento do pensar; é lapidar o próprio pensamento.

Nessa concepção, em que se busca uma relação democrática, o pensar é arma de luta, que fundamenta a autoria e a autonomia. Pois pensar é perguntar, duvidar, procurar e criar hipóteses que serão testadas no agir, no fazer do dia a dia. Pensar e agir compõem a ação pensante, atenta no cotidiano, gestando experiências, mudanças e transformações. É a reflexão sobre a prática que produz a tomada de consciência amorosa, pedagógica e política. Nessa linha, o educador é um militante "caminhante" (como diria Walter Benjamin) pedagógico, que se mantém atento, na sua presença presente, em vigília reflexiva e estudiosa, da prática e, por sua vez, da teoria que pratica.

O registro (escrito), por sua vez, é arma de luta nesse processo de apurar o próprio pensar. Entendo que há vários tipos de registro: no ato, após (as notas imediatas e a síntese sobre a aula), a reflexão temática (desenvolvimento de um conteúdo da aula) e o relatório (bimestral, trimestral) sobre o trabalho do grupo e sobre os processos individuais de cada educando.

O registro reflexivo (síntese) sobre a aula está pautado nos focos que regem toda aula, ou seja, no planejamento das atividades, nos conteúdos trabalhados, na dinâmica do grupo, na aprendizagem dos educandos e na avaliação do próprio ensinar.

O registro reflexivo (síntese da aula ou reflexão temática) obriga a focar, priorizar o estudo, numa ação permanente de análises comparativas, a interpretar e fundamentar o próprio pensamento. É nesse sentido que o registro reflexivo apura o próprio pensamento, gestando assim uma tomada de consciência e, portanto, um rompimento da alienação cotidiana.

Contudo, não basta registrar para si somente. É vital a comunicação com o outro, o parceiro. A reunião entre iguais, coordenada por um educador (coordenador), é fundamental nesse processo de conscientização.

TCR – E a "avaliação", que você considera o terceiro instrumento? Qual é o seu papel nesse processo?

MF – Na ação de avaliar pensa-se o passado e o presente para poder construir o futuro. Nessa concepção de educação, portanto, a avaliação é vivida como processo permanente de reflexão cotidiana na construção do produto. É nesse sentido que o ato de avaliar é processual. Acontece no processo permanente de rever, refletir o passado para reconstruir o futuro no presente.

Aprender a avaliar é aprender a modificar o planejamento. No processo de avaliação contínua, o educador agiliza sua leitura da realidade, podendo assim criar encaminhamentos adequados para o constante ato de recriar o planejamento.

Observando, analisando e planejando seu cotidiano, o educador alicerça sua disciplina intelectual para a apropriação de seu pensamento teórico. Não há ação educativa que prescinda de diretividade. No nosso ensinar, a diretividade é mediada pelo exercício dos instrumentos metodológicos: da observação, da reflexão, da avaliação e do planejamento.

O processo de avaliação inicia-se na observação, e, por sua vez, os focos a serem observados constituem o planejamento da avaliação. A avaliação retoma os focos do planejamento e estuda o processo vivido, seus impasses e conquistas – que produto foi alcançado. É nesse sentido que toda avaliação é processual, acontece a cada aula, constituindo assim o embrião do planejamento da aula seguinte.

A reflexão faz a costura, a sistematização entre estes três movimentos: da observação para a avaliação e desta para o planejamento, e, outra vez, reinicia-se a observação, a avaliação e o próximo planejamento. É nesse exercício disciplinado que conseguimos sintonizar os significados e faltas do grupo, tendo oportunidades de construir uma aprendizagem significativa, tanto com nossos alunos como com nós mesmos, no nosso ensinar.

Nessa concepção de avaliação, portanto, está implícito que é processual e diagnóstica, muito distinta da visão autoritária, em que ela é autópsia.... pois estão em "des-sintonia" com o processo vivido... Sendo assim, nessa perspectiva, a atividade da avaliação acontece em toda aula e é constituída por dois movimentos: o primeiro, que resgata, recupera os conteúdos da disciplina estudados; o segundo, que resgata os conteúdos dos sujeitos, segundo o ponto de observação na aprendizagem. Mas também se resgata a avaliação de como o grupo construiu a aula, que entraves e impasses houve na sua dinâmica.

Avalia-se também o ensinar do educador (coordenador), pois todos estão implicados, e o educador também se avalia no seu ensinar. O modelo de um educador que recebe as críticas de seus educandos sobre seu ensinar aprende a ensinar melhor. Um aluno que aprende a ensinar, observando e avaliando um educador que está aberto às críticas, também aprende a ser melhor educando e a mirar-se num modelo de educador democrático. Toda atividade de avaliação, no final da aula, desemboca no planejamento para a próxima aula. É nesse sentido que todo planejamento nasce na avaliação.

TCR – Agora chegamos naquilo que você considera o quarto instrumento metodológico de todo esse intenso processo: o "planejamento".

MF – Pois então. O planejamento tem seu nascimento na avaliação da aula anterior. Todo planejamento é uma hipótese, porque antes de entrar em aula ele está no terreno do sonho, somente na imaginação. É na interação com os alunos, o grupo, o real, que se inicia a aterrissagem... ou seja, avalia-se, questiona-se sobre o sentido de seguir a hipótese planejada ou se seriam necessários remanejamentos, por causa do inusitado. Por exemplo, muitas ausências, nem todos fizeram a tarefa etc.

O ideal é entrar em aula com duas hipóteses possíveis de planejamentos... Quanto mais nosso olhar é alargado para o inusitado, mais agilidade teremos para "re-criar" o planejamento. É desse modo que a "pré-visão" do (sonho) do planejamento vai aterrissando no real, possível de ser seguido, executado. Nessa concepção, o planejamento liberta o voo para a criação e recriação permanente da aula.

TCR – Madalena, e o papel da arte? A arte educa?

MF – Sem dúvida, porque a arte é o que alimenta a alma, é o que alimenta esse processo de construção e de aventura em que a gente se lança. E, pelos mais variados motivos, a arte nos fisga. E é por isso que, sem a arte, a gente morre.

TCR – Sobretudo nos tempos atuais...

MF – Sem dúvida! Nesses tempos de paixões tristes, de paixões tenebrosas, a arte nos impede de enlouquecer, de morrer. Vivemos tempos nefastos, de muito conservadorismo. É duro ver o Brasil regredindo cinquenta anos. Mas por mais difícil que seja, não nego esse tempo porque a realidade é a realidade, não adianta você xingar nem adianta você sair com pedras na mão. Esta é uma ocasião para reconhecermos (sobretudo nós, educadores) o quanto estávamos (e estamos) distantes de um Brasil desconhecido para todos nós. De um Brasil atrasado, de um Brasil ignorante, de um Brasil preconceituoso, de um Brasil escravocrata. Agora não tem como fechar os olhos. Ele está aí.

E é um tempo de provação. Não tenho nada de religioso falando essa palavra. É um tempo de provação no sentido de reconhecer: "olha, é isso". Temos que sonhar a partir disso, temos que resistir a partir disso, temos que nos rebelar a partir disso.

TCR – Recentemente você participou do livro *Mulheres na pandemia* (Pedro e João Editores), publicação muito interessante organizado por nossa colega Anete Abramovich. O volume reúne reflexões sobre as experiências vividas na pandemia da covid-19 de uma série de mulheres de uma mesma geração que lutaram muito para sair de casa, para conseguir autonomia financeira, reconhecimento profissional. Com a necessidade do distanciamento social, essas mulheres foram obrigadas a voltar a ficar dentro do ambiente doméstico. No seu texto você trata da difícil (e nobre) tarefa de educar (ainda que a distância) e se pergunta: "Como permanecer humano sem o toque, na lonjura do isolamento? Como ensinar sem o corpo a corpo, sem o calor do toque que acalma, acalanta, acolhe?"

E agora faço outra pergunta. Sabemos que a pandemia acirrou problemas crônicos que já vivíamos no contexto educacional brasileiro. O modo desigual como os alunos das diferentes classes sociais viveram o isolamento (em termos de condições de moradia, acesso a equipamentos etc.) é um bom exemplo. Sabemos também que o afastamento de alguns alunos mais pobres significou uma quebra de vínculo com os educadores e até um rompimento com a escola. Qual é o balanço que você faz de toda essa experiência?

MF – Sim, a Anete fez um belo livro. A experiência do isolamento social foi muito sofrida. Todos nós tivemos que nos reinventar. Num breve intervalo de tempo tivemos que nos adaptar à vida virtual, conviver com os excessos do mundo digital, mas, ao mesmo tempo, aprendemos muito com tudo isso, não é? Tivemos que enfrentar os desafios e limitações do ensino remoto, da comunicação online. A realidade é que a grande maioria dos adolescentes e das crianças da classe popular foi banida desse modelo em razão da desigualdade. Poucos conseguiram, de alguma maneira, acompanhar as aulas online.

A situação foi toda muito delicada pelo seguinte: a escola (que é um espaço público) invadiu o espaço privado (que é a casa de cada um). E vice-versa: a casa, o ambiente doméstico, também invadiu o espaço, a cultura escolar. As câmeras abertas (e as discussões em torno disso) testemunharam essa invasão mútua. E, claro, tudo isso rendeu muitos conflitos!

Quando me perguntavam sobre o que fazer diante desse complexo quadro eu dizia: o que precisa ser explicitado com toda força e com toda energia para os educandos, para os alunos é que a escola quer você. Então o seu desafio é: organize o espaço público da escola na sua casa. Infelizmente, e felizmente, estou pedindo para você se organizar. No banheiro, na laje, no terraço, em cima da sua cama. Onde for, o importante é que você respeite o espaço público de sua aprendizagem e que respeite você mesmo, o seu processo de construção de aprendizagem.

Do ponto de vista dos educadores, procurei chamar atenção para a dimensão sagrada do conhecimento. O conhecimento salva, então o educador que não se posicionar, não se engajar nessa luta e no envolvimento com o sagrado que é construir, que é conhecer, não vai conseguir fazer nada. E a outra coisa que vai junto, vitalmente, com tudo isso, é o vínculo com cada um. A grande dificuldade de ensinar e aprender é que eu só aprendo por amor ou por ódio. Na indiferença, eu não aprendo. É por isso que o estabelecimento ou a manutenção de vínculos na experiência remota foi um dos principais desafios a ser enfrentado.

TCR – Por favor, aproveito para pedir que você explique o programa de formação em que você atua como diretora pedagógica no Pró-Saber. É um curso gratuito de especialização para educadores de educação infantil, não é? Como foi a experiência online?

MF – O Pró-Saber é uma faculdade particular gratuita que trabalha pela valorização da educação, que defende e dá prioridade à classe popular. Desde 2004, formamos professores que trabalham em creches da rede pública do município do Rio de Janeiro, cujo trabalho beneficia, direta e indiretamente, cerca de 4 mil crianças de até 6 anos em 133 creches de 67 comunidades. A maior parte dessas creches está situada em favelas do Rio de Janeiro. O curso é grátis e tem a duração de três anos.

No Pró-Saber, durante a pandemia, as aulas foram pela internet e pelo WhatsApp. E a luta foi "organize-se, você é crucial, é importante, é vital para o seu conhecimento, você é o autor desse trabalho". Teve gente que se escondeu no banheiro, gente que se fechou dentro do armário para ter alguma privacidade.

TCR – Gostaria de encerrar esta entrevista falando de esperança. Pode ser uma boa maneira de homenagearmos o seu pai, que tanto defendia a pedagogia da esperança, capaz de denunciar o problema e, simultaneamente, de anunciar o novo, a saída. Num encontro realizado um pouco antes da pandemia, você tratou da seguinte questão: "Como atravessar e como enfrentar tempos sombrios." Na ocasião, você fez colocações muito esperançosas, cheia de energia, garra e otimismo. Depois de tantas mortes decorrentes do novo coronavírus, e que poderiam ter sido evitadas, depois dos difíceis meses de isolamento social, depois do agravamento dos problemas econômicos e sociais de nosso país (decorrentes do total descaso de nossos governantes com a vida, com a cultura e a educação), você continua pensando da mesma maneira? Você ainda tem esperança?

MF – Exatamente, exatamente. Continuo pensando o mesmo. O que enlouquece e o que mata é o velado. É crucial desnudar, confrontar, reconhecer a realidade. Por mais dura que seja. Mas não enlouquece se a gente souber se preservar para não esmorecer. Não com a paixão triste, como dizia Espinosa, no medo. É a gente se preservar para não se deixar contaminar com essa paixão triste. E preservar, às vezes, significa esconder ou não falar tudo o que você pensa. Se preservar no sentido de manter a paixão alegre, paixão à vida, ao humano, paixão pela fé nessa aposta, paixão ao sonho e à criação. Em outras palavras, é fazer da alegria um ato de fé, um ato de resistência.

TCR – Madalena, quero agradecer, mais uma vez, por ter aceitado participar desta entrevista. No começo dos anos 1980, quando eu era muito jovem e estava iniciando minha carreira como educadora, participei, como sua aluna, de suas primeiras experiências de formação docente, nos famosos grupos de reflexão que você coordenava na simpática casa da rua Turi, na Vila Madalena, em São Paulo. Desde nosso primeiro encontro me sinto muito privilegiada por ter tido a sorte de conhecer você. Saiba que você foi (e ainda é) uma grande referência para mim. E, pelas manifestações efusivas no chat da plateia que nos escuta, é grande o público que a admira. Muito obrigada por sua generosidade, carinho, respeito e, principalmente, por você ser essa pessoa tão humilde, tão generosa e tão importante para nós da educação brasileira. Muito obrigada, de coração.

MF – Teresa, aceitei este encontro porque sabia que ele me levaria (como de fato me levou) a uma relação de amor, de acompanhamento, de vida de professora e de vida de aluno inesquecível. Há quarenta anos que a gente não se via. Nesse período não nos encontramos, apenas nos lemos. E você ainda continua na minha frente, aquela menina de 17 anos, cheia de curiosidade, cheia de agonia, cheia de busca. Para mim esse encontro foi uma gratificação e uma homenagem a nós duas, à Faculdade de Educação da USP e também uma homenagem, obviamente, ao meu pai.

Como você sabe, não costumo aceitar este tipo de convite porque prezo pela minha privacidade, pela minha intimidade (no sentido que expliquei anteriormente). Mas gostei. E gostei muito porque você fez, de modo muito amigo e generoso, perguntas que foram centrais, que pontuaram fatos importantes do meu processo profissional. Eu agradeço imensamente a todos: a você, aos organizadores e ao público que nos assistiu. Muito obrigada a todos vocês.

BIBLIOGRAFIA

Abramowicz, Anete; Park, Margareth B. (orgs.). *Mulheres na pandemia*. São Paulo: Pedro & João Editores, 2021.

Araujo, Clara *et al.* (orgs.); Freire, Madalena (coord.). *O inédito é viável? Formação de professores da educação infantil na pandemia*. Rio de Janeiro: Instituto Pró-Saber, 2021.

Freire, Madalena. "Ano 100 com Paulo Freire na Faculdade de Educação – Entrevista com Madalena Freire" [Entrevista concedida a] Teresa Cristina Rego. FEUSP Oficial, YouTube, 22 jun. 2021. Disponível em: <www.youtube.com/watch?v=ZazvCI2FBwQ>.

_____. "Dois olhares ao espaço-ação na pré-escola". In: Morais, Regis. (org.). *Sala de aula: que espaço é esse?*. Campinas: Papirus, 1986.

_____. "Sobre os instrumentos metodológicos na concepção democrática de educação". Comunidade Pró-Saber. Rio de Janeiro: Instituto Pró-Saber, 2014. Disponível em: <www.prosaber.org.br/comunidade/?p=4320>. Acesso em: 23 jun. 2021.

_____. *A paixão de conhecer o mundo*. São Paulo: Paz & Terra, 1983.

Haddad, Sérgio. *O educador: um perfil de Paulo Freire*. São Paulo: Todavia, 2019.

Mello, Sylvia L. de; Freire, Madalena. "Relatos da (con)vivência: crianças e mulheres da Vila Helena nas famílias e na escola". *Cadernos de Pesquisa*, São Paulo, n. 56, pp. 82-105, fev. 1986.

Rego, Teresa Cristina. "O pensamento crítico, pioneiro e vigoroso da educadora Madalena Freire". *Revista Educação em Questão*, v. 60, n. 64, ago. 2022. Disponível em: <www.periodicos.ufrn.br/educacaoemquestao/article/view/29872>.

SOBRE AS AUTORAS

ANA CRISTINA BORTOLETTO DUNKER

Psicóloga, fez formação no Espaço Pedagógico com Madalena Freire entre 2002 e 2004. É sócia mantenedora e codiretora da Escola Carandá Educação, em São Paulo, desde 1994. Atualmente participa do conselho consultivo da Associação Brasileira das Escolas Particulares (Abepar) e é organizadora da Coleção Educação e Psicanálise da Editora Contracorrente.

E-mail: anacristina.dunker@carandaeducacao.com.br

ANA MAE BARBOSA

É professora emérita da Universidade de São Paulo (USP), professora da Universidade Anhembi Morumbi, vice-coordenadora do Grupo de Estudos e Pesquisas em Arte/Educação Borrando Fronteiras (GEPABOF) e membro do Grupo de Pesquisa em Educação e Arte da Universidade Federal do Rio Grande do Sul (GEARTE). É mestre em Arte-Educação pela Faculdade Estadual Southern Connecticut (1974) e doutora em Educação Humanística pela Universidade de Boston (1978).

E-mail: anamaebarbosa@gmail.com

ANETE ABRAMOWICZ

É professora titular da Faculdade de Educação da Universidade de São Paulo e professora titular aposentada da Universidade Federal de São Carlos. É mestre em Educação pela Pontifícia Universidade Católica de São Paulo (1992) e doutora em Educação pela Universidade Estadual de Campinas (1998). Em 2010, realizou um estágio de pós-doutoramento no Centre de Recherche sur les Liens Sociaux (Cerlis) na Universidade Paris Descartes, em Paris, na área da Sociologia da Infância.

E-mail: anetabra@usp.br

CARLOTA BOTO

É professora titular da Faculdade de Educação da Universidade de São Paulo, onde atualmente ocupa a função de diretora da unidade e bolsista produtividade do CNPq. Pedagoga e historiadora, mestre em Educação e doutora em História Social e livre-docente em Educação pela Universidade de São Paulo, integra o projeto temático da Fundação de Amparo à Pesquisa do Estado de São Paulo (FAPESP) intitulado "Saberes e práticas em fronteiras: por uma história transnacional da educação". É autora de diversos livros, entre eles *Educação e ética na modernidade: uma introdução* (Editora Almedina/Edições 70).

E-mail: reisboto@usp.br

CECÍLIA WARSCHAUER

É pedagoga, mestre e doutora em Educação pela Universidade de São Paulo. Foi professora de educação infantil, de séries iniciais do ensino fundamental, de habilitação específica para o magistério do Governo do Estado de São Paulo (Centro Específico de Formação e Aperfeiçoamento para o Magistério – Cefam), além de docente da Universidade Federal de Uberlândia. Deu aulas em cursos de mestrado e conferências em universidades em Portugal, França e Suíça, apresentando os resultados de suas pesquisas e das práticas com a Metodologia Roda & Registro, que há mais de vinte anos aplica também no campo empresarial. É autora dos livros *A roda e o registro*, *Rodas em rede* e *Entre na roda* (Paz & Terra).

E-mail: cecilia.rodaeregistro@gmail.com

CLARA ARAUJO

É pedagoga e mestre em Educação pela Pontifícia Universidade Católica do Rio de Janeiro. É diretora e coordenadora de graduação do Instituto Superior de Educação do Pró-Saber.

E-mail: claraasaraujo@gmail.com

CLEIDE DO AMARAL TERZI

É especialista em Educação, assessora e consultora educacional, coordenadora de grupos de formação de educadores de instituições particulares e públicas. Mestre em Educação pela Pontifícia Universidade Católica de São Paulo (PUC-SP), é autora do livro *A aula operatória e a construção do conhecimento* (Edesplan), além de diversos artigos em livros e revistas especializadas na área de Educação.

E-mail: roncaeterzi@uol.com.br

LÊDA NASCIMENTO

Assistente social, tem formação em Psicodrama. Fez parte dos grupos de formação de Madalena Freire nos anos 1980 e 1990. Foi sócia-fundadora da Escola Viva Vida, em 1977.

E-mail: leda.f@uol.com.br

MARCIA APARECIDA GOBBI

É professora da Faculdade de Educação da Universidade de São Paulo, atuando tanto em cursos de graduação como de pós-graduação relacionados à área de Educação. É mestre e doutora em Educação pela Universidade Estadual de Campinas (1997 e 2004) e realizou seu pós-doutoramento na área de estudos urbanos. Organizou junto a Mônica Appezzato Pinazza o livro *Infância e suas linguagens* (Cortez) e, com Cleriston Izidro dos Anjos e Maria Cristina Stello Leite, *Crianças, educação e o direito à cidade: pesquisas e práticas* (Cortez), entre outras publicações.

E-mail: mgobbi@usp.br

MARIA CECILIA ALMEIDA E SILVA

Educadora, psicopedagoga, mestra em Educação pela Pontifícia Universidade Católica do Rio de Janeiro. Fundou o Instituto Superior de Educação Pró-Saber, em 1987, onde hoje é diretora. Coordena a Escola de Educação Integral Padre Quinha, escola de aplicação da metodologia Pró-Saber, no município de Petrópolis, no Rio de Janeiro. É autora do livro *Psicopedagogia* (Paz & Terra).

E-mail: mcas@prosaber.org.br

MARIA CECÍLIA LINS

Doutora em Psicologia da Educação pela Pontifícia Universidade Católica de São Paulo. Participou do curso de formação de professores pelo Espaço Pedagógico com Madalena Freire e fundou em 2003 o Instituto Pró-Saber São Paulo.

E-mail: mariacecilialins@prosabersp.org.br

SOBRE AS AUTORAS

MARIA LETÍCIA NASCIMENTO

É professora da Faculdade de Educação da Universidade de São Paulo, coordenadora do Grupo de Estudos sobre Sociologia da Infância e Educação Infantil (GEPSI), membro da Associação Nacional de Pesquisa e Pós-Graduação em Educação (ANPEd) e da International Sociological Association (ISA). É mestra e doutora em Educação pela Faculdade de Educação da Universidade de São Paulo (FEUSP) (1997 e 2003) e pós-doutora em Sociologia da Infância pela Universidade de Sussex (2014).

E-mail: letician@usp.br

MARIA MALTA CAMPOS

Pesquisadora sênior do Departamento de Pesquisas Educacionais da Fundação Carlos Chagas (FCC) e professora aposentada do programa de pós-graduação em Educação da Pontifícia Universidade Católica de São Paulo. Doutora em Ciências Sociais pela Universidade de São Paulo (1982), realizou estágios de pós-doutorado na Universidade de Stanford e na Universidade de Londres. Participou da publicação de diversas coletâneas acerca do tema de educação infantil, entre elas *Avaliação psicopedagógica da criança de zero a seis anos* (Vozes).

E-mail: mmalta@uol.com.br

MARIA PAULA ZURAWSKI

Estuda a infância e o papel dos professores diante das formas de expressão e de estar no mundo das crianças. Participa dos grupos de formação de Madalena Freire desde 1992. Doutora em Educação pela Faculdade de Educação da Universidade de São Paulo, com uma pesquisa sobre teatro infantil e teatro para bebês. É professora do curso de Pedagogia do Instituto Superior de

Educação Vera Cruz, em São Paulo, e formadora de professores e gestores de escolas públicas e particulares. É uma das autoras de *O trabalho do professor de educação infantil* (Editora Biruta). Desde 1994 é atriz e produtora do Grupo Furunfunfum de teatro para crianças.

E-mail: mariapaulazu@gmail.com

MARINA CÉLIA MORAES DIAS

Mestre em Educação pela Universidade da Califórnia em Berkeley e doutora na mesma área pela Faculdade de Educação da Universidade de São Paulo, onde atuou como docente da graduação e pós-graduação. Foi professora visitante na Universidade de Paris XIII (França) e na Universidade de Gotemburgo (Suécia). Em suas pesquisas tem dado contribuições na área da formação do educador da infância, particularmente no estudo do papel do lúdico e das linguagens artísticas.

E-mail: marinacm2110@gmail.com

MAURILANE DE SOUZA BICCAS

É professora livre-docente em História da Educação na Faculdade de Educação da Universidade de São Paulo. Coordena dois convênios internacionais, o da Universidade Pedagógica de Maputo, em Moçambique, e o da Faculdade de Ciências Sociais e Humanas da Universidade Nova de Lisboa, Portugal. Desde 2002, compõe a coordenação do Núcleo Interdisciplinar de Estudos e Pesquisas em História da Educação (NIEPHE). É mestre em Educação pela Universidade Federal de Minas Gerais, doutora em Educação pela Universidade de São Paulo e pós-doutora em Educação pela Universidade de Santiago de Compostela.

E-mail: msbiccas@usp.br

SOBRE AS AUTORAS

MIRIAN CELESTE MARTINS

É professora do curso de pós-graduação em Educação, Arte e História da Cultura e de Pedagogia da Universidade Presbiteriana Mackenzie, onde coordena os grupos de pesquisa "Arte na pedagogia" e "Mediação cultural: provocações e mediações estéticas". Professora aposentada do Instituto de Artes da Universidade Estadual Paulista, atuou também no Espaço Pedagógico junto de Madalena Freire. Mestre em Artes pela Escola de Comunicações e Artes da Universidade de São Paulo e doutora em Educação pela Faculdade de Educação da mesma instituição. É coautora do livro *Teoria e prática no ensino de arte* (FTD), entre outros. Para conhecer seu trabalho: www.mirianceleste.com.br.

E-mail: mcmart@uol.com.br

MONIQUE DEHEINZELIN

É educadora e escritora. Foi professora de educação infantil na Escola Criarte, posteriormente sócia-fundadora da Escola da Vila; e coordenou a série de televisão *Menino, quem foi teu mestre?*. Viajou pelo Brasil realizando junto a redes públicas de ensino propostas curriculares e formação de professores da educação infantil. É mestre em História e Filosofia da Educação e doutora em Psicologia e Educação pela Universidade de São Paulo. É autora de diversos livros, entre eles *Uma experiência em educação infantil: a fome com a vontade de comer* (Vozes).

E-mail: moniquedeanslan@gmail.com

PNINA EVA FRIEDLANDER

Assistente social, tem formação em Psicodrama e em atendimento a famílias pelo Instituto Sedes Sapientiae, em São Paulo. Fez formação no Espaço Pedagógico com Madalena Freire nos anos 1980 e 1990. Foi sócia-fundadora da Escola Viva Vida, em 1977, e atual codiretora da Escola Carandá Educação, em São Paulo.

E-mail: pnina.friedlander@carandaeducacao.com.br

ROSA IAVELBERG

É professora associada de graduação e pós-graduação da Faculdade de Educação da Universidade de São Paulo. É mestre e doutora em Artes pela Escola de Comunicações e Artes da Universidade de São Paulo (ECA-USP). Pesquisa temas relacionados à formação de professores e arte na educação escolar. É autora de diversos livros, entre eles *O desenho cultivado das crianças: prática e formação de educadores* (Zouk).

E-mail: rosaiave@usp.br

SONIA KRAMER

É professora emérita da Pontifícia Universidade Católica do Rio de Janeiro, onde coordena o curso de especialização em Educação Infantil, o grupo de pesquisa Infância, Formação e Cultura (Infoc) e o "Núcleo Viver com Yiddish: pesquisas, cursos, projetos culturais". Atua no ensino, pesquisa, extensão e tem publicações sobre educação infantil e primeiros anos do ensino fundamental. É autora de diversos livros, entre eles *Educação como resposta responsável: conhecer, acolher e agir* (Papirus).

E-mail: sonia.kramer@gmail.com

SÔNIA MADI

É mestre em Didática pela Faculdade de Educação da Universidade de São Paulo, coordenadora da Plataforma e do Programa Alfaletrar e idealizadora e coordenadora pedagógica da Olimpíada de Língua Portuguesa *Escrevendo o futuro*. Participou da elaboração de currículos para a rede pública de ensino do município de São Paulo. É autora de livros didáticos, cursos EaD, recursos digitais e recursos pedagógicos para a alfabetização de crianças e ensino da língua portuguesa.

E-mail: soniammadi@gmail.com

STELA BRANDÃO CURY

É assistente social e historiadora pela Universidade de São Paulo. Fez formação no Espaço Pedagógico com Madalena Freire nos anos 1980 e 1990. Foi sócia fundadora da Escola Viva Vida, em 1977, e atual codiretora da Escola Carandá Educação, São Paulo.

E-mail: stela.cury@carandaeducacao.com.br

TERESA CRISTINA REGO

É professora titular da Faculdade de Educação da Universidade de São Paulo, onde leciona Psicologia da Educação para a graduação e a pós-graduação e lidera o grupo de pesquisa "Temas da Educação Contemporânea e a Perspectiva Histórico-Cultural". É pedagoga, mestre em História e Filosofia da Educação pela Pontifícia Universidade Católica de São Paulo, doutora em Psicologia da Educação e livre-docente pela Faculdade de Educação da Universidade de São Paulo. Além de pós-doutora pela Universidad Autónoma de Madrid e pela Sorbonne – Université Paris Descartes e bolsista produtividade do CNPq (2019-2022). É autora de diversos livros, entre eles *Vygotsky: uma perspectiva histórico-cultural da educação* (Editora Vozes).

E-mail: teresare@usp.br

ZÉLIA CAVALCANTI

Após concluir a graduação em História e uma pós-graduação em História Social do Brasil, ambas no departamento de História da Faculdade de Filosofia, Letras e Ciências Humanas da Universidade de São Paulo, fez parte do grupo fundador da Escola da Vila. Na escola foi professora, orientadora e também cuidou do atendimento aos pais. No Centro de Formação da Escola da Vila, realizou cursos, palestras e programas de formação pedagógica, também no nível de pós-graduação e no formato online.

E-mail: zelia.cavalcanti@me.com

LIVROS, TEXTOS, ENSAIOS E ENTREVISTAS DE MADALENA FREIRE[1]

LIVROS

A paixão de conhecer o mundo. 1. ed. São Paulo: Paz & Terra 1983. [Em 2023, o livro apresentou sua 22ª edição revista e ampliada.]

Educador, educa a dor. São Paulo: Paz & Terra, 2008.

ARTIGOS E CAPÍTULOS PUBLICADOS

"Dois olhares ao espaço-ação na pré-escola". In: Morais, Regis (org.). *Sala de aula: que espaço é esse?*. Campinas: Papirus, 1986.

"Escola, grupo e democracia". In: Grossi, Esther P.; Bordin, Jussara (orgs.). *Paixão de aprender*. Petrópolis: Vozes, 1992.

Mello, Sylvia L. de; Freire, Madalena. "Relatos da (con)vivência: crianças e mulheres da Vila Helena nas famílias e na escola". *Cadernos de Pesquisa*, São Paulo, n. 56, pp. 82-105, fev. 1986.

"Que diabo tem este grupo". In: *O grupo: seminários*. São Paulo: Publicações Espaço Pedagógico [s.n.], 1993. (Série Seminários). Mimeo.

---

[1] A presente lista não é exaustiva e busca apenas presentear o leitor e a leitora com algumas das principais produções intelectuais de Madalena Freire.

"Refletindo, praticando, vivendo com as crianças da Vila Helena". In: Secretaria da Educação de São Paulo. Coordenadoria de Estudos e Normas Pedagógicas. *Isto se aprende com o ciclo básico*. São Paulo, SE/Cenp, 1986.

"Sobre os instrumentos metodológicos na concepção democrática de educação". Comunidade Pró-Saber. Rio de Janeiro: Instituto Pró-Saber, 2014. Disponível em: <www.prosaber.org.br/comunidade/?p=4320>. Acesso em: 23 jun. 2021.

"Vida professora... vida de professor...". In: Abramowicz, Anete; Park, Margareth B. (orgs.). *Mulheres na pandemia*. São Paulo: Pedro & João Editores, 2021.

História do meu nome: turma 2022. Rio de Janeiro: Instituto Pró-Saber, 2022.

História do nome da gente: turma 2023. Rio de Janeiro: Instituto Pró-Saber, 2023.

História do nome: turma 2018. Rio de Janeiro: Instituto Pró-Saber, 2018.

EDIÇÕES ORGANIZADAS OU COORDENADAS

Leituras de si e de mundo: histórias entrelaçadas, estéticas em movimento. Rio de Janeiro: Instituto Pró-Saber, 2018.

Observação, registro, reflexão: instrumentos metodológicos I. São Paulo: Publicações do Espaço Pedagógico, 1995. (Série Seminários). Mimeo.

O grupo: indivíduo, saber e parceria-malhas do conhecimento. São Paulo: Publicações do Espaço Pedagógico, 1993a. (Série Seminários). Mimeo.

O grupo: seminários. São Paulo: Publicações Espaço Pedagógico [s.n.], 1993b. (Série Seminários). Mimeo.

PARTICIPAÇÃO

Araujo, Clara *et al.* (orgs.); Freire, Madalena (coord.). *O inédito é viável? Formação de professores da educação infantil na pandemia*. Rio de Janeiro: Instituto Pró-Saber, 2021.

Genescá, Ana Carpenter e Cid, Lúcia de Araujo (orgs.). *Pró-Saber: imaginação e conhecimento*. Rio de Janeiro: Instituto Pró-Saber, 2013.

ENTREVISTA

"Ano 100 com Paulo Freire na Faculdade de Educação – Entrevista com Madalena Freire" [Entrevista concedida a] Teresa Cristina Rego. FEUSP Oficial, YouTube, 22 jun. 2021. Disponível em: <www.youtube.com/watch?v=ZazvCI2FBwQ>.

Este livro foi composto na tipografia
Adobe Jansen Pro, em corpo 11/15,
e impresso em papel off-white no
Sistema Digital Instant Duplex da Divisão
Gráfica da Distribuidora Record.